U0571976

汽车保险法律法规

主　编　靳光盈　毛英慧
副主编　舒　会　彭　博　修　珩

北京理工大学出版社
BEIJING INSTITUTE OF TECHNOLOGY PRESS

内 容 简 介

本书是汽车保险销售、核保、理赔、定损等人员的一本法学入门教材，本书系统介绍了有关汽车保险销售、核保、理赔、定损等流程中所需要的相关法律知识，主要内容包括：汽车保险法律总论、汽车保险相关部门法、汽车保险合同、汽车保险理赔法律规定和职业素养。

在介绍法律知识的同时，本书注重法律意识的培养和法律知识的运用，教会学生依法行事，使其能够在未来的工作中讲法理、重证据，成为合格的职场人。

本书可供保险从业人员、投保人、被保险人、机动车驾驶员、保险公司的培训人员作为学习参考书使用，也可作为保险代理人、保险公估人资格考试的复习参考书。

版权专有　侵权必究

图书在版编目（CIP）数据

汽车保险法律法规／靳光盈，毛英慧主编. --北京：
北京理工大学出版社，2022.7
ISBN 978-7-5763-1529-5

Ⅰ.①汽…　Ⅱ.①靳…②毛…　Ⅲ.①汽车保险-保
险法-中国-高等学校-教材　Ⅳ.①D922.284

中国版本图书馆 CIP 数据核字（2022）第 130205 号

出版发行／北京理工大学出版社有限责任公司

社　　　址／北京市海淀区中关村南大街 5 号

邮　　　编／100081

电　　　话／（010）68914775（总编室）
　　　　　　（010）82562903（教材售后服务热线）
　　　　　　（010）68944723（其他图书服务热线）

网　　　址／http：//www.bitpress.com.cn

经　　　销／全国各地新华书店

印　　　刷／唐山富达印务有限公司

开　　　本／787 毫米×1092 毫米　1/16

印　　　张／19　　　　　　　　　　　　　　　　责任编辑／封　雪

字　　　数／452 千字　　　　　　　　　　　　　文案编辑／封　雪

版　　　次／2022 年 7 月第 1 版　2022 年 7 月第 1 次印刷　　责任校对／刘亚男

定　　　价／89.00 元　　　　　　　　　　　　　责任印制／李志强

图书出现印装质量问题，请拨打售后服务热线，本社负责调换

前　言

　　随着社会经济的发展，保险的地位越来越重要。保险作为"经济助推器"和"社会稳定器"，在各国促进改革、保障经济、稳定社会、实现人民福祉方面发挥着日益重要的作用。

　　国际上，系统的保险立法是在第二次世界大战之后发展起来的，保险立法目前仍是世界各国法学研究的重点领域之一。1995年10月1日，新中国第一部保险基本法《中华人民共和国保险法》开始实施，已经过多次修订。2015年11月26日，最高人民法院就《关于适用〈中华人民共和国保险法〉若干问题的解释（三）》（以下简称《解释三》）召开发布会，决定《解释三》自2015年12月1日起正式施行，中国保险业法制体系建设再进一步。

　　在我国财产保险中，机动车保险作为保险公司的第一险种，在解决公共交通安全问题方面起到了举足轻重的作用。在汽车保险与理赔的法律关系中，涉及的法律较多，既涉及民商法、经济法、行政法、刑法等实体法，也涉及仲裁、民事诉讼、刑事诉讼等程序法。近年来涌现出大量的专职保险律师，专门负责处理繁杂的保险与理赔纠纷业务。为了提高保险从业人员的服务质量，保障汽车保险合同当事人的合法权益，依法解决汽车保险理赔纠纷，本书将与汽车保险相关的法律法规进行了整合汇编，为保险实务的实际工作提供帮助。

　　《机动车交通事故责任强制保险条例》规定，凡"在中华人民共和国境内道路上行驶的机动车的所有人或者管理人，应当依照《中华人民共和国道路交通安全法》的规定投保机动车交通事故责任强制保险"。这一法律条例的出台，使得机动车保险市场的份额进一步扩大。由于汽车保险标的的特殊性和移动性，以及汽车保险出险频繁等特征，车险投保人以及发生交通事故的当事人，在面对复杂的道路交通事故的理赔、索赔案件时，需要大量的法律救济。本书对汽车保险相关的法律知识做了系统的介绍，可作为汽车保险从业人员的学习用书，同时为汽车保险消费者维护自身的合法权益提供帮助。

作为法学教育用教材，本书承载着公平正义、忠于法律、廉洁自律的法律精神，以注重培养学生的法律意识、提升法律素养为宗旨，在内容上，突出基础理论知识的应用和实践能力的培养，强调针对性和实用性，从保险实务的实际工作出发，强化实践教学，立足于学以致用，使学生能够具备综合运用法律知识解决实际问题的能力。

本书主编为靳光盈、毛英慧，副主编为舒会、彭博、修珩。模块一由毛英慧编写、模块二由彭博编写、模块三由靳光盈编写、模块四由舒会编写、模块五由修珩编写。

由于编者水平以及掌握的资料有限，加之时间仓促，书中不足之处在所难免，在此恳请同行专家及读者批评指正。

靳光盈

2022 年 5 月

目　录

模块一　汽车保险法律总论

模块二　汽车保险相关部门法

模块三　汽车保险合同

模块四　汽车保险理赔法律规定

模块五 职业素养

模块一
汽车保险法律总论

项目一　树立法律基础理念

 ## 学习目标

知识目标

➤ 熟悉法的概念和表现形式

➤ 了解中国社会主义法制建设历程

➤ 掌握法律关系的构成要素

➤ 理解法律事实的重要性

能力目标

➤ 能够说明不同法的制定机关和效力等级

➤ 能够阐述法律关系形成、变更和消灭的条件

素养目标

➤ 充分理解中国社会主义新时代的法制思想

➤ 培养法律意识和规范意识

任务一　认知法和法律

任务背景

我们生活在法制国度，法律伴随我们从生到死，甚至到我们死后。

当一个婴儿来到这个世界时，《中华人民共和国民法典》第 13 条规定：自然人从出生时起到死亡时止，具有民事权利能力，依法享有民事权利，承担民事义务；到 6 周岁，《中华人民共和国义务教育法》第 4 条规定：凡具有中华人民共和国国籍的适龄儿童、少年，不分性别、民族、种族、家庭财产状况、宗教信仰等，依法享有平等接受义务教育的权利，并

履行接受义务教育的义务；到 16 周岁，《中华人民共和国刑法》第 17 条规定：已满十六周岁的人犯罪，应当负刑事责任；到 18 周岁，《中华人民共和国民法典》第 17 条规定：十八周岁以上的自然人为成年人，第 18 条规定：成年人为完全民事行为能力人，可以独立实施民事法律行为；女性到 20 周岁，男性到 22 周岁才可以结婚，因为《中华人民共和国民法典》第 1047 条规定：结婚年龄，男不得早于 22 周岁，女不得早于 20 周岁；到 60 周岁，《中华人民共和国老年人权益保障法》第 2 条规定：满 60 周岁的人适用老年人权益保障法的规定；到 70 周岁，《中华人民共和国治安管理处罚法》第 21 条规定：年满 70 周岁，不执行行政拘留；到 75 周岁，《中华人民共和国刑法》第 49 条规定：审判时已年满 75 周岁的人，不适用死刑，但以特别残忍手段致人死亡的除外，具有宣示意义；在去世以后，生前的财产在没有遗嘱的情况下，将按照《中华人民共和国民法典》第 1127 条规定：遗产按照下列顺序继承，第一顺序：配偶、子女、父母，第二顺序：兄弟姐妹、祖父母、外祖父母。

由此可见，法律就像呼吸的空气一样，无处不在。那到底什么是法？法是以何种形式表现的呢？

任务分析

本任务要求能够理解法的概念和本质，了解道德规范和行为规范的关系；能够掌握法的表现形式，并能说明各种法的表现形式的制定机关和效力等级；能够了解我国法律体系的结构。

任务实施

一、法的基本概念

1. 法的概念

法是由国家制定或认可，以权利和义务为主要内容，由国家强制力保证实施的社会行为规范及其相应的规范性文件的总称。法反映由特定社会物质生活条件所决定的统治阶级意志，这一意志的内容由统治阶级的物质生活条件所决定，它通过规定人们在社会关系中的权利和义务，来实现统治阶级的意志和要求，维护社会秩序。

2. 法律的概念

狭义的法律专指拥有立法权的国家机关（国家立法机关）依照法定权限和程序制定颁布的规范性文件。广义的法律则指法的整体，即"法"。

二、法的本质和特征

1. 法的本质

（1）法是统治阶级国家意志的体现，这是法的本质。

（2）法只能是统治阶级意志的体现，是由统治阶级的物质生活条件决定的，是社会客观需要的反映。

（3）法体现的是统治阶级的整体意志和根本利益，而不是统治阶级每个成员个人意志的简单相加。

（4）法体现的不是一般的统治阶级意志，而是统治阶级的国家意志。

2. 法的特征

（1）国家意志性。法是经过国家制定或认可才得以形成的规范，具有国家意志性。

（2）国家强制性。法凭借国家强制力的保证而获得普遍遵行的效力，具有国家强制性。

（3）规范性。法是确定人们在社会关系中的权利和义务的行为规范，具有规范性。具体表现为：

①概括性。法是调节人们行为的一种社会规范，具有能为人们提供一个行为模式、标准的属性。

②利益导向性。法通过规定人们的权利和义务来分配利益，从而影响人们的动机和行为，进而影响社会关系，实现统治阶级的意志和要求，维持社会秩序。

（4）明确公开性和普遍约束性。具体包括：

①法是明确而普遍适用的规范，具有明确公开性和普遍约束性。

②可预测性。法具有明确的内容，能使人们预知自己或他人一定行为的法律后果。

③普遍适用性。凡是在国家权力管辖和法律调整的范围、期限内，对所有社会成员（包括统治阶级和被统治阶级）及其活动都普遍适用。

三、法律规范

1. 法律规范的概念

（1）道德规范。

道德规范也叫道德准则，是对人们的道德行为和道德关系的普遍规律的反映和概括。是社会规范的一种形式，是从一定社会或阶级利益出发，用以调整人与人之间的利益关系的行为准则，也是判断、评价人们行为善恶的标准。道德规范主要是靠人们内心的信念，靠社会的舆论监督以及人们自觉自愿地遵守和执行。

（2）法律规范。

法律规范是由国家制定或认可的，并以国家强制力保证实施的，具有普遍约束力的行为规则。它赋予社会关系参加者某种法律权利，并规定一定的法律义务。法律规范是构成法的最基本的组织细胞，是通过一定法律条文体现出来的具有一定内在逻辑结构的特殊行为规范。

道德规范和法律规范，作为两种重要的社会调控手段，自人类进入文明社会以来，任何社会在建立与维持秩序时，都不能不借助这两种手段，不同的时代有不同的偏移。两者是相辅相成、相互促进、相互推动的。

2. 法律规范的逻辑结构

法律规范通常由假定、处理、制裁三个部分构成。

（1）假定。假定是指法律规范中规定的适用该法律规范的情况和条件。

每一个法律规范都是在一定条件出现的情况下才能适用的，而适用这一法律规范的必要条件就称为假定。只有合乎该种条件、出现了该种情况，才能适用该规范。

如《中华人民共和国保险法》第69条规定：设立保险公司，其注册资本的最低限额为人民币二亿元。该法律规范中，"设立保险公司"就是假定部分，意指这条法律规范是在设立保险公司时适用。

（2）处理。处理是指行为规范本身的基本要求。它规范人们的行为，告诉人们应当做什么、禁止做什么、允许做什么。这是法律规范的中心部分，是法律规范的主要内容。

如《中华人民共和国宪法》第 49 条规定："父母有抚养教育未成年子女的义务，成年子女有赡养扶助父母的义务"，这是规定应当做什么；同时该条还规定："禁止破坏婚姻自由，禁止虐待老人、妇女和儿童"，这是规定禁止做什么。

（3）制裁。制裁是指法律规范中规定的在违反本规范时将要承担的法律后果，如损害赔偿、行政处罚、经济制裁、判处刑罚等。制裁常常集中表现在一部法律的"法律责任"部分。因为制裁是保证法律规范实现的强制措施，是法律规范的一个标志。

如《中华人民共和国刑法》第 102 条规定：【背叛国家罪】勾结外国，危害中华人民共和国的主权、领土完整和安全的，处无期徒刑或者十年以上有期徒刑，这就是对背叛国家罪的制裁。

四、法的形式

法的形式是指法的具体的外部表现形态，即法是由何种国家机关，依照什么方式或程序创制出来的，并表现为何种形式、具有何种效力等级的规范性法律文件。我国法的主要形式有宪法、法律、行政法规、地方性法规、自治条例和单行条例、特别行政区的法、规章、国际条约等。

不同形式的规范性法律文件之间是有效力等级和位阶划分的，在适用时有不同的效力，见表 1-1。

表 1-1　法的表现形式和效力等级

形式		制定机关	效力	名称规律
宪法		全国人民代表大会（国家最高权力机关）	国家的根本大法，规定国家的基本制度和根本任务，具有最高法律效力	《中华人民共和国宪法》
法律		全国人民代表大会及其常务委员会	（1）地位和效力仅次于宪法，是制定其他规范性文件的依据。 （2）基本法律由全国人民代表大会制定或修改；基本法律以外的法律由全国人民代表大会及其常务委员会制定或修改。 （3）全国人民代表大会及其常务委员会还有权就有关问题作出规范性决议或决定，它们与法律具有同等地位和效力	《……法》
法规	行政法规	国务院（国家最高行政机关）	地位仅次于宪法和法律，高于地方性法规	《……条例》
	地方性法规	地方人大及其常委会： （1）省、自治区、直辖市的人大及其常委会； （2）设区的市、自治州的人大及其常委会； （3）经济特区所在地的省、市的人大及其常委会	（1）地位低于宪法、法律、行政法规，不得与它们相抵触； （2）效力高于本级和下级地方政府规章	《……地方……条例》

续表

形式		制定机关	效力	名称规律
自治条例和单行条例		民族自治地方（自治区、自治州、自治县）人大		
特别行政区的法		特别行政区的立法机关		
规章	部门规章	国务院各部、委员会、中国人民银行、审计署和具有行政管理职能的直属机构	根据法律和国务院的行政法规、决定、命令，在本部门的权限范围内制定	《……条例实施细则》
	地方政府规章	地方人民政府： （1）省、自治区、直辖市人民政府； （2）设区的市、自治区人民政府	根据法律、行政法规和本省、自治区、直辖市的地方性法规制定	《……地方……办法》

五、法律体系与法律部门

1. 法律体系

法律体系是指将一个国家的现行法律规范划分为若干法律部门，由这些法律部门组成的具有内在联系的、互相协调的统一整体。

一个国家的现行法律规范是多种多样的，它们涉及社会生活的各个方面，有着各种不同的内容和形式。但是它们并不是杂乱无章的，而是紧密联系，构成一个完整、有机、统一的体系。

2. 法律部门

法律部门又称部门法，是根据一定标准和原则所划定的同类法律规范的总称。在现行法律规范中，由于调整的社会关系及其调整方法不同，可分为不同的法律部门，凡调整同一类社会关系的法律规范的总和，就构成一个独立的法律部门。

我国的法律体系大体上分为宪法及宪法相关法、民商法、行政法、经济法、社会法、刑法、诉讼与非诉讼程序法这七个主要的法律部门，如表 1-2 所示。

表 1-2 法律部门和相关法律

法律部门	调整范围	相关法律
宪法及宪法相关法	规定国家的基本制度和公民基本权利义务的法律规范的总和	国家机关组织法、选举法和代表法、国籍法、国旗法、特别行政区基本法、民族区域自治法、公民基本权利法、法官法、检察官法、立法法和授权法等
民商法	调整平等主体的公民之间、法人之间、公民与法人之间的财产关系和人身关系的法律规范的总和	民法典、拍卖法、商标法、专利法、著作权法、公司法、合伙企业法、证券法、保险法、票据法、海商法、商业银行法、期货法、信托法、个人独资企业法、招标投标法、企业破产法等

续表

法律部门	调整范围	相关法律
行政法	调整国家行政管理活动中各种社会关系的法律规范的总和	行政处罚法、行政监察法、行政复议法、国家安全法、治安管理处罚条例、监狱法、中国公民出境入境管理法、海关法、土地管理法、食品卫生法、药品管理法、教育法、义务教育法、职业教育法、高等教育法、教师法、环境保护法等
经济法	调整国家从社会整体利益出发，对经济活动实行干预、管理或者调控所产生的社会经济关系的法律规范的总和	预算法、审计法、会计法、中国人民银行法、价格法、税收征收管理法、个人所得税法、反不正当竞争法、消费者权益保护法、产品质量法、广告法、外资企业法、对外贸易法、农业法、种子法、铁路法、民航法、公路法、电力法、建筑法、城市房地产管理法、土地管理法等
社会法	调整劳动关系、社会保障、社会福利和特殊群体权益保障等方面的法律规范的总和	劳动法、矿山安全法、残疾人保障法、未成年人保护法、妇女权益保障法、老年人权益保障法、工会法、红十字会法、公益事业捐赠法等
刑法	规定犯罪、刑事责任和刑罚的法律规范的总和	惩治骗购外汇、逃汇和非法买卖外汇犯罪的决定等
诉讼与非诉讼程序法	调整因诉讼活动和非诉讼活动而产生的社会关系的法律规范的总和	刑事诉讼法、民事诉讼法、行政诉讼法、海事诉讼特别程序法、引渡法、仲裁法等

任务评价

评价内容	学生自评	教师评价	学习记录
了解法的基本概念	□优 □良 □中 □差	□优 □良 □中 □差	
明晰法的本质和特征	□优 □良 □中 □差	□优 □良 □中 □差	
知晓法的规范	□优 □良 □中 □差	□优 □良 □中 □差	
明晰法的形式	□优 □良 □中 □差	□优 □良 □中 □差	

续表

评价内容	学生自评	教师评价	学习记录
掌握法的体系	□优 □良 □中 □差	□优 □良 □中 □差	

任务总结

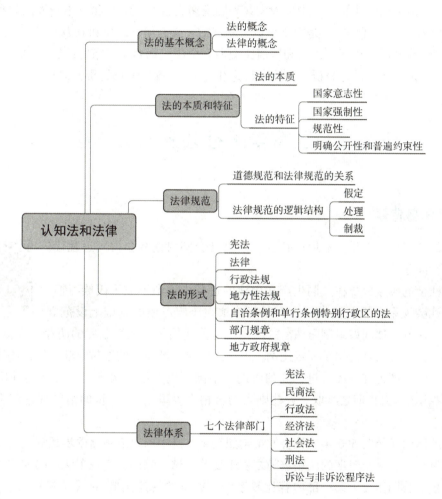

强化训练

请扫描二维码观看案例，并回答以下问题。

案情： 刘某家住郊区，每天都需要开车半个小时左右才能到单位。一天，刘某像往常一样去市里上班，在路过一个路口时，看见绿灯亮了以后，刘某继续开车向前，可是没想到行人魏某横穿马路，刘某来不及刹车，把魏某撞伤。那么，在该种情况下，可否减轻刘某的责任？

参考法律依据：

《中华人民共和国道路交通安全法》

第六十一条　行人应当在人行道内行走，没有人行道的靠路边行走。

第六十二条　行人通过路口或者横过道路，应当走人行横道或者过街设施；通过有交通信号灯的人行横道，应当按照交通信号灯指示通行；通过没有交通信号灯的人行横道的路口，或者在没有过街设施的路段横过道路，应当在确认安全后通过。

《中华人民共和国民法典》第七编　侵权责任

第一千一百七十三条　被侵权人对同一损害的发生或者扩大有过错的，可以减轻侵权人的责任。

问题1：本案例中涉及的《中华人民共和国道路交通安全法》和《中华人民共和国民法典》属于哪种法的表现形式？是由哪个机关制定的？具有何种地位和效力？

问题2：请分析《中华人民共和国道路交通安全法》第六十二条的逻辑结构。

问题3：请对案例进行分析，并给出结论和理由。（查看案例解析，请扫二维码）

任务二　了解中国社会主义法制建设

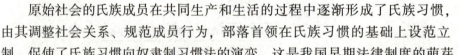

任务背景

中国的法律历经千年，从原始社会、奴隶社会到封建社会再到近现代，源远流长，渐序完善。

原始社会的氏族成员在共同生产和生活的过程中逐渐形成了氏族习惯，由其调整社会关系、规范成员行为，部落首领在氏族习惯的基础上设范立制，促使了氏族习惯向奴隶制习惯法的演变。这是我国早期法律制度的萌芽。在夏商时期，司法制度中神罚和天判占据了一定比例，但与此同时，部门法的数量渐渐增加，法律内容开始丰富，司法制度也在向前推进。周朝时期，中国历史上第一次确定了"礼刑并用"的法律制度，"礼之所去，刑之所取，失礼则入刑，相为表里"，对后世的治国理论产生了极大的影响。

春秋战国时期历时500年，社会发生剧烈变革，是中国奴隶制度逐步瓦解、封建制度逐步建立的过渡期，这个时期的法制也随之发生变革。这一时期，实现了法律的成文化、公开化，并产生了我国历史上第一部内容比较系统、完整的封建法典——《法经》。同时，商鞅改法为律，产生了我国历史上第一部律——《秦律》。

1954年中华人民共和国第一部宪法诞生，开启了建设社会主义法治国家的探索之路。在中华民族文化源远流长的5000多年历史长河中，都少不了"法制"，你了解多少呢？

任务分析

本任务要求能够了解我国法制建设的发展历程，了解中国古代法律思想；深入理解我国社会主义法制建设历程。

⚙ **任务实施**

一、中国古代法律思想

（一）中华法系概述

1. 中华法系的概念

法系是法制史上的一个概念，法系是在对各国法律制度的现状和历史渊源进行比较研究的过程中形成的概念，法系是具有共同法律传统的若干国家和地区的法律现象的总称。中华法系是世界上五大法系之一，其他四个法系分别是：大陆法系、英美法系、伊斯兰法系、印度法系，其中印度法系和中华法系已经解体。这里所指的中华法系是中国的封建法律的总称。中华法系在历史上对古代日本、朝鲜和越南的法制产生了重要影响。

2. 中华法系的社会价值

（1）中国传统文化的特点。

中国古代的政治又称伦理政治，是道德、法律与王权政治紧密结合、相互交织的产物。因之形成的中华法系，是独一无二的，是得到世界承认的一种独特的文化现象。

中国古代文、史、哲不分，融为一体，在法律体系上，也是诸法合体，自成一家。中国作为统一的多民族国家，文化经济也是和合的、统一的、连续的，这是世界上任何一个国家都做不到的，这是值得我们骄傲的。

（2）整体性的思维方式对社会综合治理的思想价值。

中国古代文化很注重整体性，伦理政治的思想就是注重整体性的价值观的体现。

老子讲"人法地，地法天，天法道，道法自然"。中华民族重整体、顾大局的天下为公的精神，就是古人效法天地宇宙规则的体现。可见中国当今"和谐社会"的思想，是有历史渊源的。企业强调的"团队精神"，就是"整体性"思想的体现。

《周易》是最早系统而深刻地提出"天、地、人三才之道"学说的。这种系统的宇宙观，贯穿于中华民族的人伦日用之中，培育了中华民族乐于与天地合一、与自然和谐的精神，对于落实科学发展观，对于实现世界和平发展，具有很大的社会价值。

社会生活是整体的综合性的，科学文化对于一个在生活中的人而言，是需要综合且系统运用的，从这个意义上讲，我国古代的文化体系，更容易为人所用，正所谓"大道至简至易"，古人在这种文化的引导下，创造出了举世瞩目的辉煌。同理，中国古代的法律体系也是综合的，甚至法律、道德与国家的政治统治都是融合为一体的。

（二）中华法系的历史沿革

中华法系从封建成文法——《法经》，到鼎盛时期的《唐律疏议》、宋朝的《宋刑统》、明朝的《大明律》，再到最后一部封建法典——《大清律》，一脉相承，具有十分清晰的沿革关系和内在联系。

1. 以西周为代表的奴隶制法

西周时期，周公治礼，强调"明德慎罚"，"礼之所去，刑之所取，出礼而入刑"。《周易》的宇宙观"道法自然，天人合一，厚德载物"的思想成为立法的指导原则。西

周维护社会秩序的法则，包括"礼"和"刑"两部分。

2. 西汉武帝"罢黜百家，独尊儒术"

到了汉朝时期，总结秦末动乱的根本原因，确立了"黄老无为""德主刑辅"的立法思想，汉武帝重用儒生董仲舒，推行"罢黜百家，独尊儒术"，确定以儒家学说为立国治世之本。汉朝法律思想的特点是"德主刑辅""礼法并用"，儒家的纲常名教成了立法与司法的指导原则，统治者要求以礼仪教化为主，以刑事惩罚为辅，礼刑结合，维持社会秩序。从此，"以德治国，贤人政治"的思想，成为我国封建统治阶级治理国家的主要方法和手段，这也是我国古代法律制度不发达的原因之一。

3. 唐朝时期的《唐律疏议》是中华法系的典型代表

唐朝历经 290 年，中国传统法律发展至鼎盛时期，《唐律疏议》标志着中国古代立法达到了最高水平，我国现存最早的行政法典《唐六典》也产生于该时期，唐朝时期法的特点是"以刑为主，诸法合体"。立法以刑律为主，延续"出礼入刑"的思想，刑事惩罚规定得详细而且具体，但是"重刑轻民"即重视刑事立法，轻视民事立法。封建的宗法制度，儒家经典的教化，传统的礼仪习惯，使我国古代的民事立法没有存在的必要。同时，在唐朝时期形成了以中国为中心，对日本、朝鲜和越南等中华文明圈国家法制文明产生重要影响的中华法系。

4. 从宋朝起，形形色色家族法规为国家认可，对国法起到补充作用

在宋朝，随着技术的发展，产生了我国第一部刊印颁行的法典《宋刑统》，家族法规在我国历史上占据着十分重要的地位，在调整家庭关系方面发挥了很大的作用。明朝朱元璋总结历史经验教训，指出"刑乱国用重典"，开始进行大规模的法制建设，颁布了《大明律》。到了清朝，经过两千多年的发展，其法律制度集历代封建王朝之大成，达到了封建社会法制完备的顶峰，建立了一套完善的封建法制体系，清朝的《大清律》是我国封建社会最后一部法典。共三十卷，十册，律文 459 条，清朝末年，在修律的过程中，中华法系宣告解体，同时建立了中国近代法制的雏形。

（三）中华法系的特点

1. 以中国传统的儒家思想为理论基础，摆脱了宗教神学的束缚

自汉武帝"罢黜百家，独尊儒术"以后，儒家的纲常名教成了立法与司法的指导原则，维护三纲五常成了封建法典的核心内容。由汉至隋盛行的引经断狱，以突出的形式表现了儒家思想对于我国封建法制的强烈影响。

中国封建法律与西方不同，西方中世纪法律体系中带有神灵色彩的宗教法规是重要组成部分，起过维护"封建"统治的特殊作用。但在中国，早在奴隶制末期，神权思想已经发生动摇，使得在中国封建法律体系中，不存在中世纪西方国家那种宗教法规，儒家的纲常名教代替了以神为偶像的宗教。

2. 维护封建伦理，确认家族（宗族）法规

中国封建社会是以家族为本位的，因此，宗法的伦理精神和原则渗入并影响着整个社会。封建法律不仅以法律的强制力确认父权、夫权，维护尊卑伦常关系，而且允许家法规发生法律效力。由宋迄清，形形色色的家族法规是对国法的重要补充，在封建法律体系中占有特殊的地位。

3. 皇帝始终是立法与司法的枢纽，司法行政融为一体

皇帝是最高的立法者，所发诏、令、敕、谕是最权威的法律形式，皇帝可以一言立法，一言废法；皇帝也是最大的审判官，他或者亲自主持庭审，或者以"诏狱"的形式，敕令大臣代为审判，一切重案会审的裁决与死刑的复核均须上奏皇帝，他可以法外施恩，也可以法外加刑。而地方各级行政长官（如县令），同时又是地方的司法长官。然而，同时期的各西方国家在相当长时间里，各级封建君主都享有独立的立法权和司法权。

4. 官僚、贵族享有法定特权，良、贱同罪异罚

中国封建法律从维护等级制度出发。赋予贵族官僚以各种特权。从曹魏时起，便仿《周礼》八辟形成"八议"制度。至隋唐已确立了"议""请""减""赎""官当"等一系列按品级减免罪刑的法律制度。另外，又从法律上划分良贱，名列贱籍者在法律上受到种种歧视，同样的犯罪，以"良"犯"贱"，处刑较常人相犯为轻；以"贱"犯"良"处罚较常人为重。中国的封建法律，同世界上任何国家的封建法律一样，是以公开的不平等为标志的。

5. 诸法合体，重刑轻民，行政机关兼理司法

中国从战国李悝著《法经》起，直到最后一部封建法典《大清律》，都以刑法为主，兼有民事、行政和诉讼等方面的内容。这种诸法合体的混合编纂形式，贯穿整个封建时期，直到 20 世纪初清末修律才得以改变。

综上所述，我国古代法律思想的特点，与其说是"儒法并重"，不如说是更加注重儒家的礼仪教化及道德规范对于社会成员的约束作用。

二、中国社会主义法治建设

（一）继往开来，走有中国特色的法制建设之路

1. 大陆法系对我国法制建设的影响

中国是一个神权君权至上的封建色彩浓厚的国家，实行中央集权的专制统治，因此我国中华法系严谨统一的法典化法律系统与专制主义的要求相一致。相对来说，大陆法系易于仿效、移植，对于实用功利主义色彩浓重的中国，它不失为最好的选择。因此，近代中国的法律具有大陆法系的特点，而且民国时期的法律就被认为属于大陆法系。

古代中国的封建思想占绝对统治地位，等级制度森严，君主权力高于一切，尽管法制建设较为完备，但却不是实质意义上的法治国家。

直到近代革命战争爆发，新中国成立，推翻了封建等级制度，并最终确立民主制度。由此，我国的社会主义法治建设开始蓬勃发展。现代中国已进入法治发展的新阶段，为适应时代发展与世界潮流，1997 年党的十五大把"依法治国，建设社会主义法治国家"确认为党领导人民治理国家的基本方略；1999 年，该项又被写入宪法，"法治从作为治国工具与手段、策略，上升为价值目标"，法治成为党的执政方式。

2. 融会贯通，走有中国特色的法制建设之路

在近代历史发展过程中，中国选择了大陆法系。但随着时代的发展进步，大陆法系自身存在的弊端以及英美法系对我国的影响，我们已经充分认识到必须重新探索一条适合自身发

展的法治道路。

目前中国正处于由传统型社会向现代型社会转变的重要历史时期。建设现代法制秩序，实质的问题是如何"剔除家族制度、等级制度、封建旧思想、习惯等明显同时代进步相悖的落后因素"，这是我国特殊的国情和历史条件影响而遗留下来的进行法制建设所必须要考虑的问题。目前，中国法制建设存在诸多问题和弊端，如高度集权的政治体制、传统观念与习惯、立法滞后的制约、有法不依与执法不力、司法腐败等，中国法制建设面临重大困难和严峻挑战。

中国传统文化以及治国理念，曾经带来了中国封建社会的繁荣与发展，作为华夏子孙，应当能够很好地继承和发扬民族精神的精髓，继往开来，在坚持本国法律为主的基础上，博采众家之长，对于西方两大法系中反映市场经济和社会发展的客观规律的法律概念、法律原则等，要大胆吸收借鉴，发扬时代精神，通过社会主义核心价值体系和社会主义法制建设构建"和谐社会"，为最终实现"建设有中国特色的社会主义法治国家"的目标而努力。

（二）我国社会主义法律体系

1949 年中华人民共和国的建立，开启了中国法治建设的新纪元。从 1949 年到 20 世纪 50 年代中期，是中国社会主义法制的初创时期。这一时期中国制定了具有临时宪法性质的《中国人民政治协商会议共同纲领》和其他一系列法律、法令，对巩固新生的共和国政权，维护社会秩序和恢复国民经济，起到了重要作用。1954 年第一届全国人民代表大会第一次会议制定的《中华人民共和国宪法》，以及随后制定的有关法律，规定了国家的政治制度、经济制度和公民的权利与自由，规范了国家机关的组织和职权，确立了国家法制的基本原则，初步奠定了中国法治建设的基础。

依法治国的科学含义，在党的十五大报告中作出了准确阐述："依法治国就是广大人民群众在党的领导下，依照宪法和法律规定，通过各种途径和形式管理国家事务，管理经济文化事业，管理社会事务，保证国家各项工作都依法进行，逐步实现社会主义民主的制度化、法律化，使这种制度和法律不因领导人的改变而改变，不因领导人看法和注意力的改变而改变。"依法治国是党领导人民治理国家的基本方略。

法治国家的标准是指依靠合理配置权利、义务和责任的法，约束国家权力，规范社会主体的行为，建立具有社会稳定和良好秩序的国家。

2011 年 3 月 10 日，全国人民代表大会常务委员会委员长吴邦国同志向十一届全国人民代表大会四次会议作全国人大常委会工作报告时庄严宣布，一个立足中国国情和实际、适应改革开放和社会主义现代化建设需要、集中体现党和人民意志的，以宪法为统帅，以宪法相关法、民商法、行政法、经济法等多个法律部门的法律为主干，由法律、行政法规、地方性法规与自治条例、单行条例等三个层次的法律规范构成的中国特色社会主义法律体系已经形成。这表明中国已在根本上实现从无法可依到有法可依的历史性转变，各项事业发展步入法治化轨道。郑重宣示了中国坚定不移实施"依法治国"基本方略，建设社会主义法治国家。中国特色社会主义法律体系是中国特色社会主义永葆本色的法制根基，是中国特色社会主义创新实践的法制体现，是中国特色社会主义兴旺发达的保障。

2012 年 11 月 29 日，中共中央总书记习近平带领新一届中央领导集体参观中国国家博物馆"复兴之路"展览时指出："实现中华民族伟大复兴，就是中华民族近代以来最伟大的梦想！"实现中国梦必须弘扬中国精神。这就是以爱国主义为核心的民族精神，以改革创新为核心的时代精神；实现中国梦必须走中国道路，这就是中国特色社会主义道路。在法制建设方面，也要建设有中国特色的社会主义法律体系。

党的十八大以来，以习近平同志为核心的党中央始终高度重视依法治国。2013年习近平总书记首次提出"法治中国"的建设目标，2014年党的十八届四中全会首次以党代会的形式对依法治国进行总体部署和全面规划，在新中国法治建设史上意义重大，揭开了中国法治建设的新篇章，明确了"建设中国特色社会主义法治体系，建设社会主义法治国家"的总目标，不断统筹推进"科学立法、严格执法、公正司法、全民守法"的依法治国基本格局。

党的十九大作出了"中国特色社会主义进入新时代"的重大判断，并指出我国社会主要矛盾已经转化为人民日益增长的美好生活需要和不平衡不充分的发展之间的矛盾。在稳定解决十几亿人的温饱、全面建成小康社会之后，人民美好生活需要日益广泛，不仅对物质文化生活提出了更高要求，而且在民主、法治、公平、正义、安全、环境等方面的要求日益增长。这些方面，都需要法治建设能协同跟进，都需要依法治国予以保障。

中国特色社会主义建设进入新时代，面临新形势，立足新起点，也为我国法治建设提供了宝贵的历史机遇，必将引领我国社会主义法治建设进入新时代，从而更好实现全面依法治国总目标，更好维护国家法制统一、尊严、权威，加强人权法治保障，保证人民依法享有广泛权利和自由。

🔑 任务评价

评价内容	学生自评	教师评价	学习记录
了解中华法系的概念	□优 □良 □中 □差	□优 □良 □中 □差	
了解中华法系的社会价值	□优 □良 □中 □差	□优 □良 □中 □差	
知晓中华法系的历史沿革	□优 □良 □中 □差	□优 □良 □中 □差	
明晰中国特色的法制建设之路	□优 □良 □中 □差	□优 □良 □中 □差	
了解中国社会主义法律体系	□优 □良 □中 □差	□优 □良 □中 □差	

 任务总结

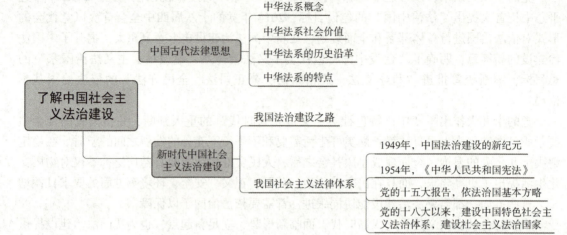

中国古代法律思想
- 中华法系概念
- 中华法系社会价值
- 中华法系的历史沿革
- 中华法系的特点

了解中国社会主义法治建设

新时代中国社会主义法治建设
- 我国法治建设之路
- 我国社会主义法律体系
  - 1949年，中国法治建设的新纪元
  - 1954年，《中华人民共和国宪法》
  - 党的十五大报告，依法治国基本方略
  - 党的十八大以来，建设中国特色社会主义法治体系，建设社会主义法治国家

 强化训练

请扫描二维码观看案例，并发表观点。

请思考，建设新时代中国特色社会主义法治体系有何重大意义。

任务三　厘清法律关系

 任务背景

近口，福建省宁化县人民法院通过"云上法庭"平台，成功线上调解一起民间借贷纠纷，在便利当事人的同时也提高了诉讼效率。

谢某与黄某为朋友关系，谢某因生意资金周转需要，于2019年5月向黄某借款共计10万元，并签订书面借款协议，约定了借款期限及利息等。后谢某陆续归还借款，但尚有部分欠款未还，黄某遂将其诉至宁化法院。

承办法官经过多次前期沟通并就案件事实及法律关系进行分析，双方达成初步调解意向。

请问，谢某和黄某之间是否具有法律关系？谢某和黄某分别具有哪些权利和义务？

 任务分析

法律关系是以法律上的权利、义务为纽带而形成的社会关系，它是法律规范"指示"的规定在事实社会关系中的体现。谢某与黄某本是普通朋友关系，但因为发生了借贷行为，两者之间就产生了法律关系。谢某有向黄某按时还款的义务，黄某有向谢某追还借款的权利。

任务实施

一、法律关系的概念

法律关系是法律在调整人们行为的过程中形成的权利、义务关系。法律关系是社会关系的一种特殊形态，它与一般的社会关系相比，有三个最主要的特征。

第一，法律关系是以法律规范为前提而形成的社会关系。

法律关系是法律对人们的行为及其相互关系加以调整而出现的一种状态。因此，在没有相应的法律规范（规则、原则与概念的统称）之前，也就不可能形成相应的法律关系。当然，在这时，某种社会关系可能是存在的，但是，它不具有法律意义，只是一种不具有法律关系性质的单纯社会关系。例如，家庭生活中的婚姻关系、亲属关系以及生产劳动中的协作关系、分配关系，在法律尚未出现的原始社会就已经存在了，但是，这些社会关系在当时并不具有法律关系的性质。再如，在技术的发明与使用过程中所形成的利益关系，直到近代专利法出现之后，才成为法律关系，在古代社会中，尽管已经建立了一套法律制度，但是，其中并没有关于技术发明与使用问题的规定，这些问题在当时是不受法律调整的。因此，可以这样来理解法律关系：凡纳入法律调整范围内的社会关系，都是法律关系；凡未纳入法律调整范围的社会关系，都不是法律关系。

第二，法律关系是以法律上的权利、义务为纽带而形成的社会关系。

法律关系与不具有法律意义的社会关系的重要区别，就是在法律化的社会关系中，当事人之间按照法律规范而分别享有一定的权利或负有一定的义务，当事人双方或数方被一条法律上的纽带——权利和义务的纽带联系在一起。前文提及，法律关系是被纳入法律调整范围之内的社会关系，何谓"被纳入法律调整范围之内"？这就是由法律在当事人之间设定权利和义务，从而使它们之间的行为和要求具有法律意义，可以依法予以肯定或否定评价，被给予肯定评价的行为和要求会得到法律的支持和保护，被给予否定评价的行为和要求则会受到法律的取缔甚至制裁。在此，有一个细微但十分重要的区别必须被充分注意，即法律关系是且仅仅是法律关系当事人之间具有权利、义务内容的关系，而不是他们之间的全部关系。例如，某甲和某乙是一个合同法律关系的当事人，他们之间的全部关系中，也只有那些具有合同权利和义务内容的部分，才属于法律关系，至于那些不具有权利、义务内容的关系（如长期的朋友关系）也不属于法律关系。

第三，法律关系是以国家强制力作为保障手段的社会关系。

在法律规范中，关于一个人可以做什么、不得做什么和必须做什么的规定，是国家意志的体现，它体现了国家对各种行为的态度。当根据法律规范而形成法律关系时，就是法律从书本上的抽象规定变成社会中现实秩序的一种状态。如果这种现实的权利、义务关系受到破坏，就意味着国家意志所授予的权利受到侵犯，意味着国家意志所设定的义务被拒绝履行。因此，一旦一种社会关系被纳入法律调整范围之内，就表明国家意志不会听任它被随意破坏，并且会利用国家强制力来加以保障。在此，有一点必须强调：当法律关系受到破坏时，国家强制力是否立即发挥作用，这取决于法律关系的性质。依据强行性规则而形成的法律关系是受国家强制力直接保障的，而依据任意性规则而形成的法律关系，在其受到破坏时，则需经权利人的请求后，国家强制力才会出现。

二、法律关系的构成要素

法律关系由主体、内容和客体三个要素构成，缺少其中任何一个要素，都不能构成法律关系。

1. 法律关系的主体

法律关系主体是法律关系的参加者，即在法律关系中享有权利或承担义务的人。不过，法律上称的"人"与日常用语所称的"人"有不完全相同的含义。法律上所使用的"人"的概念主要包括自然人（公民）、组织（法人和非法人组织）、国家。

2. 法律关系的内容

法律关系的内容是指法律关系主体所享有的权利和承担的义务，即法律权利和法律义务，如经济法律关系内容的实质和核心就是经济权利与经济义务，它直接体现了法律关系主体的利益要求，是连接经济法律关系主体的纽带。

根据权利、义务所体现的社会内容的重要程度，可把权利、义务分为基本的权利、义务和普通的权利、义务。其中，基本的权利、义务是人们在国家的政治、经济、文化、社会生活中根本利益的体现，是人们社会地位的基本法律表现。

根据权利和义务的主体不同，法律关系内容可以分为公民的权利和义务、集体的权利和义务、国家的权利和义务（职权和职责）等。另外，根据部门法的划分，我们还可以把权利义务分为民事权利和义务、诉讼权利和义务等。

3. 法律关系的客体

法律关系客体是法律关系主体的权利和义务所指向的对象。它是将法律关系主体间的权利与义务联系在一起的中介，没有客体为中介，就不可能形成法律关系。因此，客体构成了任何法律关系都必须具备的一个要素。法律关系的客体主要包括物、行为、非物质财富和人身人格。

（1）物。法律意义上的物是指法律关系主体支配的、在生产和生活上所需要的客观实体。它可以是天然物，也可以是生产物；可以是活动物，也可以是不活物。在我国，大部分天然物和生产物可以成为法律关系的客体。

以下几种物不得进入国内商品流通领域，成为私人法律关系的客体：人类公共之物或国家专有之物，如海洋、山川、水流、空气；文物；军事设施、武器（枪支、弹药等）；危害人类之物（如毒品、假药、淫秽书籍等）。

（2）行为。作为法律关系客体的行为的结果是特定的，即义务人完成其行为所产生的能够满足权利人利益要求的结果。这种结果一般分为两种：一种是物化结果，即义务人的行为（劳动）凝结于一定的物体，产生一定的物化产品或营建物（房屋、道路、桥梁等）；另一种是非物体结果，即义务人的行为没有转化为物化实体，而仅表现为一定的行为过程，直到终了，最后产生权利人所期望的结果（或效果）。例如，权利人在义务人完成一定行为后，得到了某种精神享受或物质享受，增长了知识和能力等。在此意义上，作为法律关系客体的行为结果不完全等同于义务人的义务，但又与义务人履行义务的过程紧密相关。义务正是根据权利人对这一行为结果的要求而设定的。

（3）非物质财富。非物质财富又称为精神产品，是人通过某种物体（如书本、砖石、纸张、胶片、磁盘）或大脑记载下来并加以流传的思维成果。精神产品不同于有体物，其价值和利益在于物中所承载的信息、知识、技术、标识（符号）和其他精神文化；同时它又不同于人的主观精神活动本身，是精神活动的物化、固定化。精神产品属于非物质财富，西方学者称之为"无体（形）物"。我国法学界常称之为"智力成果"或"无体财产"。

（4）人身人格。包括人格利益和身份利益，是人格权和身份权的客体。

法律关系客体并不限于以上几类。可以说有一类权利或义务就有一类与之相应的客体。如果没有相应的客体，权利和义务便无所依附，也就不存在了。

任务评价

评价内容	学生自评	教师评价	学习记录
了解法律关系的概念	□优 □良 □中 □差	□优 □良 □中 □差	
明晰法律关系的构成要素	□优 □良 □中 □差	□优 □良 □中 □差	

任务总结

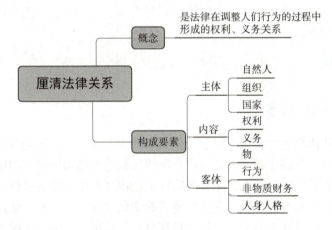

强化训练

请扫描二维码观看案例，并回答以下问题。

案情：韩先生某日持所购京剧票去北京某剧院观看"新新京剧团"排演的现代京剧《智取威虎山》，不料该剧团在外地演出，因路途遥远未能及时返京，致使在北京的演出不能如期举行。该剧院被迫安排了一场交响乐，韩先生以剧院违约为由向法院提起诉讼，法院认定剧院违约事实成立，判令剧院赔偿韩先生票款及路费等人民币250元。剧院又向法院提起诉讼，告"新新京剧团"违约，要求赔偿损失。

问题1：案例中哪些人、单位或机构之间的关系构成法律关系？

问题2：案例中的法律关系的客体是什么？（查看案例解析，请扫二维码）

任务四　认清法律事实

任务背景

情景1：读大四的男生张三暗恋同班女同学小花很久了，终于鼓起勇气在情人节那天，买了鲜花和巧克力，向心仪的女生小花表达了喜欢她的意思，那么张三的告白是否属于法律事实？

情景2：小花接受了张三的告白，两人谈起了恋爱，并在毕业后两年决定结婚了。于是两人在告白纪念日——情人节那天在海淀区民政局领取了结婚证，登记为合法夫妻，该行为是否属于法律事实？

任务分析

本任务要求能够辨别是否产生法律关系，认清什么是法律事实。凡是在社会生活中能实际发生的，并且为法律所规定，能够引起法律关系的产生、变更、消灭的客观情况或现象，即为法律事实，只有构成法律事实才能产生法律关系，非法律事实不受法律保护，只受道德习俗的约束。情景1中的张三向女同学小花表白，这种行为不受法律约束，即不存在法律事实。情景2中，张三与恋爱两年的小花登记结婚行为属于法律事实，因为婚姻登记是有权机关对婚姻关系的一种确认。

任务实施

一、法律事实的概念

法律事实就是法律规定的、能够引起法律关系产生、变更和消灭的现象。

法律事实的一个主要特征是，它必须符合法律规范逻辑结构中假定的情况。只有当这种假定的情况在现实生活中出现，人们才有可能依据法律规范使法律关系得以产生、变更和消灭。因此，法律关系处在不断生成、变更和消灭的变化过程中，它的变化过程需要具备一定的条件，其中最重要的条件有两个：一是法律规范；二是法律事实。法律规范是指国家制定或认可，反映统治阶级意志，并由国家强制力保证实现的一种社会规范。法律规范是法律关系形成、变更和消灭的法律依据，没有一定的法律规范就不会有相应的法律关系，但法律规范的规定只是主体权利和义务关系的一般模式，并不是现实的法律关系本身。法律关系的形成、变更和消灭还必须具备直接的前提条件，这个前提条件就是法律事实。可以说，它是法律规范与法律关系联系的中间介质。

二、法律事实的分类

依照是否以当事人的意志为转移作标准，可以将法律事实划分为两大类：法律事件和法律行为。

1. 法律事件

法律事件是法律规范规定的、不以当事人的意志力为转移而能引起法律关系形成、变更或消灭的客观事实。法律事件又分为社会事件和自然事件两种，前者如社会革命、战争，后者如人的生老病死、地震、洪水等自然灾害。

2. 法律行为

法律行为是人们所实施的、能够发生法律效力、产生一定法律效果的行为，可以作为法律事实而存在，能够引起法律关系形成、变更和消灭。根据法律行为是否合法，其可分为两类：合法行为和违法行为。合法行为即符合现行法律规定的行为。由此而引起法律关系的产生、变更和消灭的情况非常广泛，如职工的录用、买卖合同的缔结等。违法行为即违反现行法律的行为，既包括做出了法律所禁止的行为，也包括不做法律所要求的行为，如饮酒后驾驶机动车及涂改户口、冒用他人户口证件等。根据行为的表现形式不同，法律行为可以分为：积极行为和消极行为。积极行为又称作为，是指以积极、主动作用于客体的形式表现的、具有法律意义的行为，如签发支票、缴纳税款等。消极行为又称不作为，是指以消极的、抑制的形式表现的、具有法律意义的行为，如竞业限制。

任务评价

评价内容	学生自评	教师评价	学习记录
了解法律事实的概念	□优 □良 □中 □差	□优 □良 □中 □差	
掌握法律事实的分类	□优 □良 □中 □差	□优 □良 □中 □差	
区分法律事实和法律行为	□优 □良 □中 □差	□优 □良 □中 □差	

任务总结

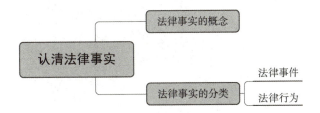

强化训练

请扫描二维码观看案例，并回答以下问题。

案情：刘某为了去接回老家过春节的女儿回家，驾驶自己的三轮摩托外
出，途中遇到同村村民赵某，赵某正好同路，刘某便让赵某站在三轮摩托车
的货箱内捎带一程，行驶过程中因路况较差，刘某从车厢内跌落到公路上，
受伤严重。

问题1：此次事件是否属于法律事实？

问题2：是否产生法律关系？

问题3：赵某的损害找谁赔偿？（查看案例解析，请扫二维码）

项目思政

案例一　南京一大学生因未带钥匙被舍友刺死

南京某大学学生袁某在宿舍玩电脑游戏，遇同宿舍蒋某因未带钥匙敲门，袁某未及时开
门，双方发生口角，并发生肢体冲突。在冲突过程中，袁某拿起书架上的一把水果刀捅到蒋
某胸部，蒋某送医院抢救无效死亡。袁某因故意伤害致人死亡被刑事拘留。

案例二　山东女生徐玉玉遭电信诈骗案

2016年高考，徐玉玉以568分的成绩被南京邮电大学录取。8月19日下午4点30分左
右，她接到了一通陌生电话，对方声称有一笔2600元助学金要发放给她。在这通陌生电话
之前，徐玉玉曾接到过教育部门发放助学金的通知，所以当时并没有怀疑这个电话的真伪。
按照对方要求，徐玉玉将准备交学费的9900元打入了骗子提供的账号。发现被骗后，徐玉
玉万分难过，当晚就和家人去派出所报了案。在回家的路上，徐玉玉突然晕厥，不省人事，
虽经医院全力抢救，但仍没能挽回她18岁的生命。

请谈一谈新时代大学生应如何培养法律素养。

项目二　明确保险法内容

学习目标

知识目标
➤系统地了解保险法基本知识
➤了解保险公司经营规则
➤明确保险监管意义

能力目标
➤能够区分并熟练运用保险法基本原则
➤能够辨别保险法律关系

素养目标
➤具有较强的保险法律问题的分析解决能力
➤培养依法合规展业的理念

任务一　掌握保险法基本知识

任务背景

　　银保监会某派出机构接到消费者投诉，反映某财产保险公司分支机构拒绝承保机动车交通事故责任强制保险（以下简称交强险）。经查，该保险机构存在以投诉人摩托车为外地牌照且公司暂时没有单证为由，拒绝承保投诉人摩托车交强险的行为。针对上述问题，监管机构对相关保险机构罚款5万元。

　　请问，保险机构是否可以拒绝承保摩托车交强险？

 **任务分析**

我国实行机动车交通事故责任强制保险制度，对于保障机动车交通事故受害人及时获得赔偿，促进道路交通安全具有重要作用。《机动车交通事故责任强制保险条例》规定，在我境内道路上行驶的机动车的所有人或者管理人，应当依照《中华人民共和国道路交通安全法》的规定投保交强险；投保人在投保时应当选择从事交强险业务的保险公司，被选择的保险公司不得拒绝或者拖延承保。在实践中，一些保险机构以没有交强险单证为由，或设定不合理限制条件等，拒绝或拖延承保摩托车、农用机动车交强险。有的机动车所有人或管理人在保险机构拒绝或拖延承保交强险后，未及时反映、解决问题，导致机动车未按规定投保交强险，一方面会受到公安机关交通管理部门的行政处罚，另一方面机动车将失去相应的保险保障，发生交通事故后由机动车所有人或管理人承担损害赔偿责任。

显然，案例中相关保险机构拒绝承保摩托车交强险的行为，损害了消费者合法权益。

任务实施

一、保险的概述

1. 保险的概念

根据《中华人民共和国保险法》（以下简称《保险法》）第 2 条规定，保险是指投保人根据合同约定，向保险人支付保险费，保险人对于合同约定的可能发生的事故因其发生所造成的财产损失承担赔偿金责任，或者当被保险人死亡、伤残、疾病或者达到合同约定的年龄、期限等条件时承担给付保险金责任的商业保险行为。

广义上，保险是指为了弥补自然灾害和意外事故带来的经济损失，以充分的无知准备来保障社会安定，建立专门用途的后备基金的一种经济活动方式。

狭义上，保险特指商事保险，即保险公司通过与投保人订立商事保险合同将收取的保险费集中起来，建立保险基金，用于对因自然灾害或者意外事故造成经济损失的被保险人进行补偿，或对人身伤亡或者丧失劳动能力的被保险人给予保险金的活动。

保险是市场经济条件下风险管理的基本手段，是金融体系和社会保障体系的重要组成部分，在社会主义和谐社会建设中具有重要作用。世界各国经济社会发展的历史也充分表明，经济越发展、社会越进步，保险越重要。

2. 保险的起源

商业保险产生于 14 世纪的意大利沿海城市，当时在海上贸易中经常会遇到海难和海盗袭击，人货损失严重。商人们为了避免损失，创立了互保会、互保基金等合作性组织。随着贸易量和经济活动中风险的增加，这些组织逐步发展成为专门的保险组织。1871 年英国制定《劳合社法》，出现了最早的保险公司。商人们通过商会和协会等自律组织，形成交易规则，把承接风险者称为保险人，把转移风险者称为投保人，把转移风险的交易称为保险，将交易费用称为保险费。现代保险法律制度便由此而来。

3. 保险的分类

一般意义上的保险，又称为商业保险。从法律角度来看，保险是一种合同关系，投保人向保险人投保，按照保险合同的约定支付保费，保险人按照合同约定的条件对被保险人承担赔偿或者给付保险金的责任。

保险作为一种分散风险，共担损失的补偿制度，有其特定的运行机制。具体地说，通过一定的制度设计和安排，集社会大众之力，将意外事件造成的损失分散于社会，消化于无形。换言之，千千万万之众，通过合同关系与合理的计算，每人以少许保费，汇集成庞大资金，交由专业保险机构妥善运作管理。凡参加保险之人，一旦发生保险范围内的不幸事故，便可得到赔偿与救济；而对多数购买保险但未遭遇事故的人来说，则意味着向遭受不幸者伸出援助之手。在此意义上，保险是"我为人人，人人为我"的制度。

根据不同的分类标准，可以按以下种类进行区分：

（1）人身保险和财产保险。

人身保险是以人的寿命和身体为保险标的的保险，包括人寿保险、健康保险、意外伤害保险等。当人们遭受不幸事故或因疾病、伤残、年老而失去工作能力、退休或死亡后，保险人依据保险合同对被保险人或受益人给付保险金或年金，以供其本人或家属的生活所需。财产保险是以财产及其有关利益为保险标的的保险，包括财产损失保险、责任保险、保证保险等。

（2）自愿保险和强制保险。

自愿保险是投保人与保险人按自愿原则形成的保险合同关系。强制保险，又称为法定保险，是国家通过立法强制推行的保险种类，如我国的机动车交通事故责任强制保险。

（3）原保险和再保险。

原保险是指针对被保险人的保险事故风险，由保险人承担损失赔偿责任的保险。再保险是指针对原保险人的保险责任风险，由再保险人承担分保责任的保险。具体地说，就是原保险人将自己承保的赔偿风险，全部或部分地转移给再保险人，以避免自己因面临重大灾难或事故的巨额赔偿而陷入财务困境。

4. 保险的功能和作用

（1）经济补偿。

保险最基本的功能是经济补偿。人类生活中，总是存在着一些无法预知的风险因素，如地震、洪水、车祸、疾病等。它们往往给个人、家庭或企业带来无法承受的灾难。保险通过社会化的安排，使这些受害人可以从保险基金中获得补偿与救济。与此同时，通过对各种风险的转移和分散，可以稳定社会经济，安定人民生活。我国每年因自然灾害和交通、生产等各类事故造成的人民生命财产损失巨大。但由于种种因素的制约，企业和家庭参加保险的比例还比较低，仅有少部分灾害事故损失能够通过保险获得补偿，这既不利于及时恢复正常的生产生活，又增加了公共财政的负担。因此，加快保险业改革发展，建立市场化的灾害、事故补偿机制，对完善灾害防范和救助体系，增强全社会抵御风险的能力，促进经济发展，具有不可替代的重要作用。

（2）资金融通。

资金融通功能是保险的金融属性的具体体现，这包括两层含义：一方面，对保险人而言，由于保险费的收取与保险金的给付或赔偿之间存在着一定的时间差，保险人可以适当地用保险资金从事投资经营，实现资金的保值增值；另一方面，对投保人而言，由于某些保险产品提供了一定的收益，可以把保险作为一种投资。当前，我国金融体系发展还不平衡，间接融资比例过高，影响了金融资源配置效率，不利于金融风险的分散和化解。因此，加快发展保险业，提高保险业在金融市场的比重，促进银行、证券和保险市场协调发展，对健全金融体系，完善社会主义市场经济体制，具有重要意义。

（3）社会管理。

保险的社会管理功能具有十分丰富的内涵。具体来说，大体可以归结为三个方面。一是社会保障管理。商业保险是社会保障体系的重要组成部分，在完善社会保障体系方面发挥着重要作用。一方面，商业保险可以为没有参与社会基本保险制度的劳动者提供保险保障，有利于扩大社会保障的覆盖面；另一方面，商业保险具有产品灵活多样、选择范围广等特点，可以为社会提供多层次的保障服务，提高社会保障水平，减轻政府在社会保障方面的压力。例如养老保险参与社会保障体系，医疗保险参与农村合作医疗事业等。二是社会风险管理。商业保险的发展，一方面，可以丰富识别、衡量和分析风险的专业知识，积累大量风险损失资料，为社会风险管理提供有力支持；另一方面，也有利于加强防灾防损，降低风险发生的概率，实现对风险的控制和管理。三是社会关系管理。通过保险应对灾害损失，不仅可以对损失进行合理补偿，而且可以提高事故处理效率，减少当事人可能出现的各种纠纷，起到"社会润滑器"的作用。比如运用保险机制化解交通事故纠纷，运用责任保险化解工业事故赔偿纠纷等。

保险的三大功能中，经济补偿是保险最基本的功能，是保险区别于其他行业的最根本的特征。资金融通功能是在经济补偿基础上发展起来的，是保险金融属性的体现，也是实现社会管理功能的重要手段。社会管理功能是保险业发展到一定程度并深入经济社会的诸多层面之后产生的一项重要功能，是现代保险制度的重要标志。保险的三大功能既相互独立，又有机联系、相互作用，共同组成一个统一、开放的体系。

（4）商业保险与社会保险的区别与联系。

我们一般所说的保险是指商业保险，即在保险合同的基础上，由专门的营利性保险企业经营的保险类别。保险法调整的就是商业保险关系。从法律的角度看，商业保险是这样一种合同关系：投保人向保险人支付保费，保险人按照合同约定的条件对被保险人承担赔偿或者给付保险金的责任。

社会保险，是国家通过立法建立起的一种社会保障制度，其目的是使劳动者在由于生、老、病、死、伤、残等原因丧失劳动能力和失业，本人和家庭失去收入时，从社会获得必要的物质帮助。

社会保险与商业保险之间存在着以下重要区别：

第一，保险的性质不同。社会保险是国家为保证劳动者基本生活需要而建立的一项社会保障制度，以实现国家社会政策为宗旨，通过国家立法强制推行。商业保险则是营业性保险，具有以营利为目的的性质。

第二，保险对象不同。社会保险以社会劳动者为保险对象。商业保险的保险对象可以是人，也可以是特定的财产。

第三，保险费来源不同。社会保险的保险费来源于国民收入的再分配，由国家、单位和个人共同负担，形成社会保险基金统一调剂使用，为所有的劳动者提供保障。商业保险的保险费完全由投保人承担，保险人对被保险人实行"多投多保、少投少保"的原则。

第四，给付标准不同。社会保险从保障劳动者基本生活出发，主要根据保障需要确定给付标准，而不完全取决于缴费多少。商业保险则按投保人所缴保费的多少和被保险人受损失的程度确定赔偿数额。

第五，管理体制不同。社会保险一般由国家设立专门的社会保险机构统一管理，国家统一规定保险项目、费率和给付标准等，国家对社会保险基金不征税。商业保险是由自主经营的保险公司经营，独立核算，自负盈亏。保险公司属于金融企业，国家对其经营所得征税。

商业保险与社会保险同为社会保障体系的有机组成部分。二者相互补充、共同发展，有利于丰富保险市场的产品供给，满足人民群众多样化的保障需求，加快社会保障体系的完善。20 世纪 80 年代以来，世界各国都在进行社会保障制度改革，一个共同的趋势就是建立多支柱的社会保障体系。在养老保障方面，社会保险通常提供基本的退休生活保障，而基本养老以上的保障需求则通过商业保险来满足。即使在社会保障很发达的北欧福利国家，商业保险仍占整个保障体系的 30% 以上。在美国的医疗保险中，商业健康保险的医疗费用支出超过了全国医疗费用总支出的 50%。

二、保险法的概念

保险法是以保险关系为调整对象的法律规范总称。

保险法有广狭两义，广义保险法：包括专门的保险立法和其他法律中有关保险的法律规定；狭义保险法：指保险法典或在民法商法中专门的保险立法，通常包括保险企业法、保险合同法和保险特别法等内容，另外国家将标准保险条款也视为保险法的一部分内容。我们通常说的保险法指狭义的定义，它一方面通过保险企业法调整政府与保险人、保险中介人之间的关系；另一方面通过保险合同法调整各保险主体之间的关系。

在我国，保险法还有形式意义和实质意义之分，形式意义：指以保险法命名的法律法规，即专指保险的法律和法规；实质意义：指一切调整保险关系的法律法规。因此，保险法可划分为保险合同法和保险业法两大类。

保险合同法以保险合同关系为规范对象，内容主要包括人身保险、财产保险和再保险合同。保险业法以商业保险经营者为规范对象，内容主要包括市场主体组织形式、市场准入、保险产品管理、偿付能力监管、市场行为监管、保险中介监管等。

我国《保险法》采用两法合一的模式，在同一部法律中既为保护投保人与保险人的合法权益提供基本保障，同时也为保险企业的自主经营和监管机构的职责履行设定基本规则。

三、保险法的分类

保险法的内容主要包括保险合同法、保险业组织法、保险监管法等。凡有关保险的组织、保险对象以及当事人的权利义务等法律规范等均属保险法。保险法具体可分为以下四种：

1. 保险业法

保险业法又叫保险业监督法，是调整国家和保险机构关系的法律规范。凡规范保险机构设立、经营、管理和解散等的有关法律均属于保险业法。中华人民共和国国务院于 1985 年 3 月 3 日发布的《保险企业管理暂行条例》，对保险企业的设立、中国人民保险公司等做了具体规定，即属于保险业法性质。

2. 保险合同法

保险合同法又叫保险契约法，是调整保险合同双方当事人关系的法律规范。保险方与投保方的保险关系是通过保险合同确定的，凡有关保险合同的签订、变更、终止以及当事人权利义务的法律，均属保险合同法。例如，《中华人民共和国经济合同法》关于保险合同的规定，1983 年 9 月 1 日国务院发布的《中华人民共和国财产保险合同条例》等。

3. 保险特别法

保险特别法，是专门规范特定的保险种类的保险关系的法律规范。对某些有特别要求或

对国计民生具有特别意义的保险，国家专门为之制定法律实施，如《海商法》中的海上保险、英国的海上保险法、日本的人身保险法等。在这种保险特别法中，往往既调整该险种的保险合同关系，也调整国家对该险种的管理监督关系。

4. 社会保险法

社会保险法是国家就社会保障所颁发的法令总称。例如 2010 年 10 月 28 日颁布的《中华人民共和国社会保险法》。

四、保险法特征与立法的目的

1. 保险法的特征

（1）广泛的社会性：又称为"保险法的社会化"，体现为保险业的社会责任或公共性。

（2）严格的强制性：即保险法中"强制性的保险事项不允许当事人约定，而必须按照法律规定办理"的性质。

（3）至善的伦理性：是指保险法律关系中的当事人必须遵守诚信原则，符合人群生活关系中各种行为的道德法则。

（4）特定的技术性：在保险法中，保险费率厘定、保险事故损失计算、保险赔款计算、保险投资论证等，都是特定技术规程的确认，而不是一般行为的法律规范。

（5）突出的国际性：主要是指各国保险法的诸多具体规则正朝着国际统一规则发展，而不再仅是一国的规则。

2. 保险法的立法目的

《保险法》有五个立法目的：

（1）规范保险活动：保险活动是指为了确保经济生活的安定，对特定危险事故的发生所致的损失或者产生的需求，运用多数单位的集体力量，根据合理的计算，共同建立基金，公平负担，予以补偿或者给付的一系列活动的总称。

（2）保护保险活动当事人的合法权益。

（3）加强对保险业的监督管理。

（4）维护社会经济秩序和社会公共利益。

（5）促进保险事业的健康发展。

五、保险法的基本制度

保险合同法的规范，大多是防范道德风险和保护被保险人利益的制度。保险业法的规范主要围绕风险防范来展开。

1. 道德风险防范制度

"保险道德风险"是阻碍保险机制正常运转，使保险的风险分担功能难以发挥的一个严重问题。因此，保险法最主要的制度都以防范道德风险为主旨。例如，保险法规定投保人和被保险人负有如实告知义务和危险增加通知义务，以保证保险人能够依据充分准确的信息，做出正确的风险预测和赔付计算。保险法还有"骗保不能获赔"的规则，即投保人及关系人虚报保险事故、故意制造保险事故或提供虚假事故证明的，不能获得保险赔偿。

在财产保险合同中，还有两个重要规则。一是"超额保险"规则，即保险金额超过保险价值的，超过部分无效。二是"重复保险"规则，即投保人就同一保险事故和同一保险利益，在同一保险期间向两个以上的保险人分别订立两个以上保险合同的，其所获赔偿总额不得超过保险价值。以上两项规则，正是财产保险损失补偿原则的具体体现。

在人身保险合同中，还有两个重要制度。一是合同订立时的预防制度。例如，规定以死亡为条件的合同须经被保险人同意方能生效，以防止投保人在被保险人不知情的情况下以其生命投保，从而对其生命造成潜在危险。二是保险事故发生后的识别制度。例如，规定投保人或者受益人故意造成被保险人人身伤亡的，不能得到赔偿。

2. 被保险人利益保护制度

保护被保险人权益是保险法社会职能的重要体现。为此，保险法设有三项基本的制度。一是保险人的说明义务。保险合同订立时，保险人应当向投保人说明保险合同的内容。例如，保险人应当向投保人明确地说明合同中免除保险人责任的条款，否则该条款不生效力。二是理赔的法定期限。保险理赔难，常常难在理赔程序烦琐，时间冗长。因此，要充分保护被保险人，就要在程序上严格规定理赔的程序和期限。三是格式条款的解释规则。保险合同通常是单方拟定的格式条款。当事人对条款内容有争议时，如果存在两种以上解释，应采用有利于被保险人的解释。

3. 行业风险防范制度

保险业要健康发展，发挥其社会作用，必须克服自身的风险。但是，不能因为有风险而不发展。因此，要在完善监管制度的前提下，在发展中防范风险，在防范中促进发展。为此，需要从两个方面强化风险防范措施。一是保险业组织监管，就是对保险公司的监管。组织监管的内容，主要是关于保险公司设立、变更、终止的规定和对保险公司内部组织形式的要求。二是保险业经营监管，就是对保险公司日常经营过程中一切活动的监管，具体包括业务监管、保险条款和费率监管、偿付能力监管、经营风险监管、资金运用监管、市场行为监管和中介人监管等多个方面。

4. 我国《保险法》的发展进程

1995 年 6 月 30 日第八届全国人民代表大会常务委员会第十四次会议通过；根据 2002 年 10 月 28 日第九届全国人民代表大会常务委员会第三十次会议第一次修正；根据 2009 年 2 月 28 日第十一届全国人民代表大会常务委员会第七次会议第二次修订；根据 2014 年 8 月 31 日中华人民共和国第十二届全国人民代表大会常务委员会第十次会议《全国人民代表大会常务委员会关于修改〈中华人民共和国保险法〉等五部法律的决定》第三次修正；根据 2015 年 4 月 24 日中华人民共和国第十二届全国人民代表大会常务委员会第十四次会议《全国人民代表大会常务委员会关于修改〈中华人民共和国计量法〉等五部法律的决定》第四次修订，中华人民共和国主席令第 26 号公布，自公布之日起施行。2015 年 11 月 26 日，最高人民法院就《关于适用〈中华人民共和国保险法〉若干问题的解释（三）》（以下简称《解释三》）召开发布会，决定《解释三》自 2015 年 12 月 1 日起正式施行，中国保险业法制体系建设再进一步。

纵览《保险法》走过的这 20 年，在保险业复业初期，法律法规相对较少，在法治化的道路上更多的是"改革实践在前、立法巩固在后"；而在中国特色保险法律体系已经日趋完善的今天，从行业主体到普通消费者，与行业发展息息相关的方方面面都已站在有法可依的新的起点上。保险监管者应着眼未来，通过布局行业立法，谋划行业改革发展与法制建设协调同步。

任务评价

评价内容	学生自评	教师评价	学习记录
了解保险的概念	□优 □良 □中 □差	□优 □良 □中 □差	
知晓保险法的概念	□优 □良 □中 □差	□优 □良 □中 □差	
辨别保险法的分类	□优 □良 □中 □差	□优 □良 □中 □差	
理解保险法特征与立法的目的	□优 □良 □中 □差	□优 □良 □中 □差	
领会保险法的基本制度	□优 □良 □中 □差	□优 □良 □中 □差	

任务总结

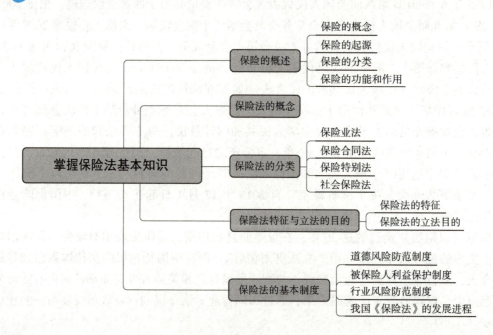

强化训练

请扫描二维码观看案例，并回答以下问题。

案情：2018年9月1日，袁先生为其所有的机动车（行驶证上载明车辆使用性质为"非营运"）在某保险公司投保了交强险和商业第三者责任保险（保险金额为500000元）。保险单上载明的车辆使用性质为"家庭自用汽车"。保险合同所适用的商业三者险条款约定："在保险期间内，保险车辆因改装、加装、变更用途后导致危险程度显著增加的，应当及时通知保险人，保险人可以增加保险费或者解除合同。被保险人未履行本通知义务，因保险车辆危险程度显著增加而发生的保险事故，保险人不承担赔偿责任。"

2019年3月11日11时至15时50分，袁先生通过滴滴网约车平台成功接单7笔，并收取了相应运载费用。送完最后一单乘客后，袁先生驾驶被保险车辆与马路上另外两辆汽车发生连环碰撞事故，造成车辆损坏，经交警认定，袁先生对此承担全部责任。袁先生支付了两辆汽车的维修费用共计42000元。

袁先生向某保险公司提出了赔偿保险金的请求，但是遭到了保险公司的拒赔处理，遂起诉要求某保险公司在交强险和第三者责任保险责任限额内赔偿保险金42000元。

问题：保险公司是否应该进行赔偿？请说明理由。（查看案例解析，请扫二维码进行学习）

任务二　厘清保险法律关系

任务背景

2017年12月20日，钱女士到某滑雪场滑雪，所购门票中包含某滑雪场为游客所购的团体意外伤害保险一份，保额50万元。钱女士在中级道滑雪过程中不慎摔伤，现场巡护人员及时发现并进行救治，随后将钱女士送至附近医院。经询问钱女士，其表示曾经学习过滑雪。

雪场现场每间隔大约50米可见警示标志，且有多名现场巡护人员。钱女士的伤情经鉴定为十级伤残，与某滑雪场沟通赔偿事宜未果。钱女士将某滑雪场诉至法院，认为其未能履行安全保障义务，应当对其医疗费、误工费、营养费、残疾赔偿金等损失承担赔偿责任。诉讼中，某滑雪场将承保团体意外伤害保险的某保险公司追加为共同被告，认为其为游客投保意外伤害保险，应当由某保险公司在保额范围内进行赔偿。钱女士变更诉讼请求，要求某滑雪场和某保险公司赔偿其相关的损失。

请问，某滑雪场和某保险公司是否应当承担赔偿责任？并说明依据。

任务分析

钱女士要求某滑雪场承担赔偿责任，应当建立在某滑雪场违反其作为公共场所的安全保障义务基础上，本案中，钱女士所购雪票中具有相关的安全提示，且滑雪场现场也合理地设

置了警示标志，亦安排巡护人员进行现场察看，钱女士发生意外后，巡护人员及时进行了救治并送医治疗，故某滑雪场不存在违反安全保障义务的行为，因此不应承担赔偿责任。

但某滑雪场向某保险公司投保团体意外伤害保险，钱女士所购雪票中包含了该份保险，钱女士因滑雪发生意外的事实符合某保险公司承保团体意外伤害保险的理赔范围，钱女士可以向某保险公司要求赔偿。按保险条款的约定，在被保险人发生意外所致伤残后，应当按照残疾等级对应的比例赔偿保险金。钱女士构成十级伤残，对应的赔付比例为10%，保额50万元，故某保险公司应当赔偿钱女士5万元。

此次事故中，钱女士因所购雪票中包含了某滑雪场投保的团体意外伤害保险，钱女士与某保险公司之间系被保险人与保险人之间的关系，虽然经法院审理后认定某滑雪场并不存在侵权行为，不应当承担赔偿责任，但并不影响某保险公司承担意外伤害保险的赔偿责任。

此类案件中，包含了两个法律关系，即侵权法律关系（钱女士认为某滑雪场未尽安全保障义务）和合同法律关系（某保险公司承保意外伤害保险），一般来说，不应当在同一个案件中审理两个法律关系，应当向原告方进行释明，告知其存在的不同法律关系，要求其选择进行诉讼。

 **任务实施**

一、保险法律关系的概述

1. 保险法律关系的概念

保险法律关系是指由保险法律规范确认和调整的，以保险权利和保险义务为内容的社会关系。

2. 保险法律关系的特性

（1）保险法律关系是一种思想社会关系。社会关系可以划分为物质社会关系和思想社会关系两大类，从法律角度上讲，它们相互之间既有质的区别，又密切相连。

（2）保险法律关系是由国家强制力保证实现的社会关系。保险法作为体现国家调整保险市场意志的行为规范，具有国家强制力的效力。

（3）保险法律关系中存着多重主体身份，且至少有一方是保险人。一般来讲，保险法律关系是由保险人作为一方当事人，只有具有相应法定资格和条件的保险组织才能成为保险人。

（4）保险法律关系是以保险权利和保险义务为内容的社会关系。既然保险法律关系反映参与保险活动的各当事人在保险领域内追求保险保障的经济需求，那么，其内容当然围绕着该经济目的而由相应的保险权利和保险义务所构成。

二、保险法律关系的分类

1. 以保险标的标准划分

保险法理论以保险标的标准不同，将保险法律关系分为财产保险法律关系和人身保险法律关系。财产保险法律关系的对象是财产，是以保障财产利益为目的。人身保险法律关系的对象是生命权与健康权利，是以人身安全为目的。

2. 以保险保障功能的不同划分

保险法理论以保险保障功能的不同，将保险法律关系分为补偿性保险法律关系和给付性保险法律关系。补偿性保险法律关系：其实现是以保险标的因保险事故所致的实际损失的存在为前提，以双方约定的保险金额为限度。对被保险人因保险事故遭受的损失以保险补偿金进行一次性的补偿。给付性保险法律关系：其实现的条件限于保险事故的发生或双方约定的保险期限的届满，而不以被保险人遭受实际损失为前提，也不论被保险人或受益人是否能从其他途径得到补偿。

3. 以保险法律关系的建立根据划分

保险法理论以保险法律关系的建立根据为标准，将保险法律关系分为自愿保险法律关系和强制保险法律关系。自愿保险法律关系：基于投保人与保险人双方的自愿协商签订保险合同而建立的保险法律关系；强制保险法律关系：根据相关法律的规定，双方当事人必须签订保险合同而建立的保险法律关系。

4. 以危险转移方式划分

保险法理论以危险转移的方式为标准，将保险法律关系分为原保险法律关系与再保险法律关系。原保险法律关系：保险人承保的危险，来自保险业以外的单位或公民个人在社会生产生活中因保险事故发生造成的损失；再保险法律关系：保险人承保的危险是原保险人在原保险中的承保危险。

三、保险法律关系的主体

1. 保险人

保险人也称"承保人"，是依法经营商业保险业务，与投保人订立保险合同，并承担赔偿或者给付保险金责任的保险公司。在我国，保险人称为社会保险经办机构，是指依法经办社会保险业务的主体。保险人是法人，公民个人不能作为保险人。

2. 投保人

投保人又称要保人、保单持有人，是指与保险人订立保险合同，按照保险合同负有支付保费义务的人。投保人应具备下列两个要件：①具备民事权利能力和民事行为能力。保险合同与一般合同一样，当事人应具有权利能力和行为能力。另外，投保人会被要求具有缴费能力。②对保险标的须具有保险利益。投保人对保险标的须有保险利益，即投保人对保险标的具有利害关系。投保人对于保险标的如不具有利害关系，订立保险合同无效。保险合同中的投保人可以是一方，也可以是多方，在再保险合同中的投保人必须由原保险人充当。

3. 被保险人

以自己的财产或者人身利益享受保险合同保障，在发生保险事故时或满足条件时，对保险人享有保险金给付请求权的人；在财产保险合同中，投保人大多数情况就是被保险人；在人身保险中，投保人和被保险人可以不同。被保险人必须对保险标的具有保险利益，因此是受保险合同保障之人；人身保险中，被保险人是指以生命或者身体为保险标的的人。

4. 受益人

受益人又称"保险金受领人"，是指被保险人或者投保人在保险合同中约定于保险事故发生时，享有保险赔偿金请求权的人。通常受益人即为投保人或被保险人本人，仅在人身保险的

死亡保险合同中，受益人为投保人或被保险人以外的第三人，具有独立意义。受益人一般由被保险人或者投保人在合同中明确规定，未指明的则以被保险人的法定继承人为受益人。

四、保险法律关系的内容

1. 保险人的权利和义务

根据我国《保险法》的规定，保险人主要有以下几种权利：

（1）对保险标的的检查、建议权。

（2）投保人、被保险人违约时的增加保险费或合同解除权。

（3）经被保险人同意采取安全预防措施权。

（4）危险增加而增加保险费或合同解除权。

（5）代位赔偿请求权。

根据我国《保险法》的规定，保险人主要有以下几种义务：

（1）说明告知合同内容、免责条款等的义务。

（2）赔偿和给予保险金的义务。

（3）及时签单的义务。

（4）对于被保险人的任何信息和涉及保险条款相关协定内容等的保密义务。

其中承担保险赔偿（给）的义务是保险人依照法律规定和合同约定所承担的最重要、最基本的义务。也是保险人履行保险合同义务的具体体现。

2. 投保人、被保险人和受益人的权利和义务

根据我国《保险法》的规定，投保人主要有以下几种权利：

（1）获取保险凭证的权利。

（2）知悉保险合同条款内容的权利。

（3）解除保险合同的权利。

（4）请求赔偿或给付保险金的权利。

（5）收回部分保险费的权利。

（6）终止合同的权利。

（7）人身保险中被保险人同意投保的权利。

（8）同意保单转让或者质押的权利。

（9）指定或变更受益人的权利。

根据我国《保险法》的规定，投保人主要有以下几种义务：

（1）缴纳保险费的义务。

（2）如实告知的义务。

（3）通知的义务。

（4）遵守国家有关规定维护保险标的安全义务。

（5）施救义务。

（6）协助代为追偿的义务。

五、保险法律关系的客体

所谓法律关系的客体，就是以法所保护的一种社会关系，由于法律关系的种类不同，依照实法所保护的社会关系内容也不同。作为民事法律关系的重要类型，保险法律关系客体具

有民事法律关系客体的一般特征，即客体是体现一定物质利益的行为，因此从保险法律关系的特点出发，保险法律关系的客体主要包括保险利益和保险标的。

1. 保险利益

保险利益是投保人或被保险人对保险标的具有的法律上承认的利益。根据我国《保险法》规定，投保人对保险标的应当具有保险利益，投保人对保险标的不具有保险利益的，保险合同无效。

在保险实践中必须具备一定的条件，概括而言有以下几个方面：

（1）保险利益必须是合法利益。因为只有合法利益才能取得国家法律的保护。保险法律关系的当事人所表现的行为，凡是与国家法律规范及方针政策相抵触的，都认为是无效法律行为，以不合法的利益签订的保险合同，均属无效保险合同。

（2）保险利益必须是可以确定的利益。如已经取得货物的所有权，或取得货物的使用权等。保险利益不论是现有的利益，还是预期的利益，必须是确定的可以实现的利益。对于那些仅凭推想、预测可能会获得的利益，不能作为保险标的列入保险合同。

（3）保险利益必须以货币形式表示。保险不是恢复原状而是经济补偿。不论财产保险或人身保险，一旦保险法律事件出现，就要给予经济补偿。因此，保险利益只能以货币形式计算，如果保险标的不能以货币形式表示，即使保险事故发生也无法获得合理补偿。如借据、照片、契约、纪念物等，虽然这些物品对所有人来说，具有一定的利益，但它无法以货币形式来表示，也就无法计算其保险利益。

2. 保险标的

根据我国《保险法》，保险标的是指作为保险对象的财产及其有关利益或者人的寿命和身体。保险标的表现为各种财产、经济责任、人身健康和人的寿命等。例如：在家庭财产保险中，保险标的是各种家庭财产；在雇主责任险和职业责任险等责任保险中，保险标的是被保险人承担各种经济赔偿责任；在人身保险中，保险标的则是被保险人的健康状况或其寿命。保险标的是规定保险双方权利和义务的参照物，是投保人或被保险人享有保险利益的物质载体。在保险中，只有存在保险标的——特定的保险利益的载体，投保人或其他关系人才能享有保险利益，如果没有保险标的，也就没有保险利益。因此，保险标的和保险利益是密不可分的，保险标的是保险利益的客观载体，而保险标的又以保险利益为前提，只有标的具有保险利益才可以投保成为保险标的。

任务评价

评价内容	学生自评	教师评价	学习记录
了解保险法律关系的概念	□优 □良 □中 □差	□优 □良 □中 □差	
明晰保险法律关系的分类	□优 □良 □中 □差	□优 □良 □中 □差	

续表

评价内容	学生自评	教师评价	学习记录
识别保险法律关系的主体	□优 □良 □中 □差	□优 □良 □中 □差	
知晓保险法律关系的内容	□优 □良 □中 □差	□优 □良 □中 □差	
掌握保险法律关系的客体	□优 □良 □中 □差	□优 □良 □中 □差	

任务总结

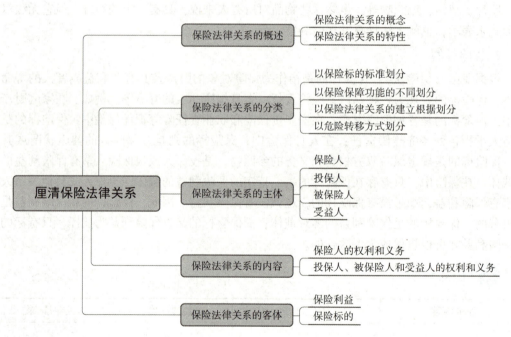

强化训练

请扫描二维码观看案例，并回答以下问题。

案情：投保人朱先生与保险公司订立了人身保险合同，朱先生为被保险人，并指定其妻子和儿子为受益人。保险期间内，朱先生与妻子因交通事故意外身亡，且不能确定死亡时间的先后顺序。

问题：根据保险法律制度的规定，关于保险金如何处理？请分析原因。（查看案例解析，请扫二维码）

任务三　运用保险法基本原则

任务背景

湖北省一对情侣，刘先生和穆女士在北京打工时相恋并同居多年，其间多次商议回家办理结婚登记手续，但因种种原因终未成行。某天，刘先生在A保险公司为自己和穆女士各办理了一份保险金额为20万元，缴费期20年的人寿保险合同，受益人分别为刘先生和穆女士二人，但刘先生并未将投保事宜告诉穆女士。在缴费的第二年，穆女士在一次车祸中不治身亡。随即刘先生向保险公司索赔，但是遭到了保险公司的拒赔，刘先生遂向法院提起诉讼。法院并未支持其诉讼请求。

请问，法院为何拒绝了诉讼请求？

任务分析

本案主要涉及保险法中的保险利益原则。保险利益原则是指在订立和履行保险合同的过程中，投保人或被保险人对保险标的应具有保险利益；否则，该保险合同无效。

在本案中，刘先生和穆女士虽然是男女朋友关系，且同居多年，但这种关系并非为我国现行法律认可和保护的一种关系，双方之间没有法定的权利义务关系，因此，对于刘先生而言，他对穆女士并没有法定的保险利益；而且，自始至终刘先生都未将投保一事告知穆女士，可见也不存在经被保险人同意赋予其保险利益的情形，所以，刘先生对穆女士没有保险利益，他为穆女士办理的保险合同无效，保险公司拒赔也是合法的。

任务实施

保险法的基本原则，是贯穿整个保险立法，指导诸多保险法律制度适用的根本性行为规则，集中体现保险法区别于其他法律的特征，对各项保险制度和保险规范起到指导作用的方针，对保险立法、保险司法也有指导意义。

一、最大诚信原则

（一）最大诚信原则的概念

最大诚信是指当事人真诚地向对方充分而准确地告知有关保险的所有重要事实，不允许存在任何虚伪、欺瞒、隐瞒行为。而且不仅在保险合同订立时要遵守此项原则，在整个合同有效期内和履行合同过程中也都要求当事人间具有"最大诚信"。

最大诚信原则的含义：保险合同当事人订立合同及在合同有效期内，应依法向对方提供足以影响对方做出订约与履约决定的全部实质性重要事实，同时绝对信守合同订立的约定与承诺。否则，受到损害的一方，按民事立法规定可以此为由宣布合同无效，或解除合同，或不履行合同约定的义务或责任，甚至对因此受到的损害还可以要求对方予以赔偿。

（二）最大诚信原则的运用

自从最早为英国《1906 年海上保险法》以立法形式予以确立起，最大诚信原则至今已经存在一个世纪，成为保险业的基本原则，指导着保险司法，是保险合同当事人和关系人必须遵守的基本行为准则，适用于保险活动的订立、履行、解除、理赔、条款解释、争议处理等各个环节。

1. 投保人对最大诚信原则的遵守

（1）如实告知义务。

《保险法》第 16 条第 1 款规定："订立保险合同，保险人应向投保人说明保险合同的条款内容，并可以就保险标的或者被保险人有关情况提出询问，投保人应当如实告知。"这一条款明确规定了投保人的如实告知义务，投保人自然是主体；至于被保险人是否具有同样的义务，中国保险法没有明文规定，但是在人身保险中当投保人与被保险人不是同一人时，投保人对被保险人的健康状况很难清楚地了解，若被保险人不负如实告知的义务，必将大量地增加合同风险，甚至出现难以防范的道德风险，其将危及保险行业的稳定发展。

如实告知义务要求投保人及被保险人就保险标的的危险状况向保险人予以公正、全面、实事求是的说明。如实告知义务就其本质而言就是向保险人提供准确的危险判断依据，其原因是保险合同为转移风险的合同，风险的大小和性质是决定保险人是否承保、保险费率高低、保险期限长短、保险责任范围的唯一因素。而保险标的的类型繁多、情况复杂，其危险状况保险人无法全面准确地了解，若保险人一一进行信息搜集、核实，费时、费力，将增加交易成本。而投保人和被保险人作为保险标的的所有人或管理人或经营人或利害关系人，知晓其全貌，为使保险人能准确衡估危险、了解危险及合理控制危险，保险法从效率角度出发，需要投保人如实告知义务，以求保险合同的实质平等与自由。

投保人所需告知的范围是保险标的的重要危险情况。根据保险合同内容不同，重要情况判断标准有别，法律条文殊难一一列述。是否为重要事项，多从以下几个方面综合考虑：

①保险标的的质量状况。如财产保险中机动车辆保险中车辆的状况；人身保险中，被保险人身体的状况。告知的质量愈高，抵御风险的能力愈强，损失概率愈小，则保险人所承担的损失愈少。

②保险利益情况。保险利益是指被保险人对保险标的所具有的经济利益。它反映了被保险人对保险标的的利害关系，如人身保险中，亲生子女与非亲生子女在危险判断上有很大的区别。

③保险标的物环境方面的情况。环境是影响危险的一个重要因素，如船舶航线对保险费的影响甚大。

投保人未尽如实告知义务的情况分为三种：告知不实，所谓误告，如真实年龄与实际年龄不符；不予告知，所谓隐瞒，如患有重病或基础病却告知没有病；应告知而未告知，所谓漏告，如对被保险人的既往病史应说明而疏漏的。投保人违反告知义务，保险人有权解除合同。

（2）履行保证义务。

保证是投保人或被保险人向保险人所作出的承诺，依据英国《1906 年海上保险法》的解释：保证作为或不作为某些特定事项，或保证履行某项条件，或肯定或否定某些事实特定状况的存在，一旦违反，保险人可以据以解除合同。简而言之，保证是被保险人订立合同所需履行的某种义务。如无此保证，则保险人可以不订立合同或改变合同的内容。保证重在恪守合同承诺，其目的在于控制危险，确保保险标的处于稳定的、安全的状态之中。保证必须严格遵守。如果被保险人不遵守保证，除保险单另有约定外，保险人可以从被保险人违反保证之时起解除自己的责任。所以，保证对于被保险人的要求极为严格，特别是在海上保险中，依照惯例，无论违反保证的事实对危险的发生是否重要，保险人均可宣告保险单无效。

保证是指投保人或被保险人对在保险期限内的特定事项作为或不作为向保险人所做的担保或承诺。保证分为明示保证和默示保证。①明示保证，是以书面形式载明于保险合同中，以"被保险人义务"条款表达的一类保证事项。②默示保证，是指虽未以条款形式列明，但是按照行业或国际惯例、有关法规以及社会公认的准则，投保人或被保险人应该作为或不作为的事项。

2. 保险人对最大诚信原则的遵守

（1）保险条款的说明义务。

说明义务是指保险人应当就保险合同利害关系条款特别是免责条款向被保险人明确说明。我国保险法规定，订立保险合同，保险人应当向投保人说明保险合同的条款内容，保险合同中规定保险人责任免除条款的，保险人未明确说明的，该条款不产生效力。保险条款的说明义务是由保险合同的性质决定的。保险合同为附和合同，其内容由保险人单方拟订，投保人或被保险人几无参与之机会，只能对保险条款表示同意与不同意，无修改的权利。说明的效果在于向投保人提示保险合同的内容，说明的范围应当包括保险合同的主要内容，特别是不保标的、除外责任、免赔额以及专业术语的内涵，以免投保人发生误解。说明形式是以书面为之还是以口头为之，保险法并无明确规定。采用书面形式履行说明义务，既可以避免当事人间举证的困难，也有利于规范保险人的说明范围，应予提倡。

（2）赔偿或给付保险金的义务。

危险事故发生时，被保险人能尽速领得保险人给付之补偿金，乃保险之重要宗旨也。探险合同不同于其他合同，危险发生后对是否属于保险事故以及具体损失金额的确定，往往需要经过复杂的调查与估算程序，如果保险人已尽力调查与估算，则通常能够及时赔偿，但若保险人故意拖延调查，或因危险事故及损失的确定较为复杂，补偿金额悬而未定时，被保险人的利益保护难以兑现。为了防止保险人久拖不赔，各国对保险人的理赔期限均有明确要求，依我国保险法规定：保险人收到被保险人或者受益人的赔偿或支付保险金的请求后，应及时作出核定；对属于保险责任的，在与被保险人或者受益人达成有关赔偿或者给付保险金额的协议后10日内，履行赔偿或者给付保险金义务。保险合同对保险金额及赔偿或者给付期限有约定的，保险人应当依照保险合同的约定，履行赔偿或给付保险金的义务。保险人自收到赔偿或者给付保险金的请求和有关证明、资料之日起60日内，对其赔偿或者给付保险金的数额不能确定的，应当根据已有证明和资料可以确定的最低数额先予支付。

（3）保险合同解除权的行使及其限制。

按照保险惯例，保险合同成立后，保险人不得随意解除保险合同，只有依法律规定，投保人或被保险人违反法定或约定的义务，保险人才有权解除合同。但若保险人不及时行使，则视为放弃权利，日后不得再主张此种权利。此即所谓弃权与禁止反言。例如，投保人违反告知义务或未按期交纳保险费，保险人有权解除合同，但未能及时行使，在保险事故发生时再行主张则不应予以支持。其目的在于督促保险人尽快行使权利，如果允许保险人拖延时间，将使保险合同的效力处于一种不稳定的状态，而且保险人可能会选择对自己最有利的时

机来决定行使或不行使该解除权，从而损害被保险人的利益。当保险事故发生时主张合同解除权，若保险事故不发生，则主张合同继续有效进而要求支付保险费，这显然有悖于最大诚实信用原则。

3. 弃权与禁止反言

（1）弃权。

①弃权的概念。

弃权是指保险人知道其有正当的理由解除合同或者拒绝被保险人提出的索赔，但是以明示或默示的方式向被保险人传达其放弃该权利的情形。例如，保险人已经知道投保人未尽告知义务却依然接受投保费；知道当事人投保机动车保险时，有不符合承保条件的情况而仍然予以承保，这就属于弃权。此后如果机动车出险需要理赔时，就不得以已经放弃的权利为由解除合同或主张增加保费。

②弃权的构成。

要判断保险人的某种行为是否构成弃权，可以从以下三点判断：

a. 保险人享有基于法律规定或保险合同而产生的如抗辩权等权利；

b. 保险人知悉投保人或被保险人违反法定或约定义务的事实；

c. 保险人作出了弃权的意思表示，这种表示可以是明示的也可以是默示的。具备了上述三点，则可以判断保险人弃权。

举例来讲，在分期支付保险费的寿险合同中，投保人支付首期保险费后，第二期保险费在超过合同约定的期限60日后延期支付，而保险人接受了该保费，则意味着保险人放弃了其因投保人延期支付保费产生的宣告合同终止的权利。

③《保险法》中弃权条款的解析。

根据《保险法》第16条第3款规定："前款规定的合同解除权，自保险人知道有解除事由之日起，超过三十日不行使而消灭。自合同成立之日起超过两年的，保险人不得解除合同；发生保险事故的，保险人应当承担赔偿或者给付保险金的责任。"从中可以看出，该款规定针对的正是保险人弃权的常见情形。其中，前款规定的合同解除权是指《保险法》第16条第2款中规定的"投保人故意或者因重大过失未履行前款规定的如实告知义务，足以影响保险人决定是否同意承保或者提高保险费率的，保险人有权解除合同"。该条款的制定是为了降低保险公司运营的风险，本无可厚非，但在保险实务中，此款却成为大多数保险合同纠纷中保险公司拒赔的法律依据。保险人滥用该条款势必会对被保险人和受益人的利益造成损害。而第3款的补充恰恰从某种程度上缓解了这一矛盾。

（2）禁止反言。

①禁止反言的概念。

禁止反言原本是英美衡平法的原则，英美学者认为，禁止反言是指保险人知道或应当知道，因被保险人虚假陈述或者违反保证或条件时，享有撤销合同或者对索赔提出抗辩时，明示或默示地向不知道保险合同有瑕疵的被保险人表明，保险合同是可以执行的，而且被保险人因依赖保险人的陈述而遭受了某些损害，则保险人不得以该事由对被保险人的请求提出抗辩。禁止反言又被称为禁止抗辩或不容争辩条款。简言之，禁止反言就是法律禁止保险人否认先前的陈述或改变立场。

②禁止反言的适用条件。

判断保险人的言行是否构成禁止反言，其衡量标准包括以下三个方面：

a. 保险人对与保险合同有关的重要事实作出清楚和确定的虚假意思表示；

b. 投保人或被保险人对于保险人的虚假意思表示予以合理信赖；

c. 投保人或被保险人由于该种信赖而蒙受某种损失，而保险人被禁止以此事由主张保险合同无效。

例如，在订立以死亡为给付保险金条件的合同时，投保人在保险代理人的许可下为被保险人代签名，若被保险人在合同有效期内死亡，则保险人不得以投保人代被保险人签名为由否认合同的效力。

③我国《保险法》中禁止反言条款的解析。

《保险法》第 16 条第 6 款规定："保险人在合同订立时已经知道投保人未如实告知的情况的，保险人不得解除合同；发生保险事故的，保险人应当承担赔偿或者给付保险金的责任。"此款规定背后的理论基础就是禁止反言规则。

保险人在合同订立时已经知道投保人未如实告知的情况通常有三种：

a. 投保人在订约时故意或因重大失误未履行如实告知义务，而保险人或保险人的代理人已经知道该情况的存在，但出于疏忽或其他原因仍签发了保单；

b. 保险人的代理人替投保人填写保单，甚至包括被保险人的签名，或擅自替投保人隐瞒某些事实；

c. 保险人的代理人促使投保人替被保险人签名或相信隐瞒某些真实情况可以降低保费且不会影响合同效力。

以上所述第二和第三种情况在保险实务中更为常见。保险代理人专业知识普遍较低，兼之利益驱使，常常会为提高业绩采取一些违规操作，而这带来的不利影响是多方面的，特别是对于保险专业知识及合同条款不甚了解的投保人尤为不利。

二、近因原则

1. 近因原则的概念

《保险法》上的近因原则的含义为"保险人对于承保范围的保险事故作为直接的、最接近的原因所引起的损失，承担保险责任，造成的损失，不负赔偿责任"。

判断风险事故与保险标的的损失直接的因果关系，从而确定保险赔偿责任的一项基本原则，是保险当事人处理保险案件，或法庭审理有关保险赔偿的诉讼案，在调查事件发生的起因和确定事件责任的归属时所遵循的原则。近因是指在风险和损失之间，导致损失的最直接、最有效、起决定作用的原因，而不是指时间上或空间上最接近的原因。按照该原则，承担保险责任并不取决于时间上的接近，而是取决于导致保险损失的保险事故是否在承因导致保险损失，其中所起决定性、最有效的，以及不可避免会产生保险事故作用的原因是近因。

由于导致保险损失的原因可能会有多个，而对每一原因都投保于投保人经济上不利且无此必要，因此，近因原则作为认定保险在因果关系的重要原则，对认定保险人是否应承担保险责任具有十分重要的意义。

2. 近因原则的运用

损失与近因存在直接的因果关系，因而，要确定近因，首先要确定损失的因果关系。确定因果关系的基本方法有从原因推断结果和从结果推断原因两种方法。从近因认定和保险责任认定看，可分为下述情况：

（1）损失由单一原因所致。

若保险标的损失由单一原因所致，则该原因即为近因。若该原因属于保险责任事故，则保险人应负赔偿责任；反之，若该原因属于责任免除项目，则保险人不负赔偿责任。

（2）损失由多种原因所致。

如果保险标的遭受损失系两个或两个以上的原因，则应区别分析。

①多种原因同时发生导致损失。

多种原因同时发生而无先后之分，且均为保险标的损失的近因，则应区别对待。若同时发生导致损失的多种原因均属保险责任，则保险人应负全部损失赔偿责任；若同时发生导致损失的多种原因均属于责任免除，则保险人不负任何损失赔偿责任；若同时发生导致损失多种原因不全属保险责任，则应严格区分，对能区分保险责任和责任免除的，保险人只负保险责任范围所致损失的赔偿责任；对不能区分保险责任和责任免除的，则不予赔付。

②多种原因连续发生导致损失。

如果多种原因连续发生导致损失，前因与后因之间具有因果关系，且各原因之间的因果关系没有中断，则最先发生并造成一连串风险事故的原因就是近因。

保险人的责任可根据以下情况来确定：

第一，若连续发生导致损失的多种原因均属保险责任，则保险人应负全部损失的赔偿责任。如船舶在运输途中因遭雷击而引起火灾，火灾引起爆炸，由于三者均属于保险责任，则保险人对一切损失负全部赔偿责任。

第二，若连续发生导致损失的多种原因均属于责任免除范围，则保险人不负赔偿责任。

第三，若连续发生导致损失的多种原因不全属于保险责任，最先发生的原因属于保险责任，而后因不属于责任免除，则近因属保险责任，保险人负赔偿责任。

第四，最先发生的原因属于责任免除，其后发生的原因属于保险责任，则近因是责任免除项目，保险人不负赔偿责任。

③多种原因间断发生导致损失。

导致原因有多个，但它们是间断发生的，在一连串连续发生的原因中，有一种新的独立的原因介入，使原有的因果关系链断裂，并导致损失，则新介入的独立原因就被判定为近因。近因属于保险责任范围的事故，则保险人应负赔偿责任；反之，若近因不属于保险责任范围，则保险人不负赔偿责任。

三、保险利益原则

（一）保险利益原则的概念

保险利益原则又称"可保利益"或"可保权益"，投保人或被保险人基于对保险标的上的某种权益，而能享有的财务利益。例如：在财产保险中，当某项财产（保险标的）遭受不幸事件时，倘若某人将有财务损失，则他对此财产就具有保险利益，反之则不具有保险利益。在人寿保险中，保险利益即为投保人或受益人对于他人的继续生存而能享有的财务利益。保险契约的订立，投保人或被保人或受益人对其所投保的保险标的必须具有保险利益。否则保险契约不能生效。

（二）保险利益原则的构成要件

保险利益是构成保险法律关系的一个要件。保险利益是保险合同有效成立的要件，保险合同有效必须建立在投保人对保险标的具有保险利益的基础上，构成需满足三个要件：

（1）可保利益必须是合法利益。在英国一般称为"被保险人与保险标的物之间的关系是法律所承认的。"保险利益作为投保人或被保险人享有的利益，是符合法律法规、符合社会公共利益、为法律认可并受到法律保护的利益，对不法利益，如以违反善良风俗所生的利益而为的保险，不需问投保人是善意还是恶意，任何通过贪污、盗窃、诈骗等非法手段取得的财产，均无可保利益，因为这些利益是违反法律和公共利益的，虽然签订了合同，但合同一律无效。

（2）可保利益必须是有经济价值的利益，这样才能使计算做到基本合理。如果损失不是经济上的利益，便无法计算。如所有权、债权、担保物权等，精神创伤、政治打击等，难以用货币衡量，因而不构成保险利益。

（3）可保利益必须是可以确定的和能够实现的利益。"确定利益"指被保险人对保险标的的现有利益或因现有利益而产生之期待利益已经确定。所谓"实现"，是指它是事实上的经济利益或客观的利益。保险利益可以是现有利益和直接利益，也可以是预期利益和间接利益，现有利益较容易确定，期待利益则往往引起争议。

（三）保险利益原则的运用

1. 财产保险的保险利益

财产保险的保险利益，是指投保人（被保险人）对保险标的因保险事故的发生以致保险标的的不完全而受到损害或者因保险事故的不发生而免受损害所具有的利害关系。财产保险利益应当为合法利益。

（1）财产保险保险利益分类。

财产保险的保险利益分为（被保险人）对保险标的的具有的现有利益，和因保险利益的现有利益而产生的期待利益和责任利益。

现有利益指（被保险人）对保险标的所享有的保险利益，包括但不限于投保人（被保险人）对保险标的的所有权利益、占有利益、用益物权利益以及担保物权利益等。

期待利益指（被保险人）在订立保险合同时对保险标的的利益尚未存在，但基于其现有权利而未来可获得的利益。期待利益因现有利益而产生。没有现有利益，也不可能存在期待利益，如农民因耕种田地而可能获得的收获物。期待利益一般因为具有法律上的权利或者利益而发生，受法律保护，属于财产利益的一种。由于合同而产生的利益，为期待利益的一种。

责任利益指（被保险人）对于保险标的所承担的合同上的责任、侵权损害赔偿责任以及其他依法应当承担的责任。依通常的见解，民事赔偿责任产生于侵权行为和违反合同的行为，也可因法律规定而发生。总之，投保人（被保险人）有承担民事责任的可能时，对其

可能承担的责任，具有保险利益。

下列人员在法律上享有财产保险利益：

①所有权人对其所有的财产；

②没有财产所有权，但有合法的占有、使用、收益、处分权中的一项或几项权利的人；

③他物权人对依法享有他物权的财产，如承租人对其承租的房屋等；

④公民法人对其因侵权行为或合同而可能承担的民事赔偿责任；

⑤保险人对保险标的的保险责任；

⑥债权人对现有的或期待的债权等。

（2）财产保险保险利益的存在时间。

财产保险的保险利益在保险合同订立时可以不存在，但事故发生时，则必须存在。英国《1906 年海上保险法》第 6 条规定："在保险合同订立时，被保险人对于标的物固无发生利益关系之必要，但在标的物发生灭失时，被保险人必须享有保险利益。"这样规定的理由是：首先，便利保险合同的订立，有助于保险业务的开展。其次，只有保险事故发生时有保险利益存在，投保人或被保险人才有实际损失发生，保险人才可确定补偿的程度。如果保险利益在订立合同时存在但事故发生时就不存在了，则投保人和被保险人对于保险标的已无利害关系，就没有补偿可言，所以保险合同就失效了。

2. 人身保险的保险利益

人身保险的保险利益，指投保人对于被投保人的生命或身体所具有的利害关系，也就是投保人将因保险事故的发生而遭受损失，因保险事故的不发生而维持原有的利益。

（1）人身保险保险利益的形式。

①本人。本人是指投保人自己，任何人对于自己的身体或者寿命，有无限的利益。投保人以其本人的寿命或者身体为保险标的，在法律允许的限度内，可以任意为本人的利益或者他人的利益订立保险合同，并可以任意约定保险金额。

②配偶、子女、父母。依照一般原则，家庭成员相互间具有保险利益。家庭成员相互间有亲属血缘以及经济上的利害关系，投保人以其家庭成员的身体或者寿命为保险标的订立保险合同，应当具有保险利益。

③其他家庭成员、近亲属。投保人的其他家庭成员、近亲属，主要有投保人的祖父母、外祖父母、孙子女以及外孙子女等直系血亲，投保人的亲兄弟姐妹、养兄弟姐妹、有抚养关系的继兄弟姐妹等旁系血亲。投保人对其他家庭成员、近亲属有保险利益，必须以他们之间存在抚养赡养或扶养关系为前提。

④同意他人投保的被保险人。投保人以他人的寿命或身体投保人身保险，不论投保人和被保险人相互之间有无其他利害关系，经被保险人书面同意，订立人身保险合同，视为投保人对被保险人有保险利益。

⑤有其他利害关系的人。投保人对他人具有人身信赖或者法律上的积极利益或者权利，由于该人的死亡或者残废影响投保人的利益的，投保人对该人有保险利益，对投保人有其他利害关系的人，主要限于投保人的债务人、投保人的财产或者事务的管理人、投保人的雇员等。

（2）人身保险保险利益的存在时间。

人身保险保险利益的存在时间，在合同订立时必须存在，至于在保险事故发生时是否存在保险利益，则无关紧要。

人身保险保险利益的存在时间之所以不同于财产保险，原因在于：避免在合同订立时，投保人对于被保险人无密切的利益关系，而引起道德危险的发生，危及被保险人的生命安全；在保险利益消失后即认为保险责任终止，对保单持有人有失公平。

四、损失补偿原则

（一）损失补偿原则的概念

损失补偿原则是指保险合同生效后，如果发生保险合同责任范围内的损失，被保险人有权按照合同的约定，获得全面、充分的赔偿；保险赔偿是弥补被保险人由于保险标的遭受损失而失去的经济利益，被保险人不能因保险赔偿而获得额外的利益。

损失补偿原则是由保险的经济补偿职能确定的，这是财产保险理赔的基本原则。通过补偿，使被保险人的保险标的在经济上恢复到受损前的状态，不允许被保险人因损失而获得额外的利益。

（二）损失补偿原则的运用

1. 损失赔偿责任的限额

（1）以实际损失为限。在补偿性保险合同中，保险标的遭受损失后，保险赔偿以被保险人所遭受的实际损失为限，全部损失全部赔偿，部分损失部分赔偿。

（2）以保险金额为限。保险金额是指保险人承担赔偿或者给付保险金责任的最高限额。赔偿金额只应低于或等于保险金额而不应高于保险金额。因为保险金额是以保险人已收取的保费为条件确定的保险最高责任限额，超过这个限额，将使保险人处于不平等的地位。即使发生通货膨胀，仍以保险金额为限。

（3）以可保利益为限。保险人的赔偿以被保险人所具有的保险利益为前提条件和最高限额，被保险人所得的赔偿以其对受损标的的保险利益为最高限额。

2. 请求损失补偿的要件

（1）被保险人对保险标的必须具有可保利益。

（2）被保险人遭受的损失必须是在保险责任范围之内。

（3）被保险人遭受的损失必须能用货币衡量。

3. 损失赔偿的方式

（1）第一损失赔偿方式。在保险金额限度内，按照实际损失赔偿。

当损失金额≤保险金额时，赔偿金额＝损失金额；

当损失金额＞保险金额时，赔偿金额＝保险金额。

（2）比例计算赔偿方式。

赔偿金额＝损失金额×保险金额/损失当时保险财产的实际价值。

任务评价

评价内容	学生自评	教师评价	学习记录
理解最大诚信原则	□优 □良 □中 □差	□优 □良 □中 □差	
掌握近因原则	□优 □良 □中 □差	□优 □良 □中 □差	
知晓保险利益原则	□优 □良 □中 □差	□优 □良 □中 □差	
明晰损失补偿原则	□优 □良 □中 □差	□优 □良 □中 □差	

任务总结

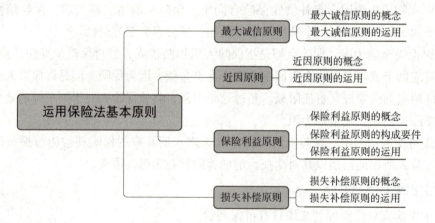

强化训练

请扫描二维码观看案例，并回答以下问题。

案情： 林女士 2018 年 3 月在 C 保险公司购买了一份意外伤害保险。2018 年 8 月，林女士在路上行走时不慎被一辆中速行驶的轿车轻微碰擦了一下，顿觉胸闷头晕。林女士不幸在送往医院途中病情加重，最终在医院不治身亡。医院的死亡证明书指出，导致林女士死亡的原因是急性心肌梗死。林女士家人拿着之前在 C 公司投保的意外险保单及医学材料、死亡证明等资料，向保险公司提出索赔，但保险公司以导致死亡的事故为非保险事故，不属于意外伤害为由，拒绝赔偿。

林女士的家人对保险公司的拒赔处理表示不理解，如果不是车辆碰擦，就不会跌倒引起心肌梗死，更不会导致死亡，C 保险公司是否在推卸责任？

问题：C 保险公司的拒赔处理是否正确，请分析原因。（查看案例解析，请扫二维码）

任务四　了解保险公司的经营规则

任务背景

2019 年 7 月，某县工商行政管理机关执法人员在检查某人寿保险股份有限公司某县支公司时，发现该单位向某银行股份有限公司某支行（以下简称某支行）支付保险代理手续费，而某支行未取得《保险兼业代理业务许可证》，不具备保险代理的合法资格，涉嫌存在不正当竞争违法行为。

请问，银行利用自身优势为保险公司推销保险，收取保险代理费，是否合法？

任务分析

经工商行政机关调查，认定某人寿保险股份有限公司某县支公司，向不具备保险代理资格的某银行股份有限公司某支行支付保险代理费的行为，违反了国家工商总局①《关于禁止商业贿赂行为的暂行规定》第 2 条第 1 款"经营者不得违反《反不正当竞争法》第 8 条规定，采用商业贿赂手段以销售或者购买商品。"的规定，属于一般商业贿赂行为，对其作出罚款人民币 2 万元的行政处罚。

从本案的事实来看，某银行股份有限公司某支行没有取得代理保险业务的法定资格，只是利用了自身优势为保险公司推销保险，收取保险代理费，其行为是不合法的。某人寿保险股份有限公司某县支公司假借银行与客户往来关系推销其保险产品，并假借支付"保险代理费"的名义贿赂某支行，构成了商业贿赂。客观上也严重侵害了相关保险产品消费者的合法权益。对此，工商行政管理机关予以坚决查处。

任务实施

一、保险经营规则的概念

保险公司经营规则是指保险人从事保险业务时所必须遵守的强制性的行为规范。经营保险业务的主体主要是指依法成立的保险公司及其他保险组织。

二、保险经营规则的内容

我国《保险法》从两个方面对保险经营规则进行了规定：保险业务范围和保险公司经营规范。

1. 保险业务范围的规范

（1）保险业务范围的概念。

保险业务范围是指在从事保险业务时法定的活动范围，它分为保险业务种类范围、保险

---

① 现国家市场监督管理总局。

业务经营范围。在我国，目前经营保险业务的组织，只有保险公司，尚未有法定的其他组织形式，因此经营业务的主体特指保险公司，设定的业务范围也是保险公司的业务范围。

（2）保险业务的种类。

我国《保险法》规定了保险业务种类：财产保险业务和人身保险业务。其中财产保险业务包括财产损失保险、责任保险和信用保险等业务，及其再保险业务；人身保险业务包括人寿保险、健康保险和意外伤害保险等业务，及其再保险业务。

（3）保险业务的经营范围。

经营保险业务的保险人从事保险组织时，必须在法定的保险业务种类范围内开展保险业务。所谓法定的保险业务种类，就是指前项介绍的种类，而法定的范围则是指法律规定的保险人在从事保险活动时，能够经营的保险业务种类。同一保险人不得同时兼营财产保险和人身保险业务，但保险人可以选择自己的业务经营范围，具体是否可以经营，经营哪些种类必须由金融监督管理部门核定批准，在经营过程中必须在金融监督管理部门核定标准的保险业务范围内进行活动。

2. 保险公司经营的规范

（1）分业经营。同一保险人不得同时兼营财产保险业务和人身保险业务。

（2）提取准备金。保险准备金是指保险人为保证其如约履行保险赔偿或给付义务，根据政府有关法律规定或业务特定需要，从保费收入或盈余中提取的与其所承担的保险责任相对应的一定数量的基金。为了保证保险公司的正常经营，保护被保险人的利益，各国一般都以保险立法的形式规定保险公司应提存保险准备金，以确保保险公司具备与其保险业务规模相应的偿付能力。保险准备金主要包括总准备金、未决赔款准备金。

（3）提取公积金。保险公司应依照有关法律和公司章程的规定，从营业盈余中提取公积金，包括法定公积金、资本公积金和任意公积金。

（4）提取保险保障基金。这是保险公司依法提存并交金融监督管理部门集中管理，以作为保险公司的后备基金的备用基金。

（5）保险公司的偿付能力。建立健全偿付能力管理体系，使得保险公司能有效识别管理各类风险，不断提升偿付能力风险管理水平，及时监测偿付能力状况，编报偿付能力报告，披露偿付能力相关信息，做好资本规划，确保偿付能力达标。

（6）承保能力。是保险公司在保险业务经营过程中，在拥有一定净资产条件下，为保证其偿付能力，所能接受的最高自留额和承保总额的能力。

（7）再保险。再保险是财产保险公司风险管控的重要手段，是公司经营战略中的重要组成部分，在转移风险、稳定经营、提升技术和扩大承保能力等方面发挥着不可替代的作用。

（8）资金运用。保险公司的投资必须以提高经济效益和社会效益为前提，达到资金运用的安全、稳健和增值。

（9）职业道德规则。这是为了保护被保险人的利益，是保险业诚信建设的重要内容。其目的是加强保险诚信建设，提高保险服务水平，促进保险业的长期健康发展。

三、保险经营的原则

1. 分业经营原则

保险的分业经营原则是指同一保险人不得同时兼营财产保险业务和人身保险业务。也就是说，从事财产保险业务的保险公司不能从事人身保险业务；从事人身保险业务的保险公司不能从事财产保险业务。这是由于财产险和人身险承保的保险标的不同，因此，财产保险与人身保险在保险期限、保险费率、赔付方式、风险核算、危险单位划分、保险费收取以及准备金提取等方面都完全不同。财产保险和人身保险的保险期限不同，财产险保险期限一般为一年，而人身险中人寿保险期限一般为十年或二十年以上，周期比较长，还具有一定的储蓄性质。如果允许兼营，难以保证财产保险和人身保险核算的真实性和准确性，也很难避免保险公司内部各种准备金的相互占用，长此以往将严重影响保险公司的偿付能力。但是，经营财产保险业务的保险公司经保险监督管理机构核定，可以经营短期健康保险业务和意外伤害保险业务。分业经营是保险公司依法经营和中国人民银行依法监管的一项重要原则。

2. 禁止兼营原则

禁止兼营原则是指保险公司不得同时兼营非保险业务。保险公司的业务范围由保险监督管理机构核定，保险公司只能在被核定的业务范围内从事保险业务，而不得兼营保险法及其他法律、行政法规规定以外的业务，如证券、信托等。

3. 保险专营原则

保险专营原则是指保险业务只能由依照保险法设立的商业保险公司经营，非保险业者不能经营保险业务。我国保险法规定，经营商业保险业务，必须是依照保险法设立的保险公司，其他任何单位和个人不得经营商业保险业务。此原则的目的是避免保险业的竞业禁止，维护商业保险市场的正常秩序，保护保险人的利益。保险业涉及各行各业、千家万户，它是一项由数百万单位和公司参与的经济活动；同时，由于保险业的经营对象是危险，其风险程度比一般工商业企业要高，从事保险业经营的条件比其他性质的行业均要严格得多。

四、保险经营的资金运用

保险资金运用指的是保险公司为了扩充其保险偿付能力并分享社会平均利润，利用所筹集的保险资金在各国资本市场上进行的以获取收益为目的的经营活动。通过保险资金的运用，为经济建设直接提供资金，同时增强保险企业的经营活力，扩大公司承保和偿付能力，以降低保险费率，更好地服务于被保险人。

1. 保险资金构成

（1）资本金。资本金是保险公司在开业时必须具备的注册资本。保险公司的资本金除按法律规定缴存保证金外，均可用于投资，以获得较高的收益率。

（2）责任准备金。责任准备金是保险公司按法律规定为在保险合同有效期内履行经济赔偿或保险金给付义务而将保险费予以提存的各种金额。

2. 保险资金运用的原则

（1）安全性原则。这是保险投资业务的首要原则。我国《保险法》规定："保险公司的资金运用必须稳健，遵循安全性原则，并保证资产保值和增值。"

（2）流动性原则。流动性是指资产的变现能力。

（3）收益性原则。收益性是指保险资金运用的保值增值效果。

3. 保险资金运用的方式

（1）银行存款。银行存款作为保险投资的形式，安全性高，流动性强，能够满足保险公司保险金支付的需求，但是存款收益率低。

（2）证券。证券投资是为取得预期收入而买卖有价证券的活动。按流动性不同可分为债券投资和股票投资。由于有价证券可用于贴现、抵押、在二级市场上流通，收益较高，具有集流动性、安全性和盈利性为一体的特点。

（3）贷款。贷款是保险人将保险资金贷放给单位或个人，并按期收回本金、获取利息的投资活动。贷款比存款的收益率高，但风险相对较高，流动性也相对低。

（4）不动产。不动产投资是将保险资金用于购买土地、房产或其他建筑物的投资。不动产投资还具有安全性好、收益高、项目投资金额大、期限长、流动差的特点。鉴于其流动性差，各国保险法对不动产投资都规定了严格的比例限制。

五、保险经营的风险管理

保险公司风险管理应当遵循以下原则：

（1）全面管理与重点监控相统一的原则。

保险公司应当建立覆盖所有业务流程和操作环节，能够对风险进行持续监控、定期评估和准确预警的全面风险管理体系，同时要根据公司实际有针对性地实施重点风险监控，及时发现、防范和化解对公司经营有重要影响的风险。

（2）独立集中与分工协作相统一的原则。

保险公司应当建立全面评估和集中管理风险的机制，保证风险管理的独立性和客观性，同时要强化业务单位的风险管理主体职责，在保证风险管理职能部门与业务单位分工明确、密切协作的基础上，使业务发展与风险管理平行推进，实现对风险的过程控制。

（3）充分有效与成本控制相统一的原则。

保险公司应当建立与自身经营目标、业务规模、资本实力、管理能力和风险状况相适应的风险管理体系，同时要合理权衡风险管理成本与效益的关系，合理配置风险管理资源，实现适当成本下的有效风险管理。

六、保险经营禁止的行为

根据保险法规定，保险公司及其工作人员在保险业务活动中不得有下列行为：

（1）欺骗投保人、被保险人或者受益人。

（2）对投保人隐瞒与保险合同有关的重要情况。

（3）阻碍投保人履行保险法规定的如实告知义务，或者诱导其不履行保险法规定的如实告知义务。

（4）承诺向投保人、被保险人给予保险合同规定以外的保险费回扣或者其他利益。

（5）故意编造未曾发生的保险事故进行虚假理赔，骗取保险金。

任务评价

评价内容	学生自评	教师评价	学习记录
了解保险经营规则的概念	□优 □良 □中 □差	□优 □良 □中 □差	
明晰保险经营规则的内容	□优 □良 □中 □差	□优 □良 □中 □差	

续表

评价内容	学生自评	教师评价	学习记录
理解保险经营的原则	□优 □良 □中 □差	□优 □良 □中 □差	
列举保险经营的资金运用	□优 □良 □中 □差	□优 □良 □中 □差	
知晓保险经营的风险管理	□优 □良 □中 □差	□优 □良 □中 □差	
记忆保险经营禁止的行为	□优 □良 □中 □差	□优 □良 □中 □差	

任务总结

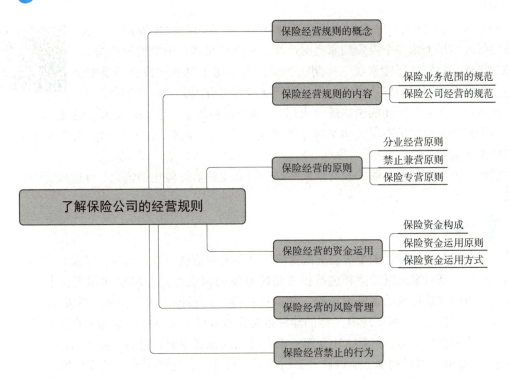

了解保险公司的经营规则
- 保险经营规则的概念
- 保险经营规则的内容
  - 保险业务范围的规范
  - 保险公司经营的规范
- 保险经营的原则
  - 分业经营原则
  - 禁止兼营原则
  - 保险专营原则
- 保险经营的资金运用
  - 保险资金构成
  - 保险资金运用原则
  - 保险资金运用方式
- 保险经营的风险管理
- 保险经营禁止的行为

强化训练

请扫描二维码观看案例，并回答以下问题。

案情：李女士于 2019 年 2 月 11 日通过销售人员齐某购买了一份万能型保险，齐某介绍年缴保费 8000 元，缴费 10 年，10 年后缴费期满即可以拿到 12 万元的收益，同时还有重大疾病保障。李女士深信并欣然办理了投保手续。数月后，李女士的女儿发现了母亲购买的保险产品，通过阅读保险条款才知道并非齐某介绍的情况，此款产品保险期间是终身，10 年后领取不但可能没有 12 万元的收益，甚至连本金都可能会有亏损。当即和母亲一起到所投保的 B 保险公司查询保单情况，发现几个月前交的 8000 元还剩不到 3000 元，更通过保险公司的客服了解到每次缴纳保费时还要收取初始手续费，得知这些消息后李女士非常生气，找到销售人员齐某理论，要求全额退还保费。

问题：保险公司的销售人员是否存在虚假宣传？请分析理由。作为消费者应注意哪些事项？（查看案例解析，请扫二维码）

任务五　明晰保险监管

任务背景

2002 年 5 月 28 日，华泰财产保险股份有限公司推出的"居安理财"成为我国保险市场上第一个投资型家庭财产险，它除了对客户的家庭财产险有保障功能外，投资者还能享受三年期 3.39%、五年期 4.09% 的投资回报率，收益比市场上的同期国债还要高。华泰财产保险股份有限公司在京沪等 3 个城市投放后，在上海市场的销售最"火爆"，两个月销售了 1 亿元人民币。但是，8 月 11 日起，华泰财产保险股份有限公司又宣布停售这一险种。同样"短命"的还有天安保险的同类投资型家庭财产险。

请问，为什么如此火爆的投资型家庭财产险会受到监管停止销售呢？保险监管的作用是什么？

任务分析

中国银行保险监督管理委员会上海保险监管办公室稽核检查处认为：华泰和天安保险的这两个产品，是对家庭财产险种进行投资功能开发的试点产品。2002 年以来，上海的财产保险公司纷纷改进传统的家庭财产险，如人民保险公司新推出的"金锁"家财险在承保范围上有了更大扩展。"居安理财"型的险种也是在传统的保障功能上再加入投资功能，所以对投资者特别有吸引力。但是，由于第一期产品的回报利率制订过高，甚至高出了当年寿险市场上 2.5% 的年回报利率，所以监管部门为了从长计议，建议华泰与天安两家公司对投资型产品的预定利率进行调整。这并不是对这两家公司的投资业绩不信任，而是为了维护整个保险行业长期稳定的发展。

任务实施

一、保险监管的概念

保险监管是指一国的保险监督执行机关依据现行法律和行政法规的规定对保险人和保险市场实行监督与管理，以确保保险人的经营安全，同时维护被保险人的合法权利，保障保险市场的正常秩序并促进保险业的健康和有序发展。

保险监管是指一个国家对本国保险业的监督和管理。一个国家的保险监管制度通常由两大部分构成：一是国家通过制定有关保险法规，对本国保险业进行宏观指导与管理；二是国家专司保险监管职能的机构依据法律或行政授权对保险业进行行政管理，以保证保险法规的贯彻执行。

二、保险监管的必要性

1. 保险监管是市场经济条件下发展和完善保险市场的要求

（1）保险监管可以保护自由竞争。

在自由竞争的情况下，每一个经济利益者都会追求理性的最大化行为，使其自身利益最大化。而资源配置的手段是"看不见的手"，即价格和价值规律。市场自由的核心在于自由竞争，"看不见的手"的作用是以竞争为基础的，竞争越充分. 资源配置的效率就越高。因此，保险市场的竞争程度决定了该市场的效率，保险监管对保护保险市场的自由竞争十分必要。

（2）保险监管是反垄断的需要。

垄断是市场失灵的重要表现，反垄断是保险市场需要监管的重要原因。保险市场失灵的首要表现是保险市场的自然垄断。保险市场的垄断表现为单个保险公司完全垄断或少数保险公司寡头垄断。由于各家保险公司入市时间不同，经营管理水平、业务活动区域以及职工队伍素质各异。实力较强的保险公司在竞争初期将其保险商品价格即费率降至边际成本以下，以此排挤其他保险公司，迫使他们退出保险市场，以便取得垄断地位，然后再抬高费率至边际成本以上，获取垄断利润，从根本上损害被保险人利益。因此，有必要通过保险监管消除或防止保险市场垄断行为。

（3）保险监管可以避免过度竞争。

过度竞争是由于有市场进入机制而没有正常的退出机制造成的，多数市场主体都达不到经济规模，整个市场集中度不高，它同样导致社会资源配置的低效率。保险市场上如果众多小公司达不到保险行业的合理规模，成本降不下来，反而因竞争的需要而将费率人为地压低，其后果是削弱甚至丧失偿付能力，最终损害被保险人的利益。因此。加强保险监管，防止保险市场上出现过度竞争是非常有必要的。

2. 保险行业的特殊性决定监管的必要性

保险业需要监管的原因还在于保险业本身的特殊性。保险公司的经营是负债经营，其通

过收取保险费而建立的保险基金是全体被保险人的财富，保险公司一旦经营不善出现亏损或倒闭，将使广大被保险人的利益受到极大损害。另外保险公司的承保对象涉及社会各部门、各阶层，保险公司的经营一旦出现问题，影响甚大，所以应加强对保险业的监管。保险技术的复杂性也是其需要严格监管的原因。这主要是指保险商品的价格及费率的拟定与普通商品不同，保险经营以大数法则为数理基础，只有通过集合足够多的保险标的，保险人才能计算出合理的保险费率。

3. 保险监管是国家宏观调控的有力杠杆

（1）有利于金融市场的平衡与稳定。

保险公司是金融市场重要的机构投资者，保险资金是金融市场的主体力量之一，对这部分资金及公司的行为进行监控，有利于金融市场的平稳运行。

（2）有利于帮助政府实现某些总体政策目标。

通过风险分散，保证受损企业和个人能够获得合理的资金赔偿以尽快恢复生产生活，有利于社会的稳定和整个国民经济的发展。政府可以限制和规定保险资金的流向及相应的政策倾斜来达到支持或限制某一产业发展的目的。

三、保险监管的目标

保险监管目标对保险市场发展起着关键作用，决定了监管原则、监管框架、监管手段、监管内容以及监管效果。现阶段中国的保险监管目标是基于这一时期经济发展、政治体制、民生需求和保险市场发展情况等因素形成的。中国保险业仍处于发展的初期阶段，保险业发展水平与国民经济、社会发展和人民生活的需求不相适应，虽然保险业在经济补偿、资金融通和社会管理方面发挥了一定的功能作用，但是，仍然要从着力探索解决好监管与创新、监管与市场、监管与服务的关系为出发点和落脚点确定保险监管目标。

具体来说，中国保险监管目标主要有以下四方面：

1. 保证保险人有足够的偿付能力

保险是一种经济补偿制度，因此保险人的偿付能力就是保险企业经营管理的核心，保证保险人具有足够的偿付能力即是国家、政府对保险人监督管理的首要目标，同时也是国家、政府对保险市场监督管理的核心内容。为了实现这一目标，各国保险法从两个层次对此加以明文规定，一是业务技术，包括业务范围、条款、费率、再保险和资金运用等；一是财务监管，包括资本充足率、准备金提存、公积金、最低偿付能力的确定，以及财务报告制度等。

2. 防止利用保险进行欺诈

利用保险进行欺诈获得不当得利，违反商业保险保障经济秩序正常稳定的初衷。针对保险行业的特殊性，国家把防止、打击保险市场中的欺诈行为作为监管的目标之一，以维护保险市场运行的正常秩序。保险欺诈主要来自保险人的欺诈行为、投保人或被保险人的欺诈行为和非法保险活动。

投保人的欺诈即指投保人利用保险谋取不当利益。为此《保险法》规定投保人对保险标的必须具有保险利益；被保险人获得的保险赔偿不得超过其实际遭受的损失；对投保人

（或被保险人）故意制造的事故，或事故发生后不采取积极施救措施，任其损失扩大或故意夸大损失等情况，保险人可以免除赔偿责任。对这些行为，各国一般是通过保险法规定保险利益原则、损失补偿原则、保险人责任免除等加以控制和防范。

保险人的欺诈行为主要表现在缺乏必要的偿付能力以及非法经营保险业务；保险人超出规定的业务经营范围经营保险业务；保险人利用保险条款和保险费率欺骗投保人和被保险人。对于以上行为各国保险法都有严格规定，对保险企业实行一系列的严格审批手续和监管措施。

来自非法经营保险业务人员的欺诈行为主要指一些保险公司以外的其他组织或个人未经相关主管机关批准，盗用保险人或保险代理人、经纪人的名义招摇撞骗的非法保险经营活动，或与保险公司工作人员内外勾结，骗取保险金等行为。对此，各国保险法和其他相关法律中均有具体的处罚规定，以制止和打击这些违法犯罪行为。

3. 在保险市场上维护合理的价格和公平的保险条件

保险条款具有很强的专业性，投保人大多不十分了解。保险商品的价格也具有特殊性，国家要求保险公司或同业协会，根据市场的经营情况，制定出共同的保险费率标准。我国《保险法》第 107 条规定："关系社会公众利益的保险险种、依法实行强制保险的险种和新开发的人寿保险险种等的保险条款和保险费率，应当报保险监督管理机构审批。保险监督管理机构审批时，遵循保护社会公众利益和防止不正当竞争的原则。审批的范围和具体方法，由保险监督管理机构制定。其他保险险种的保险条款和保险费率，应当报保险监督管理机构备案。"这些规定一方面保证保险人与投保人之间的公平交易，另一方面也使保险人之间在同等保险费率条件下公平竞争，提高保险服务质量。

4. 提高保险企业的经济效益和社会效益

保险企业的经济效益和社会效益两者相辅相成。通过国家监管，使保险业适度规模经营，减少资金占用，扩大承保范围，提高保险企业的经济效益。在现代经济中，保险保障对社会经济发展是必不可少的。当保险企业的经济效益与社会效益发生冲突时，国家通过干预、管理和协调，来达到两者的统一。

四、保险监管的原则

保险监管的原则与监管目标相辅相成，监管目标指导监管原则，具体的监管原则为监管目标服务。目前，中国保险监管的原则主要是：

1. 依法监管的原则

法律是国家意志的体现，是靠国家机器的强制力来实现的，任何人、任何单位，其行为都不能超越法律。保险业作为国家经济重要组成部分，其经营活动要依法进行，不能违反法律的底线要求。保险监管机构是行政执法机构，是依法对保险行业履行监管职责的国家机关，其监管行为要保持权威性、严肃性和强制性。严格依照法定的权限和程序实施监管，真正做到有法可依、有法必依、执法必严、违法必究。要坚持公开、公平、公正的原则，维护公平竞争的市场环境。

2. 审慎监管的原则

保险行业是一个经营风险的行业，经营不善容易引发经济和社会问题。保险监管要以科

学发展观为指导，坚持宏观审慎监管和微观审慎监管。强化经营风险防范，不断提高行业和监管部门应对和处置风险能力，维护市场秩序稳定。同时，也要密切关注国际、国内经济形势，准确研判宏观经济对保险业经营和资金运用的影响。

3. 适度监管的原则

保险公司是独立的法人机构，其在经营过程中对发展模式、企业文化、盈亏程度有一定的自由选择权。保险监管机构要尊重市场的规律，在不违反法律法规、不违反社会公德的前提下，给予保险公司自主经营权，借助"无形的手"管理市场、配置资源。

五、保险监管的主要内容

保险监管的内容比较广泛，不同国家的保险监管各有特点，并各有偏重，但总的来说可以分为市场准入和退出的监管、经营业务的监管、财务监管和中介人的监管。

1. 市场准入和退出的监管

第一，保险组织应依法设立、登记，并以此经营保险业务，包括申请成立保险公司的资本金、保险保证金、高级管理人员任职资格、精算人员、保险股份有限公司的股东资格要求。我国保险组织的形式为国有独资公司、股份有限公司和其他形式。保险公司的市场准入表现为规定了保险公司的设立条件。设立保险组织必须具备比一般工商企业设立更为严格的条件，这是世界各国保险法的普遍规定。我国《保险法》明确规定了设立保险公司的五项条件。设立保险公司的一般程序为：筹建和开业两个阶段。

第二，在保险公司的变更和退出上也有相应的规定：保险组织的变更包括保险组织的合并、分立，组织形式的变更及其他事项变更，首先要由股东会或董事会同意；其次要经过保险监督管理部门批准；最后要向原登记机关办理登记。如果涉及减少实收货币资本金时，必须通知债权人。保险公司的终止分为保险公司的解散、撤销和破产三种形式。保险公司的解散和撤销都要经保险监督管理部门批准，但由于人寿保险合同具有储蓄性质、涉及的社会面广，故经营人寿保险业务的公司不得解散。当保险公司不能支付到期债务时，经我国保监会同意，由人民法院宣告破产。但对经营人寿保险业务的保险公司被依法撤销或依法宣告破产的，其持有的人寿保险合同及其准备金必须转移给其他经营有人寿保险业务的保险公司；不能同其他保险公司达成转让协议的，则由我国保监会指定经营有人寿保险业务的保险公司接收。

2. 保险经营业务的监管

第一，保险经营的业务范围。我国《保险法》按保险标的的不同将保险公司的业务范围分为财产保险业务和人身保险业务两大类。

第二，保险费率与保险条款的监管。对保单条款监管的内容主体是费率监管，在我国对关系社会公众利益的保险险种、依法执行强制保险的险种和新开发的人寿保险险种等的保险条款和保险费率，应报保险监督管理机构审批，而对其他险种的保险条款和保险费率由保险公司拟定，但应当报我国保险监督管理机构备案。保险费率和条款的监管原本是中国保监会监管的重点，但市场价格放开后，保险监管的重点将放在保险公司的偿付能力上，从根本上保护被保险人的利益。

第三，保险人恶性竞争行为的监管。为了规范保险市场、防止恶性竞争，遵循诚实信用和公平竞争的原则，《保险法》对保险人在保险业务中的行为作出一些禁止性规定。

第四，对再保险经营与本国民族保险业的保护。在我国，再保险公司也要分业经营。为了保护民族保险业的发展，对保险公司需要办理再保险分出业务的，应优先向本国境内的保险公司办理。对外国保险公司则有选择地逐步让其进入。

第五，对承保责任限额的规定。为了保证保险公司的偿付能力，有必要通过保险公司业务量的限制控制其责任限额，从而分散风险，稳定经营。

3. 保险财务的监管

第一，最低偿付能力的监管。偿付能力是指保险组织履行赔偿或给付责任的能力。保险公司应当具有与其业务规模相适应的最低偿付能力。

第二，各种保险准备金的监管。保险准备金是保险公司的负债。保险公司应有与准备金等值的资产作为后盾，才能完全履行保险责任。各种准备金有：未到期责任准备金、未决赔款准备金、保险保障基金。

第三，公积金的监管。公积金是保险公司依照法律和公司章程的规定从公司税后利润中提取的积累资金。保险公司提取公积金，是为了用于弥补公司亏损和增加公司资本金。

第四，对保险公司资金运用的监管。保险资金运用是现代保险业得以生存和发展的基础，同时，由于保险公司是经营风险的企业，其资金运用状况，直接影响着公司的赔付能力。我国《保险法》规定：保险公司的资金运用，限于在银行存款，买卖政府债券、金融债券和国务院规定的其他资金运用形式。保险公司的资金不得用于设立证券经营机构，不得用于设立保险业以外的企业。

4. 保险中介人的监管

第一，保险代理人的监管。保险代理人是根据保险人的委托，向保险人收取代理手续费，代为办理保险业务的单位或个人。监管的内容有：保险代理人的设立、保险代理人的执业管理。

第二，保险经纪人的监管。保险经纪人是投保人的代理人，根据我国《保险经纪公司管理规定》，在我国保险经纪人限于组织。保险经纪公司在办理保险经纪业务过程中因过错给投保人、被保险人或其他委托人造成损失的，由保险经纪公司依法承担法律责任。保险经纪人在性质上具有居间、代理、咨询的性质。监管的内容有：保险经纪人的设立、保险经纪人的执业管理。

第三，保险公估人的监管。保险公估人是经中国银行保险监督管理委员会批准设立的，接受保险当事人委托，专门从事保险标的的评估、勘验、鉴定、估损、理算等业务的单位。监管的内容有：保险公估人的设立、保险公估人的执业管理。

六、保险监管的方式

保险监管是指一个国家对本国保险业的监督管理。利用保险法规对保险行业实施监管是世界各国政府的保险管理机构所采取的主要监管手段。依据《保险法》第133条："保险监

督管理机构依照本法和国务院规定的职责，遵循依法、公开、公正的原则，对保险业实施监督管理，维护保险市场秩序，保护投保人、被保险人和受益人的合法权益。"

由于各个国家的法律制度不同、历史时期不同，在利用保险法规实行监管的过程中，有关国家对保险业的监管曾经采取过截然不同的方式，通常主要有以下三种：

1. 公告监管方式

公告监管方式，又称公告管理方式，是指国家对保险业的实体并不加以任何直接管理，仅规定保障企业必须按照政府规定的格式及内容，定期将资产负债、营业结果以及其他有关事项予以公告。均由保险企业自我管理，政府并不多加干预，保险企业能在较为宽松的市场环境中自由发展。因此，公告监管方式是国家对保险市场最为宽松的一般管理方式。公告监管方式的优点是使保险业在自由竞争的环境中得以自由发展；其局限性是一般公众对保险业的优劣的评判标准不易准确掌握、对不正当的经营无能为力。随着保险业竞争的激烈，政府对保险业监管愈加严格，这种方式逐渐被放弃。

2. 规范监管方式

规范监管方式是由国家政府规定保险业经营的一定准则，要求保险业共同遵守的方式。政府对保险经营的重大事项，如最低资本额、资产负债比例、投资运用等方面，均有明确规定。这种管理方式较公告管理方式的管理有进步，但政府对保险业的管理只是形式上的合法审查，对形式上不合法者，有关机构给予处罚，只要形式上合法，主管机构便不加干预。由于保险经营专业技术性复杂，有关法规很难适应各个方面，这种方法容易使形式上合法而实际上不合法的行为钻法律的空子，不能很好地实现国家对保险业的监管，难以管理，因此，这种管理方式也已不被采用。

3. 实体监管方式

实体监管方式，又称批准主义，指国家制定完善的保险管理规则，保险监管部门根据法律规定和赋予的权力，对保险市场尤其是保险业进行全面有效的监管。国家保险管理机关具有较高的权威和灵活处理的能力，对保险企业的设立、经营、财务、业务及破产清算等均实行有效监管。这是一种较为严格的监管方式，使保险企业在社会上信誉得以提高，不法经营者会受到打击和制裁，社会公众的利益得到有效的保护，因此，目前大多数国家采用此种方式，如日本、美国、德国等。我国保险监督管理机构对保险业的监管亦采用此种严格监管的方式。

七、保险监管的处罚措施

加强保险监管除了完善保险立法，保险监管部门严格执法，保险组织依据法律法规要求建立内控机制以及保险同业协会制定自律公约以外，还需在全社会营造良好的外部法律环境和健全的社会监督制度。

根据《保险法》第158条规定："违反本法规定，擅自设立保险公司、保险资产管理公司或者非法经营商业保险业务的，由保险监督管理机构予以取缔，没收违法所得，并处违法所得一倍以上五倍以下的罚款；没有违法所得或者违法所得不足二十万元的，处二十万元以上一百万元以下的罚款。"

根据《保险法》第 159 条规定："违反本法规定，擅自设立保险专业代理机构、保险经纪人，或者未取得经营保险代理业务许可证、保险经纪业务许可证从事保险代理业务、保险经纪业务的，由保险监督管理机构予以取缔，没收违法所得，并处违法所得一倍以上五倍以下的罚款；没有违法所得或者违法所得不足五万元的，处五万元以上三十万元以下的罚款。"

根据《保险法》第 160 条规定："保险公司违反本法规定，超出批准的业务范围经营的，由保险监督管理机构责令限期改正，没收违法所得，并处违法所得一倍以上五倍以下的罚款；没有违法所得或者违法所得不足十万元的，处十万元以上五十万元以下的罚款。逾期不改正或者造成严重后果的，责令停业整顿或者吊销业务许可证。"

根据《保险法》第 161 条规定："保险公司有《保险法》第 116 条规定行为之一的，由保险监督管理机构责令改正，处五万元以上三十万元以下的罚款；情节严重的，限制其业务范围、责令停止接受新业务或者吊销业务许可证。"

《保险法》第 116 条规定：保险公司及其工作人员在保险业务活动中不得有下列行为：

（1）欺骗投保人、被保险人或者受益人；

（2）对投保人隐瞒与保险合同有关的重要情况；

（3）阻碍投保人履行本法规定的如实告知义务，或者诱导其不履行本法规定的如实告知义务；

（4）给予或者承诺给予投保人、被保险人、受益人保险合同约定以外的保险费回扣或者其他利益；

（5）拒不依法履行保险合同约定的赔偿或者给付保险金义务；

（6）故意编造未曾发生的保险事故、虚构保险合同或者故意夸大已经发生的保险事故的损失程度进行虚假理赔，骗取保险金或者牟取其他不正当利益；

（7）挪用、截留、侵占保险费；

（8）委托未取得合法资格的机构从事保险销售活动；

（9）利用开展保险业务为其他机构或者个人谋取不正当利益；

（10）利用保险代理人、保险经纪人或者保险评估机构，从事以虚构保险中介业务或者编造退保等方式套取费用等违法活动；

（11）以捏造、散布虚假事实等方式损害竞争对手的商业信誉，或者以其他不正当竞争行为扰乱保险市场秩序；

（12）泄露在业务活动中知悉的投保人、被保险人的商业秘密；

（13）违反法律、行政法规和国务院保险监督管理机构规定的其他行为。

根据《保险法》第 162 条规定：保险公司违反《保险法》第 84 条规定的，由保险监督管理机构责令改正，处一万元以上十万元以下的罚款。

《保险法》第 84 条规定：保险公司有下列情形之一的，应当经保险监督管理机构批准：

（1）变更名称；

（2）变更注册资本；

（3）变更公司或者分支机构的营业场所；

（4）撤销分支机构；

（5）公司分立或者合并；

（6）修改公司章程；

（7）变更出资额占有限责任公司资本总额百分之五以上的股东，或者变更持有股份有限公司股份百分之五以上的股东；

（8）国务院保险监督管理机构规定的其他情形。

任务评价

评价内容	学生自评	教师评价	学习记录
了解保险监管的概念	□优 □良 □中 □差	□优 □良 □中 □差	
理解保险监管的必要性	□优 □良 □中 □差	□优 □良 □中 □差	
明确保险监管的目标	□优 □良 □中 □差	□优 □良 □中 □差	
明晰保险监管的原则	□优 □良 □中 □差	□优 □良 □中 □差	
知晓保险监管的主要内容	□优 □良 □中 □差	□优 □良 □中 □差	
熟悉保险监管的方式	□优 □良 □中 □差	□优 □良 □中 □差	
掌握保险监管的处罚措施	□优 □良 □中 □差	□优 □良 □中 □差	

任务总结

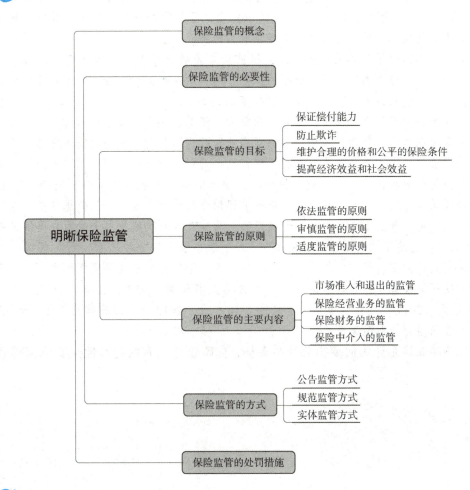

强化训练

请扫描二维码观看案例，并回答以下问题。

案情： 某财产保险广州分公司荔湾支公司，在 2018 年 1 月至 2019 年 3 月期间，将非中介机构业务通过中介机构代开发票，以套取资金。具体操作方式如下，荔湾支公司下属业务团队将非佛山市真心保险代理有限公司业务通过佛山真心代开手续费发票并套取资金，发票金额合计 262.1 万元。扣除开票费用后，佛山真心保险代理公司再将钱转回到某财险荔湾支公司下属业务团队所提供的个人银行账户，手续费资金合计 243.76 万元。

问题：某财险公司与真心代理公司是否存在违规操作？（查看案例解析，请扫二维码）

项目思政

2021 中国企业社会责任云峰会在北京举行，峰会以"爱心点亮希望，行动书写担当"为主题，致力于服务与传播企业社会责任。中华保险入选年度"社会责任优秀案例"。

作为我国农业保险的先行者和国家财政补贴性农业保险试点工作的承担者之一，中华保

险深耕农险领域三十五载，是业内唯一一家将"服务三农"作为公司初心使命的保险公司。农业保险一直是中华保险服务三农、助力国家脱贫攻坚与乡村振兴战略的主要载体，通过"畜禽防疫专标、平台线上承保、无害化集中处理、理赔闪赔到户"的闭环管理，解决了病死畜禽无害化处理的难题，为食品安全提供有力保障。

同时，中华保险不断升级民生保障，积极参与多层次医疗保障体系建设。2013年，中华财险成为首批获得大病保险承保资格的保险公司，政策性健康险业务规模与保障金额位居财险行业前列，政策性健康险管理业务服务范围达到22家省级分公司116个地市，长期护理保险试点服务范围扩大至四川、山东、内蒙古、江苏、湖南、辽宁等六省九市，参与地区级十多个惠民保项目，创新开展城市定制型商业医疗保险，为人民群众提供保险保障。

中华保险还始终心系公益事业，积极履行社会责任。近年来，中华保险系统累计派驻上百名专职扶贫干部担任第一书记或驻村干部，涌现出以"全国脱贫攻坚先进个人"新疆维吾尔自治区国家深度贫困乡且克且克村第一书记徐东平等为代表的一批先进典型。以保险产品为切入点，累计开发150余类扶贫专属产品，为970万户次建档立卡贫困户提供风险保障达4700亿元；打造了"中华情·保险美""大手牵小手，安全共'童'行"等多个公益品牌；因地制宜开创了新疆、四川、内蒙古和河北等一批保险扶贫典型案例模式，交出了中华保险精准扶贫时代答卷；积极应对农业重大自然灾害和重大疫情，2014年新疆特大风灾赔付6.55亿元、2017年内蒙古重大干旱赔付2.16亿元、2019年非洲猪瘟疫情超赔近10亿元等案例入选保险行业典型案例。

请你谈谈保险企业为何要担负社会责任，保险企业具有的特殊性又要承担哪些社会责任。

项目三　入门汽车保险法律法规基础

 学习目标

知识目标
➤ 认识汽车保险
➤ 掌握汽车保险法律法规的内容体系

能力目标
➤ 能够说明保险理赔所涉及的不同法律法规
➤ 能够阐述汽车保险的特点和作用

素养目标
➤ 充分理解汽车保险的概念和分类
➤ 培养汽车保险意识

任务一　认识汽车保险

🎯 **任务背景**

　　汽车保险是近代发展起来的，它晚于水险、火险、盗窃险和综合险，保险公司承保机动车辆的保险基础是根据水险、火险、盗窃险和综合责任险的实践经验而来的。汽车保险的发展又异常迅速，如今已成为世界保险业的主要业务险种之一。

　　汽车保险起源于 19 世纪中后期，英国法律事故保险公司于 1896 年首次开创了汽车保险。当时签发了保费为 10~100 英镑的第三者责任保险单，可以加保汽车火险，但要增加保险费；汽车保险责任在 1899 年扩展到赔偿与其他车辆发生碰撞所造成的损失，这些保险单

是由意外险部的综合第三者责任险组签发的；保险公司从 1901 年开始提供汽车险保单，并在已具备了现代综合责任险的条件下，在上述承保的责任险范围内，增加了碰撞、盗窃和火灾的险种。1906 年，英国成立了汽车保险有限公司，每年该公司的工程技术人员免费检查保险车辆一次，其防灾防损意识领先于其他保险大国。

汽车保险成熟于美国，马萨诸塞州在 1919 年通过了《赔偿能力担保法》，目的是促使每个驾车人主动投保汽车责任保险。规定汽车所有人在汽车注册登记时，必须提供保险单或者有价债券，以作为事故发生后赔偿能力的担保。美国马萨诸塞州于 1927 年率先颁行的《汽车强制保险法》最早推出汽车强制保险，成为美国第一个颁布汽车强制保险法的州。1971 年，马萨诸塞州通过《登记汽车强制施行人体伤害保护法》，率先实施无过失汽车保险制度。

近年来中国汽车产业发展迅速，汽车消费的增长必将带动汽车保险业迅速发展。那什么是汽车保险？汽车保险有哪些特点和作用？

任务分析

本任务要求能够认识汽车保险、掌握汽车保险法律法规的内容体系；能够说明保险理赔所涉及的不同法律法规；能够阐述汽车保险的特点和作用；能够了解我国汽车保险法律法规的内容体系。

任务实施

一、汽车保险的概述

汽车保险是以保险汽车的损失，或者保险汽车的所有人，或者驾驶员因驾驶保险汽车发生交通事故所负的责任为保险标的的保险。汽车保险具有保险的所有特征，其保险对象为汽车及其责任。从其保障的范围看，它既属财产保险，又属责任保险。

汽车保险包括以下四层含义：

（1）汽车保险是一种商业保险行为。

保险人按照等价交换关系建立的汽车保险是以营利为目的的（机动车交通事故责任强制险除外）一种商业行为。

（2）汽车保险是一种合同行为。

投保人与被保险人要以各类汽车及其责任为保险标的签订书面的具有法律效力的合同，比如要填制保险单，否则汽车保险没有存在的法律基础。

（3）汽车保险是一种权利义务行为。

在投保人与保险人所共同签订的保险合同（如汽车保险单）中，明确规定了双方的权利义务，并确定了违约责任，要求双方在履行合同时共同遵守。

（4）汽车保险是一种以合同约定的保险事故发生为条件的损失补偿或保险金给付的保险行为。

汽车保险的损失补偿或保险金给付的保险行为，成为人们转移车辆及相关责任风险的一种方法，体现了保险保障经济生活安定互助的特点。

二、汽车保险的特点

1. 对象具有广泛性和差异性的特点

机动车辆市场已逐渐发展到以家庭用车为主，2021 年中国机动车保有量达 3.95 亿辆，中国机动车驾驶人数量达 4.81 亿人。广泛性是指被保险对象数量较多，业务量大，投保率高。

由于机动车辆的种类繁多，性能不一，生产厂家众多，生产形式多样，机动车的价格也根据不同的车型、品牌、功能差异较大，这些差异造成了汽车保险的差异。

2. 标的具有可流动性的特点

机动车辆是运行中的标的，经常处于运行状态，其运行线路不同于飞机、船舶等交通运输工具那样相对固定，尤其是跨省、市、区的运行给机动车辆的承保与理赔带来很多不便。因此，加强机动车辆保险运作的规范性和系统性，充分适应其流动性大、行程不固定的特点，显得十分重要。

3. 具有出现频率高的特点

我国各地机动车辆的存量和增量日益剧增，随着社会经济的持续发展，机动车辆将继续增长，构成业务量极大的保险市场。对机动车辆第三者责任的强制性承保，使得这一市场能够充分地发挥。因此，机动车辆保险的投保与承保率相对于其他财产保险是很高的。

4. 条款和费率的管理具有刚性特点

机动车辆保险业务涉及一个庞大而广泛的社会消费群体，加强对条款和费率的管理，使消费者的需求得到满足，利益得到保障。

三、汽车保险的作用

1. 有利于减少交通事故的发生，促进交通安全

保险公司通过实行无赔款优惠费率制，设立防灾基金，配合交警部门开展交通安全的宣传、竞赛及检查等措施，可以促使机动车辆保险的被保险人提高安全行车的自觉性，增强责任心，注意安全行车，减少交通事故。

2. 有助于维护全体社会公众的利益和社会安定

在一般的财产损失保险中，保险人通常维护的仅仅是被保险人的经济利益，从而投保与否完全取决于保险客户的意愿。而在机动车辆相关责任保险尤其是交强险的实施过程中，投保人参加保险并交付保险费通常被视为其应尽的义务，保险赔款亦以受害人的索赔权限为限，并最终由被保险人之外的受害方受益。这既解决了被保险人的赔付困难，保障了受害人的经济利益，又对交警部门处理交通事故提供了帮助，还可以避免致害人车祸致人伤残后再碾伤者致死的、灭绝人性的事件发生。因此，机动车辆相关责任保险有助于维护社会公众（特别是受害人）的利益，促进社会的安定。

3. 有利于促进汽车工业及相关行业的快速发展

中国是世界上最大、最有潜力的汽车消费大国，机动车辆保险的出现一定程度上解除了消费者对使用汽车过程中可能出现的风险的后顾之忧，提高了消费者购买汽车的欲望，扩大

了对汽车消费的需求。因此，机动车辆保险对汽车工业及其相关行业的发展会起到有力的促进作用。

4. 有利于配合相关法律、法规、规章的颁布实施

我国颁发的《民法典》《中华人民共和国道路交通安全法》（以下简称《交通法》）、《最高人民法院关于人身损害赔偿案件适用法律若干问题的解释》（以下简称《解释》）等多部法律、法规均有专门的保障机动车辆事故后受害方权益的规定。但在交通事故中，若致害人无赔偿能力，即使受到了法律的制裁，受害人仍然不能按照法律规定得到其应当得到的经济补偿，其结果就是使相应的民事赔偿法律规定成为一纸空文。如果致害车辆的使用者投保了相关的机动车辆责任保险，则只要车祸属于保险责任事故范围，受害人的合法权益就可以从承保人那里获得保障，相关法律制度也就得到了贯彻实施。

任务评价

评价内容	学生自评	教师评价	学习记录
了解汽车保险概念	□优 □良 □中 □差	□优 □良 □中 □差	
明晰汽车保险特点	□优 □良 □中 □差	□优 □良 □中 □差	
知晓汽车保险作用	□优 □良 □中 □差	□优 □良 □中 □差	

任务总结

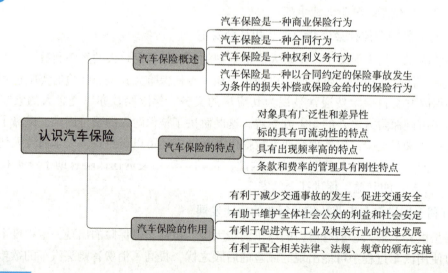

强化训练

请扫描二维码观看案例，并回答以下问题。

案情：

1. 一辆车同时在两家保险公司投保，发生交通事故后，车主向两家保险公司都报案。

请问，是不是两家保险公司都赔偿？（查看案例解析，请扫二维码）

2. 修先生与妻子各有一辆"爱车"，小两口的停车位在一起，一天修先生的妻子在倒车时，不小心撞到了修先生车辆左侧的车门，造成车辆车门处变形。

请问，保险公司是否需要赔偿？（查看案例解析，请扫二维码）

任务二 梳理汽车保险法律法规的内容体系

任务背景

1949年10月20日，中国人民保险公司开办了汽车自愿保险，主要承保地方国营交通运输部门和国营厂矿的汽车。私营工商业投保的汽车起初占整个业务的30%左右，随着对资本主义工商业社会主义改造的逐步完成，其比重逐年下降。面随着交通运输事业的发展汽车保险业务逐年增长，汽车保险的规章办法，也随着客观情况的变化做过多次改革。在开办汽车保险的初期，国家保险机构曾沿袭了旧中国汽车保险的办法，办理汽车公众安全责任险。但是不久就出现了对保险的争议，不少人认为汽车保险以及第三者责任保险对于肇事者予以经济补偿，会导致交通事故的增加，对社会产生负面影响。于是，中国人民保险公司于1955年停止了汽车保险业务。1958年，人们普遍认为保险工作已经完成了历史使命，国家决定全面停办国内保险业务。汽车保险除承保外交使馆等外国人所有的车辆外，国内部分限制停办。

1979年4月，经国务院批准，中国人民保险公司恢复了停办20年的国内保险业务，1980年年初重新办理汽车保险业务。此后随着改革开放的不断深入，国民经济快速发展，人民生活水平显著提高，汽车保有量迅速增长，促进了汽车保险市场的形成和发展。1983年我国将汽车保险改称为机动车辆保险，使其更具有广泛的适应性。汽车保险在我国保险市场，尤其在财产保险市场中始终发挥着重要作用，此后的三十多年时间中，在改革开放的大好形势下，我国的汽车保险业务进入了高速发展时期。时至今天，汽车保险已经发生了翻天覆地的变化，这一切都跟汽车保险法律法规有着密切关系。

任务分析

本任务要求能够了解汽车保险建设的发展历程，了解保险法的法律内容；深入理解保险理赔所涉及的法律法规。

任务实施

一、汽车保险法律法规发展

机动车辆保险条款和费率经历了 1980 年恢复业务之初由中国人民保险公司自行制定和使用、1985 年 3 月 3 日国务院颁布《保险企业管理条例》后由中国人民银行审定、1995 年 10 月 1 日《保险法》实施后由金融监督管理部门制定，以及此后的三次修正几个阶段。1995 年，由中国人民银行制定了统一的机动车辆保险及机动车辆附加全车盗抢险的条款、费率；1996 年，对机动车辆保险条款的部分内容进行了修改；1998 年，重新修订了机动车辆保险附加全车盗抢险的条款、费率。1998 年 11 月 18 日，中国保险监督管理委员会（以下简称保监会）成立以后，于 1999 年对机动车辆保险条款和费率进行了修改，形成了主险、附加险的架构，同时针对汽车保险市场中的混乱状况加强了治理整顿和培育引导工作，统一对机动车辆保险单进行监制。监制保险单在一定程度上遏制了汽车保险市场中的不正当竞争现象，使其逐步走上依法经营的轨道。经营的主要险种是车辆损失险、第三者责任两个主险及盗抢险等 9 个附加险。这些险种的保险条款和费率规章都有两套：一套是在全国（除深圳外）各省、自治区及直辖市实施的机动车辆保险条款和费率；另一套是在深圳市实施的机动车辆保险条款和费率。这两套条款和费率都是由保监会制定的，条款和费率具有刚性，也就是说未经保监会批准，任何保险公司均不能变更保险条款和保险费率。随着改革开放形势的发展，社会经济和人民生活水平的不断提高，我国汽车保险业务蓬勃发展起来。与此同时，机动车辆保险条款、费率及其管理也日益完善，尤其是保监会的成立，进一步加强了汽车保险的监管力度，加速建设并完善了汽车保险中介市场，对全面规范市场、促进汽车保险的发展起到了积极的作用。

长期使用统一的费率是不行的，主要原因是各地区的风险因素各有不同，而使用统一的费率，致使出险率高的地方少付出了保险费，出险率低的地区多支出了保险费，因此统一的费率是在表面公平的形式下掩盖着实际上的费率不平等。在这种情况下，2000 年，保监会引入了区域费率制度，即采用灵活的费率体制，保监会赋予保监会在各地的管办 30% 的费率浮动权。各地保险公司认为需要向上或向下浮动费率时，可以向当地的国保监会监管办申请，经批准后具体实施，而在尚未设立监管办的地区，可由当地保险同业会协调后报中国保监会批准。这样通过费率的浮动使机动车辆保险费率在一定程度上体现出各地的具体特征，使费率的制定更加人性化。同时在汽车保险业务发展过程中，也暴露出产品一些不容忽视的问题：一是机动车辆保险单性质不明确，没有明确机动车辆保险合同中损失险部分属于不定值保险合同，而是"保多少，赔多少"；二是保险人与被保险人的权利与义务在许多方面规定不明确，合同纠纷，尤其在理赔过程中时有发生；三是保险操作规定，特别是对于理赔时免赔额和扣除额不够透明，暗箱操作过多；四是投保车辆保险费支出与其风险状态不符合，费率结构上还存在着不公平的现象；五是费率的地区差异还没有得到充分体现。

针对 1999 年制定的《机动车辆保险条款》中存在的问题，保监会做了认真的调查研究，在广泛听取各界的意见和经验教训的基础上，于 2000 年 2 月 4 日颁布，并于 2000 年 7 月 1 日实施新的《机动车辆保险条款》（2000 版条款），即对 1999 年的条款及费率进行完善。2003 年年初，各市场主体开始实施新的机动车辆保险条款费率管理制度，机动车辆保险条款和费率由各保险公司自主开发厘定，以中国人民保险公司、中国太平洋保险公司、中国平安保险股份有限公司为代表的公司积极进行产品创新，引入多种新型保障，并引入随人随车浮动系数。2006 年，伴随机动车交通事故责任强制保险的实施，中国保险行业协会推出了 A、B、C 三套商业汽车保险行业基本条款。2009 年，商业汽车保险行业基本条款以加强对被保险人利益的保护为出发点，根据《保险法》的修正进行了修订，并沿用至 2015 年 6 月。2010—2011 年，先后在北京、深圳、厦门实施新一轮的改革试点。2011 年 10 月中国保险行业协会在网站上公布了《中国保险行业协会机动车辆商业保险示范条款（征意见稿）》，正式启动汽车保险第二次改革。中国保险行业协会对 2012 年版商业汽车保险示范条款进行了修订完善，以相关法律、行政法规为依据，在讨论及多方征集意见之后，2015 年 3 月 20 日印发《关于发布〈中国保险行业协会机动车辆商业保险示范条款（2014 版）〉的通知》，对中国保险行业协会和财产保险公司两方面体制进行建设改革。自 2015 年 6 月 1 日起，各财产保险公司在黑龙江、山东、广西、重庆、陕西、青岛等 6 个试点地区全面启用新版商业汽车保险条款费率，这标志着商业汽车保险改革试点全面落地实施。

2018 年 4 月保监会和银监会合并，合并后全称为中国银行保险监督管理委员会，简称"银保监会"，属于国务院直属事业单位，整合中国银行业监督管理委员会和中国保险监督管理委员会的职责。银监会和保监会合并的目的在于深化金融监管体制改革，统一维护银行业和保险业合法、稳健运行，防范和化解金融风险，保护金融消费者合法权益，维护金融稳定。2019 年 12 月 29 日修正《中华人民共和国保险法》《机动车交通事故责任强制保险条例》《中华人民共和国外资保险公司管理条例》《农业保险条例》等多项法律法规，沿用至今。

2020 年 9 月 17 日，中国保险行业协会组织行业力量对《机动车交通事故责任强制保险条款》及《机动车交通事故责任强制保险新费率浮动系数方案》进行修订，提高了最高赔偿限额。2020 年 9 月 19 日银保监会研究制定了《关于实施车险综合改革的指导意见》，深化供给侧结构性改革，更好维护消费者权益，让市场在资源配置中起决定性作用，推动车险高质量发展，提出九点要求，全面加强和改进车险监管，以"保护消费者权益"为主要目标，具体包括：市场化条款费率形成机制建立、保障责任优化、产品服务丰富、附加费用合理、市场体系健全、市场竞争有序、经营效益提升、车险高质量发展等。短期内将"降价、增保、提质"作为阶段性目标。

随着新能源汽车的普及，新能源汽车并不适用于传统汽车保险，2021 年 12 月 14 日中国保险行业协会开发完成《中国保险行业协会新能源汽车商业保险示范条款（试行）》和《中国保险行业协会新能源汽车驾乘人员意外伤害保险示范条款（试行）》，特别为新能源汽车设置了专属附加险。例如：电动车起火问题。

二、机动车保险理赔的相关法规

1. 道路交通安全法律法规

《中华人民共和国道路交通安全法实施条例》（国务院令第 687 号）（2017.10.7）
《道路交通事故处理程序规定》（公安部第 146 号令）（2018.5.1）
《道路交通安全违法行为处理程序规定》（公安部第 157 号令）（2020.5.1）
《机动车交通事故责任强制保险条例》（国务院令第 709 号）（2019.3.2）
《关于调整交强险责任限额和费率浮动系数的公告》（2020.9.19）
《中华人民共和国公路法》（2017.11.4）
《中华人民共和国车辆购置税法》（2019.7.1）

《机动车驾驶证申领和使用规定》（2022.4.1）

《机动车登记规定》（公安部第164号令）（2022.5.1）

《机动车强制报废标准规定》（2013.5.1）

《中华人民共和国行政处罚法》（国务院令第63号）（2021.7.15）

《中华人民共和国道路运输条例》（国务院令第406号）（2019.3.2）

《机动车运行安全技术条件》（GB 7258—2017）

2. 有关规定及办法

《机动车安全技术检验机构管理规定》《机动车维修管理规定》《机动车强制报废标准规定》《报废汽车回收管理办法》《道路危险货物运输管理规定》《最高人民法院关于审理人身损害赔偿案件适用法律若干问题的解释》《最高人民法院关于审理交通肇事刑事案件具体应用法律若干问题的解释》。

3. 车险理赔相关法律法规

（1）车辆核损部分。

《道交法》：

第8条，登记制度；第14条，强制报废制度；第19条，准驾车型；第22条，饮酒、过度疲劳；第48条，装载规定；第49条，核定装载；第70条，事故处理；第73条，认定书；第74条，赔偿争议；第75条，抢救费用；第76条，赔偿处理。

《道路交通安全法实施条例》：

第16条，注册登记；第22条，有效期、实习期规定；第54条，装载规定；第55条，载入规定；第56条，牵引大车规定；第86条、第90~96条，事故争议处理；第87~89条，报警、撤离、勘察、认定；第90条，抢救费用；第92条，逃逸处理。

《交通事故处理程序》：

第13条，保护现场、报警；第14条，简易处理；第45条，确定当事人责任；第53条，索赔。

《道路运输条例》：

第34条，营运车营运规定；第36条，承保承运人责任险规定；第44、45条，维修规定。

《机动车登记规定》：

第33条，盗抢规定。

（2）人身核损部分。

《最高人民法院关于审理人身损害赔偿案件适用法律若干问题的解释》：

第17条，赔偿费用的范围；第19条，医疗费；第20条，误工费；第21条，护理费；第22条，交通费；第23条，伙补费；第24条，营养费；第25条，残疾补助；第26条，残疾用具；第27条，丧葬费；第28条，抚养费；第29条，死亡赔偿金。

《保险法》：

第50条，直接向第三者支付赔偿金规定；第51条，保险人诉讼费用之承担。

《民事诉讼法》：

第二章，管辖。

《民法典》：

第一编第八章，民事责任；第五编第三章，家庭关系。

任务评价

评价内容	学生自评	教师评价	学习记录
了解汽车保险法律 法规发展	□优 □良 □中 □差	□优 □良 □中 □差	
明晰道路交通安全 法律法规	□优 □良 □中 □差	□优 □良 □中 □差	
知晓车险理赔相关 法律法规	□优 □良 □中 □差	□优 □良 □中 □差	

任务总结

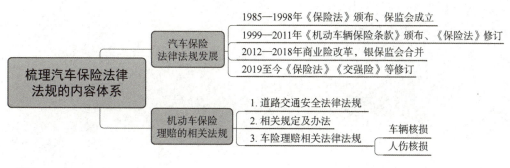

强化训练

问题1：请分析以下哪种情况造成的损失，交强险不负责赔偿和垫付？（查看案例解析，请扫二维码）

（1）因受害人故意造成的交通事故的损失；

（2）被保险人所有的财产及被保险机动车上的财产遭受的损失；

（3）被保险机动车发生交通事故，致使受害人停业、停驶、停电、停水、停气、停产、通信或者网络中断、数据丢失、电压变化等造成的损失以及受害人财产因市场价格变动造成的贬值、修理后因价值降低造成的损失等其他各种间接损失；

（4）因交通事故产生的仲裁或者诉讼费用以及其他相关费用。

问题2：请分析以下哪种情况抢救费由交强险预先垫付？（查看案例解析，请扫二维码）

（1）驾驶人未取得驾驶资格；

（2）驾驶人醉酒的；

（3）被保险机动车被盗抢期间肇事的；

（4）被保险人故意制造道路交通事故垫付的费用限额为 8 000 元。对于垫付的抢救费用保险公司有权向致害人追偿。

 项目思政

一天，热心肠的赵先生下班，驾驶轿车回家，在回家的路上，看到警察正在追捕一名犯罪嫌疑人，而赵先生的车与犯罪嫌疑人的车正好相向而行，这时赵先生故意打了转向，将车横置在道路上，拦截住犯罪分子的车，帮助警察破获一件大案。但由于犯罪分子急刹车，撞到赵先生车尾部，造成 5 万元左右的车损，赵先生保了车损险。

请思考我们在进行见义勇为时该如何自我保护。

模块二
汽车保险相关部门法

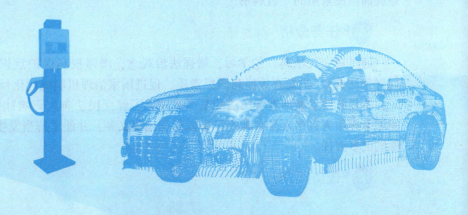

项目一　解读民法典

　学习目标

知识目标

➤ 熟悉民法的概念和基本原则

➤ 掌握民事权利与民事义务

➤ 掌握民事行为制度

➤ 了解民事责任制度

能力目标

➤ 能够阐述不同民事行为能力人实施的行为效果

➤ 能够明确物权和债权种类和特征

素养目标

➤ 充分体会民法典对我国社会生活的影响

➤ 能够正确实施民事法律行为

任务一　了解民法典

🎯 任务背景

　　《中华人民共和国民法典》（以下简称《民法典》）是一部固根本、稳预期和利长远的基础性法律，对国家的政治、经济、文化、社会和生态文明等各领域将产生广泛而深远的影响，是国家治理现代化的重要制度基础。《民法典》作为我国第一部以法典命名的法律，共七编、1260 条，10 万余字，是我国法律体系中条文最多、体量最大和编章结构最复杂的"社会生活百科全书"，也

是提高国民素质的"教科书"。

任务分析

通过对《民法典》的学习，增强法治观念，增强权利保护意识与技能，知行合一地践行《民法典》，进而有效提高国民素质，促进国家治理机制现代化目标的实现。

本任务要求能够理解民法的基本原则，了解《民法典》影响社会生活的哪些方方面面；能够掌握作为自然人具有哪些民事权利和民事义务，并能了解当发生民事侵权行为时要承担哪些民事责任。

任务实施

一、民法典概述

1. 民法典的发展历程

1978 年 12 月，中共十一届三中全会作出了把全党全国的工作重点从以阶级斗争为纲转移到社会主义现代化建设上来的战略决策，确定了发扬社会主义民主，健全社会主义法制的任务目标。随着改革开放政策的实施，社会主义市场经济体制逐步建立，我国民事立法也出现了前所未有的发展契机。从改革开放四十多年的民法发展历程来看，基本上可以将之分为五个阶段。

第一个阶段：从改革开放开始至《民法通则》的颁布。在党的十一届三中全会精神的指引下，党领导人民进行了一系列重大的立法工作。按照"以经济建设为中心"和"建设有中国特色的社会主义"的指导思想和方针，立法机关先后制定了一系列重要的民事、经济法律，为改革开放和社会主义现代化建设提供了坚实的法律保障。例如，1979 年颁布《中外合资经营企业法》，1980 年颁布《婚姻法》，1981 年颁布《经济合同法》，1982 年颁布《商标法》，1984 年颁布《专利法》，1985 年颁布《涉外经济合同法》《继承法》，1986 年颁布《土地管理法》及《企业破产法（试行）》《外资企业法》。在这个阶段最有标志性的法律是 1986 年 4 月 12 日正式通过的《民法通则》，这是我国第一部调整民事关系的基本法律，也是我国民法立法发展史上的一个新的里程碑，标志着我国民法立法进入了完善化、系统化阶段，为民法典的问世奠定了基础，开辟了道路。

第二个阶段：从《民法通则》的颁布至《合同法》的颁布。随着改革开放的深化和社会主义市场经济的发展，我国陆续制定了一系列规范市场活动的民事基本法。例如，1987 年颁布《技术合同法》，1988 年颁布《中外合作经营企业法》，1990 年颁布《著作权法》，1991 年颁布《收养法》，1993 年颁布《公司法》，1995 年颁布《担保法》《保险法》《票据法》，1996 年颁布《乡镇企业法》《拍卖法》，1998 年颁布《证券法》。尤其具有标志性的民事立法是 1999 年的《合同法》，该法将《经济合同法》《涉外经济合同法》和《技术合同法》统一，结束了我国合同立法"三足鼎立"所形成的相互重复、不协调、凌乱的局面，实现了合同法律尤其是合同法总则的统一化和体系化，这在完善社会主义市场经济的法律体系方面迈出了重要一步。《合同法》确立了统一的交易规则，鼓励交易，便利交易，也有力地保障了社会主义市场经济的发展。

第三个阶段：从《合同法》到《物权法》《侵权责任法》的颁布。1999 年以来，《合同法》颁布后，我国又先后制定了一系列的民事法律，如 2002 年颁布《农村土地承包法》。

在这一阶段，2007 年颁行的《物权法》是我国民事立法史上具有里程碑意义的大事，该法的制定历时 13 年，经过 8 次审议，创下了法律草案审议之最。《物权法》全面规定了所有权、用益物权、担保物权制度，并对国家所有权、集体所有权和私人财产所有权设置了比较完备和明确的法律规范，构建了产权制度的基本框架，从而有力地维护了社会主义基本经济制度。

2009 年颁布《侵权责任法》也是我国民事立法史上具有标志性的事件，该法是一部系统、全面保护人格权、物权、知识产权等民事权益的法律，侵权责任法作为私权保障法，通过对受到侵害的民事权益提供救济的方法来保障私权，通过保障私权来奠定法治的基础。《侵权责任法》针对现代社会普遍存在的产品责任、环境污染、高度危险责任等作出了全面、系统的规定。同时，还对人民群众非常关注的侵权责任如对医疗损害责任、缺陷产品召回、医疗器械缺陷等作出了明确规定。这些都表明《侵权责任法》适应了我国社会在新的历史时期的特殊需求，为《民法典》的颁行奠定了基础。

第四个阶段：《民法典》编纂的启动与《民法总则》的颁布。自新中国建立以来，曾多次编纂《民法典》，但都因各种原因而中断。2014 年党的十八届四中全会通过的《中共中央关于全面推进依法治国若干重大问题的决定》明确提出，要"加强重点领域立法"，特别是"加强市场法律制度建设，编纂《民法典》"。这是党中央的文件中第一次提出编纂《民法典》，自此之后，立法机关正式重启了《民法典》编纂工作。2017 年 3 月 15 日，第十二届全国人民代表大会第五次会议审议通过了《民法总则》，实质性地推进了我国《民法典》的编纂进程。《民法总则》完善了社会主义市场经济的法律规则，确认了自愿原则，弘扬了私法自治理念，充分保障了民事主体的行为自由，有力地维护了社会主义市场经济的法律环境和法治秩序。该法从维护广大人民群众的根本利益出发，广泛确认了民事主体所享有的各项权益，规定了胎儿利益保护规则、民事行为能力制度、老年监护制度、英烈人格利益保护等，实现了对人"从摇篮到坟墓"各个阶段的保护，每个人都将在民法慈母般爱抚的眼光下走完自己的人生旅程。

《民法通则》《合同法》《物权法》《侵权责任法》等重要法律的颁行是在制定我国《民法典》的道路上迈出的重要一步，标志着我国基本民事法律制度已经齐备。

第五个阶段：《中华人民共和国民法典》颁布。2020 年 5 月 28 日下午，十三届全国人大三次会议在人民大会堂举行闭幕会。会议表决通过了《中华人民共和国民法典》，这部法律自 2021 年 1 月 1 日起施行，《民法典》时代正式来临。

《民法典》关系到社会生活的每一个角落，堪称社会生活的百科全书。《民法典》是一部民法大全，分为 7 编加附则，一共 1260 条。各编依次为总则、物权、合同、人格权、婚姻家庭、继承、侵权责任，以及附则。《民法典》施行后，现行《婚姻法》《继承法》《民法通则》《收养法》《担保法》《合同法》《物权法》《侵权责任法》《民法总则》将被替代。

2. 民法的概念和立法目的

（1）民法的概念。民法是调整平等主体的公民之间、法人之间、公民和法人之间的财产关系和人身关系的法律规范的总称。

（2）民法的立法目的。

《民法典》第 1 条规定："为了保护民事主体的合法权益，调整民事关系，维护社会和经济秩序，适应中国特色社会主义发展要求，弘扬社会主义核心价值观，根据宪法，制定本法。"本条是关于中国《民法典》的立法目的的规定。

将社会主义核心价值观内化于民法规范中。富强、民主、文明、和谐是国家层面的价值目标，自由、平等、公正、法治是社会层面的价值取向，爱国、敬业、诚信、友善是公民个人层面的价值准则。

"根据宪法，制定本法"——基本上中国的每一部"法律"在首条都会限定立法依据。《民法典》的立法行为是民意行为，必须符合宪法上的授权和规范。注意"根据宪法，制定本法"是指《民法典》的制定权的来源，并非指民法的内容以宪法为依据。

民法是从"国家-社会-个人"多重维度对核心的价值理念进行宣示与弘扬。民法是具有"消极管制"色彩的自治法，目的中立，并不刻意追求特定的公共政策和公共利益的积极实现，而居于"消极管制"的地位。在民法的世界里，我们就好像生活在围栏中一片大草原上，在草原里面我们可以在互相尊重的前提下信马由缰，但是一旦碰到围栏（边界），就会受到自由的束缚。

3. 民法的调整对象与特征

《民法典》第 2 条规定："民法调整平等主体的自然人、法人和非法人组织之间的人身关系和财产关系。"

（1）平等主体。

平等主体，是指参与民事活动的当事人在民法上具有平等地位和身份，法律地位完全平等。民事主体各自有自己独立意志和自由，任何一方都不得凌驾于另一方之上，把自己的意志强加于另一方。即使这些主体存在着劳动人事关系、行政隶属关系、尊卑血亲关系等，但在民事活动中一律平等。平等主体的平等性体现在：

①法律地位平等。在现实生活中，自然人、法人和非法人组织总是处于不同的社会关系中，有的是领导和服从的关系。当处于行政关系之中时，是服从与命令的关系。但在民事关系中，不承认任何一方当事人的特殊地位，不承认任何一方当事人享有特权。

②适用规则平等。任何个人，不论其在行政关系中是不是负责人，在民事关系中都是普通自然人；任何组织，不论其在行政关系中是否是权力机关，在民事关系中都是普通法个人或非法人组织。法律规则平等适用，普遍拘束，除法律规定外，不存在任何特殊规则，不允许法外特权。

③权利保护平等。民法对民事主体合法权益的保护，适用相同的保护规则。对在民事活动中违反法律规定、合同约定的当事人，民法规定的法律责任一体适用，为权利人提供平等保护和救济。

（2）人身关系。

人身关系，是指平等主体之间与人身不可分离而无直接财产内容的社会关系。一般认为，人身中的"人"是指人格，"身"是指身份。民法调整的人身关系，就是人格关系和身份关系。这两类法律关系在民法上表现为人格权和身份权。前者是具有非财性、专属性、固有性的社会关系，后者是亲属之间的非财产性、身份性和义务性的社会关系。民法调整人身关系，突出对人格利益和身份利益等精神利益的保护，体现人的尊严、人格平等和人格自由。民法调整的人身关系具有如下特点：

①主体地位平等。人身关系主体具有平等法律地位，相互之间没有隶属关系，任何一方不得命令或者强迫另一方作出或者不作出某种行为。

②与人身不可分离。即具有专属性，人身关系基于人身利益而发生。不论自然人，还是法人、非法人组织，离开了人身关系，就不成为民事主体，就会丧失主体资格。

③不直接体现财产利益。人身关系中权利人的权利和义务人的义务，都不直接体现财产利益，主要体现精神利益、道德利益。但人身关系与财产利益又有联系，有的人格利益可以转化为财产利益，如法人名称权可以依法有偿转让，获得财产利益；有些人格利益经过合理授权使用，也会产生财产利益，如个人肖像、个人信息。

（3）财产关系。

财产关系，是以财产为媒介而发生的社会关系，是指平等主体在物的生产、分配、交换和消费过程中形成的具有财产内容、经济价值的社会关系。在民法上，财产关系主要表现为两种：一种是财产所有关系，另一种是财产流转关系。财产所有关系是民事主体在占有、使用、收益和处分物的过程中所发生的社会关系，表明财产的归属关系，体现财产归谁所有，以及其他人就该财产与财产权利人之间的利用关系。财产流转关系是民事主体在转移物的过程中所发生的社会关系，是动态的财产关系，包括物的流转关系、遗产流转关系以及其他财产流转关系，其中物（商品）的流转关系是最主要的财产流转关系。

4. 民法的基本原则

（1）平等原则。

《民法典》第4条："民事主体在民事活动中的法律地位一律平等。"

具体表现在以下方面：

①权利能力平等：自然人的民事权利能力一律平等。

②地位平等：不同的民事主体参加民事关系，应适用同一法律，具有平等的地位。

③受保护平等：民事权利平等地受法律保护。

（2）自愿原则。

自愿原则，又称意思自治原则。《民法典》第5条："民事主体从事民事活动，应当遵循自愿原则，按照自己的意思设立、变更、终止民事法律关系。"民事主体从事民事活动，应当遵循自愿原则，按照自己的意思设立、变更和终止民事法律关系。自愿原则体现了民事活动最基本的特征。具体表现在以下方面：

①自主决定：民事主体有权自主决定是否参加民事活动以及如何参加民事活动。如甲胁迫乙购买自己的房子就是对自愿原则的违反。

②自主负责：民事主体要对自己的民事活动所导致的结果负责任。如开发商在不享有合同解除权的情况下，因房价上涨要求解除房屋买卖合同，违反了自愿原则中的"自主负责"的要求。

③法无禁止即自由：只要民事主体的行为不违反法律、行政法规的强制性规定和公序良俗，国家即不得干预。

（3）公平原则。

《民法典》第6条："民事主体从事民事活动，应当遵循公平原则，合理确定各方的权利和义务。"公平原则是指民事主体在从事民事法律活动时，应当公平合理地确定权利义务关系；民法机关在处理民事纠纷的过程中应当公平合理。

（4）诚实信用原则。

《民法典》第7条："民事主体从事民事活动，应当遵循诚信原则，秉持诚实，恪守承诺。"诚实信用原则是指民事主体从事民事活动时，应当诚实守信，正当行使民事权利并履行民事义务，不实施欺诈和规避法律的行为，在不损害他人利益和社会利益的前提下追求自己的利益。具体表现在以下方面：

①民事主体在从事民事活动时，必须将有关事项和真实情况如实告知对方，禁止隐瞒事实真相和欺骗对方当事人。

②民事主体之间一旦作出意思表示并且达成合意，就必须重合同、守信用。

③民事法律关系终止后，当事人应当根据交易习惯履行通知、协助、保密等义务。

禁止权利滥用原则（诚实信用原则的延伸）是指权利的行使不得超过正当的界限和规范。民事主体行使民事权利不得超越法律、政策和社会公德的限制，不得损害他人和社会公共利益。民事活动过程中发生损害，民事主体双方均应及时采取合理的补救措施，减少损失。

（5）公序良俗原则。

《民法典》第8条："民事主体从事民事活动，不得违反法律，不得违背公序良俗。"公序良俗是公共秩序和善良风俗的合称。公序良俗原则包括两层含义：一是从国家角度定义公共秩序；二是从社会角度定义善良风俗。要求遵守法律、社会公德，不得损害社会公共利益，公序良俗原则是传统民法以及现代民法的一项重要的法律原则，确保社会正义和伦理秩序，是一切民事活动都应当遵循的原则。

违反公序良俗原则的典型行为：

①危害国家公共秩序的行为：走私军火、枪支、毒品；

②危害家庭关系的行为：断绝亲子关系的协议、不得生育或必须生育的约定；

③违反性道德的行为：嫖娼行为、代孕；

④射幸行为：赌博；

⑤侵犯人格尊严的行为：限制人身自由的劳动契约；

⑥限制经济自由的行为：限制职业自由的条款；

⑦违反公平竞争的行为：招投标中的围标行为；

⑧违反消费者保护的行为：虚假宣传、诱骗交易；

⑨违反劳动者保护的行为：工伤概不负责条款；

⑩暴利行为：高利贷。

（6）绿色原则。

《民法典》第9条："民事主体从事民事活动，应当有利于节约资源、保护生态环境。"绿色原则是贯彻宪法关于保护环境的要求，将环境保护上升至民法基本原则的地位，顺应了绿色立法的原则。

二、民事法律关系

（一）民事法律关系的概念

1. 民事法律关系的概念

民事法律关系是指由民事法律规范调整所形成的以民事权利和民事义务为核心内容的社会关系，是民法所调整的平等主体之间的财产关系和人身关系在法律上的表现。

2. 非民事法律关系

民事法律关系，首先要求是一种法律关系，要具有法律意义。故情谊行为、法外空间等不具有法律意义的不属于民事法律关系。

（1）情谊行为（好意施惠）。

当事人之间无意设定法律上的权利义务关系，目的仅在增进情谊。如邀请同看演出、请客吃饭、火车到站叫醒、搭便车、顺路投递邮件、顺便帮邻居清扫积雪等。

好意施惠不产生合同关系，因此不会产生违约责任或缔约过失责任，但如果符合侵权责任的构成要件，仍可能产生侵权责任。如无偿搭乘发生交通事故，若驾车人存在重大过失（如违章驾驶）造成搭乘人损害的，则应当承担赔偿责任；极力、恶意劝酒后未尽到照顾义务，造成他人损害的，应承担侵权赔偿责任。

（2）法外空间。

日出日落等自然现象，散步、起床、睡觉等个人行为，恋爱、同事、同学、同乡、师生、友谊、宗教等客观情况属于法外空间，不受法律所调整。

（二）民事法律关系的构成要素

民事法律关系包括三项要素：主体、内容、客体。

1. 民事法律关系的主体

民事法律关系的主体是指参加民事法律活动，享有民事权利和承担民事义务的当事人。包括自然人、法人、非法人组织和国家等。

2. 民事法律关系的内容

民事法律关系的内容是指民事主体所享有的权利和承担的义务。民事法律关系的内容既可以由法律直接规定（如侵权法律关系），也可以由当事人约定（如合同法律关系）。民事权利是指民事主体为实现某种利益而依法为某种行为或不为某种行为的自由。民事义务是指义务人为满足权利人的利益而受到的为一定行为或不为一定行为的约束。权利可以放弃，但义务必须履行，义务具有强制性，如义务人不履行义务，将依法承担相应的责任。

3. 民事法律关系的客体

民事法律关系的客体是指民事权利和民事义务所指向的对象。不同民事法律关系的客体不同：

（1）物权法律关系的客体：物（包括动产和不动产）、权利（如质权）。

（2）知识产权法律关系的客体：智力成果。

（3）债权法律关系的客体：给付行为（包括作为与不作为）。

（4）人身权法律关系的客体：人身利益（人格权客体是人格利益，身份权客体是身份利益）。

三、民事主体制度

（一）自然人的民事主体资格

1. 自然人的民事权利能力

自然人的民事权利能力是指民事主体依法享有民事权利和承担民事义务的资格。

（1）一般规定。

自然人的民事权利能力始于出生，终于死亡。出生是指脱离母体并能独立呼吸，死亡包括生理死亡和宣告死亡（死者享有的不是民事权利，而是民事利益）。

（2）例外规定（胎儿的民事权利能力）。

①出生时为活体：从受胎时起就有民事权利能力，但受到限制，仅限于遗产继承、接受赠予等胎儿利益保护。如果出生后夭折（存活过），胎儿的财产由胎儿的继承人继承。

②出生时为死体：自始没有民事权利能力（包括一直都是死胎，也包括在肚子里活过，但出生之前就胎死腹中）。

2. 自然人的民事行为能力

自然人的民事行为能力是指自然人能够通过自己的独立行为取得民事权利和承担民事义务的资格或能力，包括获得权利、承担义务、处分财产和承担财产责任等。

公民行为能力判断的依据是：①达到一定的年龄，具有一定的社会活动经验；②正常的精神状态，如表 2-1 所示。

表 2-1　自然人民事行为能力的划分依据

	无民事行为能力人	限制民事行为能力人	完全民事行为能力人
条件	①＜8 周岁的未成年人；②完全不能辨认自己行为的成年精神病人	①≥8 周岁的未成年人；②不能完全辨认自己行为的成年人	①≥18 周岁的正常人；②≥16 周岁且以自己劳动收入作为主要生活来源的未成年人
法律效果	实施民事行为一律无效	①纯获利或与其年龄智力相适应的民事法律行为直接有效。②超越行为能力的单方民事法律行为（如遗嘱）和多方法律行为（如合伙协议）无效。③与其行为能力不相适应的双方民事法律行为（合同）效力待定，需由其法定监护人追认	实施的民事法律行为有效

（二）法人

1. 法人的概念

（1）法人是指具有权利能力和行为能力，有独立的财产，并依法享有经济权利和承担经济义务的社会组织。

（2）法人的行为是由法人的法定代表人（或其授权的代理人）来实现的，具有不同于其组织成员的完整独立的法律人格，亦独立于投资者。

2. 法人成立的条件

（1）依法成立：法人成立要符合宪法、法律；按法定程序成立；核准登记或领取营业执照。

（2）必要的财产和经费：法人必须有独立（支配）的财产，才能取得法人资格。

（3）有自己的名称、组织机构、场所：法人要有固定的从业人员、经营场所，这是经济活动能够正常进行的保证。

（4）能够独立地承担经济责任：这是法人在经济法律关系中具有独立地位的重要表现。也是法人具有独立的经济法律关系主体资格的重要标志。

3. 法人的民事权利能力和民事行为能力

当法人具备相应的成立条件，经由设立程序获得法人资格后，可以在其授权的经营许可范围之内，以自己的名义，通过自己的行为享有和行使民事权利，设定和承担民事义务。法人的民事行为能力由法人的法定代表人、法人机关或其委托的代理人来实现。《民法典》第59 条："法人的民事权利能力和民事行为能力，从法人成立时产生，到法人终止时消灭。"

任务评价

评价内容	学生自评	教师评价	学习记录
了解民法典的发展历程	□优 □良 □中 □差	□优 □良 □中 □差	
明晰民法典的基本原则	□优 □良 □中 □差	□优 □良 □中 □差	
掌握民事法律关系	□优 □良 □中 □差	□优 □良 □中 □差	

任务总结

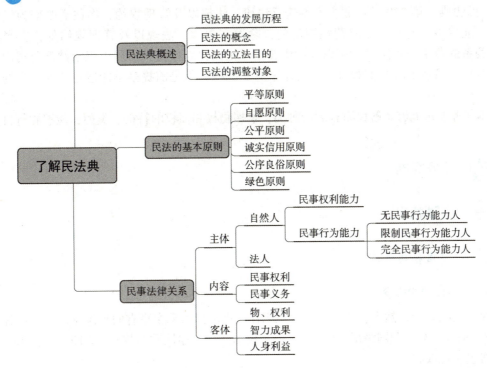

强化训练

请扫描二维码观看案例，并回答以下问题。

案情：张老太为贪便宜，偷拿两个鸡蛋未结账，超市收银人员发现后询问，张老太不承认，于是要求张老太到办公室做调查。结果，张老太突然晕倒。送至医院检查后，医生诊断张老太有高血压、脑血管意外病史，发病是自身情况激动所致。而张老太家属认为超市负有责任，应承担医疗费用。

问题 1：超市是否需要对张老太的医疗费用承担赔偿责任？

问题 2：请从民法基本原则角度对该案例进行分析。（查看案例解析，请扫二维码）

任务二　明确民事权利与民事义务

任务背景

某小区 2 号楼 3 单元的业主们愁眉苦脸地聚在一起讨论，由于 3 单元 5 层的业主把房屋出租给了健身公司，改成了健身房，导致楼门整天不关，楼道变成了公共场所，很不安全，而且健身房噪声很大，影响正常生活。向 5 层业主反映，其答复是：健身房开在我自家的房子里，别人无权过问。

请问，住宅小区的业主有权直接将自己的房屋出租给健身公司吗？

任务分析

《民法典》第 279 条：业主不得违反法律、法规以及管理规约，将住宅改变为经营性用房。业主将住宅改变为经营性用房的，除遵守法律、法规以及管理规约外，应当经有利害关系的业主一致同意。所以本案中 5 层业主无权直接将其房屋出租给健身公司用于开办健身房。虽然 5 层业主对自己的房屋享有支配权，但是前提是不能侵犯其他业主的合法权益。

本任务要求能够了解民事权利的种类，掌握物权和债权的特征、类型，能够履行自身相应民事义务。

任务实施

一、民事权利

（一）民事权利概述

1. 民事权利的概念

民事权利是指自然人、法人或其他组织在民事法律关系中享有的具体权益，包括财产权（物权、债权、数据和网络虚拟财产）、人身权和兼具上述性质的权利（知识产权、继承权、股权等投资性权利）。

民事权利是民法赋予民事主体实现其利益所得的实施行为的界限。权利在本质上是行为的限度，民事权利是权利人意思自由的范围，在此范围内，权利人有充分的自由，可实施任何行为，法律对此给予充分的保障。反之，行为超出法律划定的界限，不仅得不到法律保障，反而要被追究责任。

2. 民事权利的种类

（1）人身权、财产权、兼具人身或财产性质的权利（依民事权利的客体所体现的利益而划分）。

人身权是以人身之要素为客体的权利。人身权所体现的利益与人的尊严和人际的血缘联系有关，故人身权与其主体不可分离。人身权可以进一步划分为人格权和身份权。

财产权是以具有经济价值的利益为客体的权利。财产权还可以进一步划分为物权、债权、数据或网络虚拟财产。

兼具人身或财产性质的权利包括知识产权、继承权、股权等投资性权利。

（2）支配权、请求权、形成权、抗辩权（依民事权利的效力特点而划分）。

支配权是对权利客体进行直接的排他性支配并享受其利益的权利。支配权的行使无须他人积极的配合，只要容忍、不行使同样的支配行为即可。人身权、物权、知识产权等均属于支配权。

请求权是特定人请求特定他人为一定行为或不为一定行为的权利。请求权人对权利客体不能直接支配，其权利的实现有赖于义务人的协助，没有排他效力。债权是典型的请求权，物权、人身权、知识产权虽为支配权，但在受侵害时，需以请求权作为救济，故请求权可谓是民事权利作用的枢纽。

形成权是依权利人单方意思表示就能使权利发生、变更或者消灭的权利。形成权的独特性在于只要有权利人一方的意思表示就足以使权利发生法律效力。形成权与请求权有密切关系，可谓是请求权发生的前提。撤销权、解除权、追认权、抵销权等都属于形成权。

抗辩权是能够阻止请求权效力的权利。抗辩权主要是针对请求权的，通过行使抗辩权，一方面可以阻止请求权效力，另一方面可以使权利人能够拒绝向相对人履行义务。合同中的先履行抗辩权、同时履行抗辩权、不安抗辩权、先诉抗辩权等皆属于抗辩权。

不仅民事请求权之间有着一个内部逻辑和谐的体系，民事请求权与形成权、支配权、抗辩权之间也存在一个以请求权为枢纽的结构体系。

（3）绝对权与相对权（依民事权利的效力所及相对人的范围划分）。

绝对权就是权利主体是特定的但是义务主体为不特定的人，是权利人之外的一切人，故又称"对世权"。物权、人身权等均属绝对权。

相对权也叫对人权，和对世权相反，权利主体和义务主体都是特定的，相对权对第三人无约束力。债权就是典型的相对权。

（4）主权利与从权利、原权利与救济权（在相互关联的民事权利中，依各权利的地位划分）。

主权利是不依赖其他权利为条件而能够独立存在的权利，从权利则是以主权利的存在为前提而存在的权利。在担保中，被担保的债权为主权利，而担保权则是从权利。

在基础权利受到侵害时，援助基础权利的权利为救济权，而基础权利则为原权利。民法上有所谓"无救济则无权利"之说，是指救济权是原权的保障，否则权利就难以实现。

（二）物权

1. 物权的概念

《民法典》第 114 条第 2 款："物权是权利人依法对特定的物享有直接支配和排他的权利，包括所有权、用益物权和担保物权。"

2. 物权的特征

（1）支配权。

支配权，是指物权人可以依自己的意志就标的物直接行使其权利，无须他人的意思或者义务人行为的介入。权利人的支配可以通过民事行为来实现。

（2）对世权（绝对权）。

物权的权利人是特定的，义务人是不特定的，义务内容为不作为，只要不特定的人没有非法干涉其行使权利，即为履行了义务，所以物权是一种绝对权。

（3）物权的客体是物。

物权的客体是物，这里的物，首先原则上是指有体物。有体物包括不动产、动产，以及虽然不占据一定空间或具备一定形状，但是能够为人力所控制的电气、光波、磁波等物。权利成为物权的客体，仅限于法律有明确规定的情况。

（4）排他性。

首先，物权人有权排除他人对物上权利之行使的干涉，可以对抗一切不特定的人。其次，同一物权上不许有内容不相容的物权并存。故有一物一权及物权的优先效力、追及效力。但是在共有关系上，只是几个共有人共同享有一个所有权，并非一物质上有几个所有权。

3. 所有权

《民法典》第 240 条："所有权人对自己的不动产或者动产，依法享有占有、使用、收益和处分的权利。"所有权是对生产劳动的目的、对象、手段、方法和结果的支配力量，它是一种财产权，所以又称财产所有权。所有权是物权中最重要、最完全的一种权利，具有绝对性、排他性、永续性三个特征，具体内容包括占有、使用、收益、处分等四项权利。

4. 用益物权

《民法典》第 323 条："用益物权人对他人所有的不动产或者动产，依法享有占有、使用和收益的权利。"用益物权包括土地承包经营权、建设用地使用权、宅基地使用权、居住权和地役权。

用益物权的特征是：用益物权属于他物权、限制物权；用益物权以占有为前提，以使用收益为内容；用益物权的客体包括动产和不动产，主要是不动产。

5. 担保物权

《民法典》第 386 条："担保物权人在债务人不履行到期债务或者发生当事人约定的实现担保物权的情形，依法享有就担保财产优先受偿的权利，但是法律另有规定的除外。"担保物权包括抵押权、质权和留置权。

（1）抵押权。

《民法典》第 394 条："为担保债务的履行，债务人或者第三人不转移财产的占有，将该财产抵押给债权人的，债务人不履行到期债务或者发生当事人约定的实现抵押权的情形，债权人有权就该财产优先受偿。

前款规定的债务人或者第三人为抵押人，债权人为抵押权人，提供担保的财产为抵押财产。"

《民法典》第 395 条："债务人或者第三人有权处分的下列财产可以抵押：

①建筑物和其他土地附着物；

②建设用地使用权；

③海域使用权；

④生产设备、原材料、半成品、产品；

⑤正在建造的建筑物、船舶、航空器；

⑥交通运输工具；

⑦法律、行政法规未禁止抵押的其他财产。

抵押人可以将前款所列财产一并抵押。"

《民法典》第 399 条："下列财产不得抵押：

①土地所有权；

②宅基地、自留地、自留山等集体所有土地的使用权，但是法律规定可以抵押的除外；

③学校、幼儿园、医疗机构等为公益目的成立的非营利法人的教育设施、医疗卫生设施和其他公益设施；

④所有权、使用权不明或者有争议的财产；

⑤依法被查封、扣押、监管的财产；

⑥法律、行政法规规定不得抵押的其他财产。"

《民法典》第 400 条："设立抵押权，当事人应当采用书面形式订立抵押合同。"

（2）质权。

《民法典》第 425 条："为担保债务的履行，债务人或者第三人将其动产出质给债权人占有的，债务人不履行到期债务或者发生当事人约定的实现质权的情形，债权人有权就该动产优先受偿。

前款规定的债务人或者第三人为出质人，债权人为质权人，交付的动产为质押财产。"

《民法典》第 427 条："设立质权，当事人应当采用书面形式订立质押合同。"

（3）留置权。

《民法典》第 447 条："债务人不履行到期债务，债权人可以留置已经合法占有的债务人的动产，并有权就该动产优先受偿。

前款规定的债权人为留置权人，占有的动产为留置财产。"

《民法典》第 456 条："同一动产上已经设立抵押权或者质权，该动产又被留置的，留置权人优先受偿。"

（三）债权

1. 债权的概念

债权是指按照合同的约定或以法律的规定，在当事人之间产生的特定权利和义务关系，享有权利的人是债权人，负有义务的人是债务人。

债权是值得请求他人为一定行为（作为或不作为）的民法上的权利。基于权利义务相

对原则，相对于债权者的是债务人，承担民法上的义务。因此债之关系本质上即为民法上的债权、债务关系。

与物权不同，债权是典型的相对权，只在债权人和债务人之间发生效力，原则上债权人和债务人之间的债之关系不能对抗第三人。债发生的原因在民法中主要可分为契约、无因管理、不当得利和侵权行为；债的消灭原因则有清偿、提存、抵销和免除等。

债权既是相对权（特定的当事人）又是请求权（依靠他人履行义务）。债权的特征具体表现为：

（1）债的主体是特定的；

（2）债的内容表现为债权只有通过请求债务人为一定的行为才能得到实现；

（3）债客体是指债权人的权利和债务人的义务所共同指向的对象，又称债的标的。债的客体可以是物，也可以是行为和智力成果。

2. 债的种类

债的种类包括以下四种类型。

（1）合同之债。

"契约"即合同，是当事人设立、变更、终止民事法律关系的协议，是最广泛、最典型的债。在合同的情形下，法律只是确立了合同行为有效的要件，至于合同行为的内容，法律并不加以规定，因此，合同行为的内容体现的是个人的意志。

但对违约侵权行为而言，法律不但规定了其构成要件，更重要的是，法律还规定了侵权行为发生后导致的法律后果的内容。而这种内容，表现的既不是侵权行为人的意思，也不是被侵权人的意思。在确定侵权赔偿责任时，立法者考虑的是社会意志，因此违约侵权损害赔偿根本不取决于当事人的意见，尽管当事人可以放弃主张赔偿的权利。

（2）侵权行为所生之债。

侵权行为是民事主体因过失不法，侵害公民或法人的人身权利和财产权利的行为。因侵权行为在侵害人和受害人间产生损害赔偿的债权债务关系，所以侵权行为是债的发生根据之一，所生之债称为侵权行为之债。

（3）不当得利所生之债。

不当得利是指没有法律上或合同上的根据，取得不应获得的利益而使他人受损，而行为人本身并无过错。例如，捡到的钱、售货员多找的钱。因不当得利而产生的当事人之间的权利义务关系，就是不当得利之债。其中取得不当利益的人叫受益人，是不当得利之债的债务人，负有返还不当得利的债务。财产受损失的人叫受害人，是不当得利之债的债权人，享有请求受益人返还不当利益的债权。

不当得利是引起债权债务关系发生的一种法律事实，受益人在得知自己的收益没有合法根据或得知合法根据已经丧失后，有义务将已得的不当利益返还受害人。返还不当得利时，除返还原来所取得的利益外，由此利益所产生的孳息也应一并返还。

（4）无因管理所生之债。

无因管理是指没有法定的或约定的义务，为避免他人利益受损，自愿为他人管理事务或财务的行为。管理他人事务的人为管理人，事务被管理的人为本人。无因管理之债发生后，管理人享有请求本人偿还因管理事务而支出的必要费用的债权，本人负有偿还该项费用的债务。无因管理是一种法律行为，为债的发生根据之一。无因管理之债的产生是基于法律规定，而非当事人意思。

无救济则无权利，民法对民事权利的保护，主要体现在救济制度上，即赋予当事人救济权，许可当事人在某些场合依靠自身力量实施自力救济，更着重于为权利人提供公力救济。

民事权利的救济包括公力救济和自力救济两种。公力救济就是权利人通过行使诉讼权，诉请法院依民事诉讼和强制执行程序保护自己权利的措施。公力救济包括确认之诉、给付之诉、形成之诉。自力救济是权利人依靠自己的力量强制他人捍卫自己权利的行为，包括自卫行为和自助行为。前者如紧急避险和正当防卫等，后者如公共汽车售票员扣留逃票的乘客等。由于自力救济易演变为侵权行为，故只有在来不及援用公力救济而权利正有被侵犯的现实危险时，才允许被例外使用，以弥补公力救济的不足。自力救济包括请求、自卫行为、自助行为等。自卫包括正当防卫和紧急避险。

二、民事义务

1. 民事义务的概念

民事义务是当事人为实现他方的权利而受行为限制的界限。义务是约束的依据，权利则是自由的依据。对民事义务，因其有法律的强制力，义务人必须履行，若过失而不履行时，要承担由此而产生的民事责任。

2. 民事义务的类型

民事义务依不同标准可划分为各种类型。

（1）法定义务与约定义务（依义务产生的原因划分）。

法定义务是直接由民法规范规定的义务，如对物权的不作为义务、对父母的赡养义务等。约定义务是按当事人意思确定的义务，如合同义务等，约定义务以不违反法律的强制性规定为界限，否则法律不予承认。

（2）积极义务与消极义务（依行为方式划分）。

以作为的方式履行的义务为积极义务，以不作为方式实施的义务为消极义务。

（3）基本义务与附随义务。

在合同中，基于诚实信用原则还有所谓的附随义务，这是依债的发展情形所发生的义务，如照顾义务、通知义务、协助义务等。

任务评价

评价内容	学生自评	教师评价	学习记录
明确民事权利	□优 □良 □中 □差	□优 □良 □中 □差	
明确民事义务	□优 □良 □中 □差	□优 □良 □中 □差	

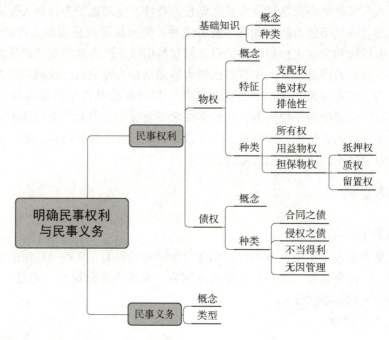 任务总结

```
                                          ┌─ 概念
                            基础知识 ──────┤
                                          └─ 种类

                                          ┌─ 概念
                                          │
                                          │           ┌─ 支配权
                                          ├─ 特征 ────┼─ 绝对权
                                          │           └─ 排他性
                            物权 ─────────┤
                                          │           ┌─ 所有权
                                          │           │                    ┌─ 抵押权
                            民事权利       └─ 种类 ────┼─ 用益物权            │
明确民事权利 ──────┤                                    └─ 担保物权 ─────────┼─ 质权
与民事义务                                                                  └─ 留置权

                                          ┌─ 概念
                                          │
                            债权 ─────────┤           ┌─ 合同之债
                                          └─ 种类 ────┼─ 侵权之债
                                                      ├─ 不当得利
                                                      └─ 无因管理

                                          ┌─ 概念
                            民事义务 ──────┤
                                          └─ 类型
```

强化训练

请扫描二维码观看案例，并回答以下问题。

案情：2021 年 7 月 1 日，原告王某在汇款时，误将 60000 元汇至被告黄某账户。原告发现汇错款后，多次找到被告要求被告将该 60000 元退还原告，被告一直以各种理由拖延。为此，原告以被告不当得利向法院提起诉讼，要求被告黄某立即返还原告 60000 元。

问题 1：本案例中黄某是否构成不当得利？

问题 2：请找到《民法典》中关于不当得利的相关规定，并对本案例进行分析。（查看案例解析，请扫二维码）

问题 3：不当得利的构成要件有哪些？

任务三　实施民事法律行为

任务背景

甲从国外带回一架照相机。好友乙看望甲时，见到该照相机爱不释手，便向甲提出："给我吧。"甲说："先拿去用吧。"乙走时将照相机带走，后将照相机卖给了丙。三个月后，甲问乙："你何时将照相机还我？"乙说："你不是送给我了？"双方为此发生纠纷，诉至法院。

请问，该案涉及哪些基本理论？该案应该如何处理？

任务分析

（1）本案涉及民事行为中的意思表示的解释以及无权处分和善意取得制度。

（2）本案中甲说"先拿去用吧"，实际上是拒绝了乙"给我吧"的要约，而提出了一项新的要约，乙走时将照相机带走则是通过行为作出承诺，所以甲乙之间属于借用关系。乙在借用期间占有甲的照相机，又将照相机卖给不知情的丙，乙属于无权处分行为，但是丙根据善意取得制度可以取得照相机的所有权。甲不能向丙主张返还照相机，只能向乙主张不当得利返还请求权或者侵权损害赔偿请求权。

本任务要求能够掌握民事法律行为的效力有哪些种类，能够区分不同效力的民事法律行为有哪些特征。

任务实施

一、民事行为概念

《民法典》第 133 条："民事法律行为是民事主体通过意思表示设立、变更、终止民事法律关系的行为。"民事行为是以意思表示为要素发生民事法律后果的行为，这种行为包括有效的民事法律行为、无效的民事行为、可变更或可撤销的民事行为、效力待定的民事行为。

意思表示由目的意思、效果意思和表示行为构成。目的意思是指行为人意欲发生效力的内容（想做什么）；效果意思是指发生民法上的效力（受民法的约束）；表示行为是指将上述意思以一定方式表达于外的行为，包括口头、书面、手势、点头等种类能传达意思的行为。

二、民事法律行为的效力

1. 有效的民事法律行为

《民法典》第 143 条："具备下列条件的民事法律行为有效：

（1）行为人具有相应的民事行为能力；

（2）意思表示真实；

（3）不违反法律、行政法规的强制性规定，不违背公序良俗。"

如果有其中任何一个条件不具备，则合同的效力都会受到影响，即将导致合同的无效、可撤销或效力待定。

第 145 条：限制民事行为能力人实施的纯获利益的民事法律行为或者与其年龄、智力、精神健康状况相适应的民事法律行为有效；实施的其他民事法律行为经法定代理人同意或者追认后有效。

相对人可以催告法定代理人自收到通知之日起三十日内予以追认。法定代理人未作表示的，视为拒绝追认。民事法律行为被追认前，善意相对人有撤销的权利。撤销应当以通知的方式作出。

2. 无效的民事行为

《民法典》中关于无效的民事行为有如下规定：

第 144 条："无民事行为能力人实施的民事法律行为无效。"

第 146 条："行为人与相对人以虚假的意思表示实施的民事法律行为无效。"

第 153 条："违反法律、行政法规的强制性规定的民事法律行为无效。但是，该强制性规定不导致该民事法律行为无效的除外。违背公序良俗的民事法律行为无效。"

第 154 条："行为人与相对人恶意串通，损害他人合法权益的民事法律行为无效。"

第 155 条："无效的或者被撤销的民事法律行为自始没有法律约束力。"

3. 可变更或可撤销的民事行为

《民法典》中关于可变更或可撤销的民事行为有如下规定：

第 147 条："基于重大误解实施的民事法律行为，行为人有权请求人民法院或者仲裁机构予以撤销。"

第 148 条："一方以欺诈手段，使对方在违背真实意思的情况下实施的民事法律行为，受欺诈方有权请求人民法院或者仲裁机构予以撤销。"

第 149 条："第三人实施欺诈行为，使一方在违背真实意思的情况下实施的民事法律行为，对方知道或者应当知道该欺诈行为的，受欺诈方有权请求人民法院或者仲裁机构予以撤销。"

第 150 条："一方或者第三人以胁迫手段，使对方在违背真实意思的情况下实施的民事法律行为，受胁迫方有权请求人民法院或者仲裁机构予以撤销。"

第 151 条："一方利用对方处于危困状态、缺乏判断能力等情形，致使民事法律行为成立时显失公平的，受损害方有权请求人民法院或者仲裁机构予以撤销。"

第 152 条："有下列情形之一的，撤销权消灭：

（1）当事人自知道或者应当知道撤销事由之日起一年内、重大误解的当事人自知道或者应当知道撤销事由之日起九十日内没有行使撤销权；

（2）当事人受胁迫，自胁迫行为终止之日起一年内没有行使撤销权；

（3）当事人知道撤销事由后明确表示或者以自己的行为表明放弃撤销权。

当事人自民事法律行为发生之日起五年内没有行使撤销权的，撤销权消灭。"

第 157 条："民事法律行为无效、被撤销或者确定不发生效力后，行为人因该行为取得的财产，应当予以返还；不能返还或者没有必要返还的，应当折价补偿。有过错的一方应当赔偿对方由此所受到的损失；各方都有过错的，应当各自承担相应的责任。法律另有规定的，依照其规定。"

4. 效力待定

（1）限制民事行为能力人超越行为能力实施的行为。

《民法典》第 19 条："八周岁以上的未成年人为限制民事行为能力人，实施民事法律行为由其法定代理人代理或者经其法定代理人同意、追认；但是，可以独立实施纯获利益的民事法律行为或者与其年龄、智力相适应的民事法律行为。"

指的是限制民事行为能力人只能实施与其年龄、智力相适应的民事法律行为或纯获利的行为。如果进行大额消费、赠予、签订与其年龄智力不符的合同等行为时，该行为就是效力待定的。根据法律的规定，其法定代理人可以代为进行该民事法律行为或者对已经进行的行为进行追认，即认可其行为效力。如果其法定代理人追认，那么行为就有效，如果法定代理人不认可，那么可以撤销该行为。民事法律行为被撤销后，因此获利的人应当退还其所获利益，当然限制民事行为能力人所得的利益亦应当归还。法定代理人追认的，即法定代理人知晓后，确认了该行为的效力，认为该行为是有效的，则无须撤销。

（2）无权代理。

《民法典》第 171 条："行为人没有代理权、超越代理权或者代理权终止后，仍然实施代理行为，未经被代理人追认的，对被代理人不发生效力。"

无权代理是指行为人没有代理权、超越代理权或者代理权终止后，以被代理人名义实施的行为。无权代理的行为是效力待定的，相对人可以催告被代理人自收到通知之日起三十日内予以追认。被代理人未作表示的，视为拒绝追认。行为人实施的行为被追认前，善意相对人有撤销的权利。撤销应当以通知的方式作出。

三、代理制度

1. 代理的概念

代理是指代理人以被代理人的名义，在代理授权范围内，与第三人进行或实施的民事法律行为，其行为的法律后果直接由被代理人承担。

2. 代理的特征

代理有以下特征：

（1）以被代理人的名义进行活动；

（2）在被代理人授权的范围内；

（3）具有法律意义的行为；

（4）法律后果由被代理人承担。

代理人在代理授权范围内进行代理的法律后果直接归被代理人，代理人与第三人确立的权利义务关系（甚至是代理的不良后果和损失），均由被代理人承受，从而在被代理人和第三人之间确立了法律关系。

3. 代理的种类

依产生的根据不同分为：

（1）委托代理：是指基于被代理人的委托授权而发生代理权的代理。代理人所享有的代理权是由被代理人授予的，因此，此种代理又称为授权代理。由于委托授权行为是基于被代理人的意志而进行的，本人的意思是发生委托代理的前提条件，因此，委托代理又称为意定代理。

（2）委托代理产生的基础在于委托授权，但并不意味着委托合同是委托代理唯一的基础关系。在实践中，除了委托合同之外，还有职务关系、劳动合同、劳务合同。

（3）法定代理：是指依据法律规定而产生代理权的代理。法定代理权的发生不需要依赖于任何授权行为，而直接来源于法律的规定。法定代理主要是为无行为能力人和限制行为能力人设定的代理。法定代理主要有如下几种情况：监护人、配偶、失踪人的财产代管人、基于紧急状态法律特别授权的代理人。

4. 无效代理

（1）无代理权：包括超越代理权、代理权已终止、无权代理。

无权代理如经被代理人追认时有追溯力，代理即自始有效，无权代理即成为有效代理；被代理人本人知道，但不做否认表示，视为同意，由被代理人承担代理的法律后果。如未经被代理人追认，则无权代理人应自己承担法律后果。未经追认的无权代理行为所造成的损害，由无权代理人承担赔偿责任。

（2）自己代理：是指代理人以被代理人名义与自己进行民事活动的行为。

（3）双方代理：是指同一代理人代理双方当事人进行同一项民事活动的行为。

（4）复代理（转委托代理）：是指代理人为了被代理人的利益，转托他人实施代理行为。转委托应事先征得被代理人的同意，但在紧急情况下，代理人为保护被代理人利益而转委托的除外。

（5）代理人与第三人恶意串通，损害被代理人利益的行为，代理人应当承担民事责任，第三人和代理人负连带责任。

表见代理制度是基于本人的过失或本人与无权代理人之间存在特殊关系，使相对人有理由相信无权代理人享有代理权而与之为民事法律行为，代理行为的后果由本人承受的一种特殊的无权代理，是属于广义的无权代理。可见，表见代理中有外表授权的特征，所谓外表授权是指具有授权行为的外表或假象，而无实际授权。

在法学理论上，普遍认为表见代理是广义上的无效代理，但在我国的司法实践中，无权代理可以发生与有权代理同样的法律后果。当然"善意"的交易相对人应当承担举证责任。

5. 保险代理

（1）保险代理人：是指根据保险人的委托，在保险人授权的范围内代为办理保险业务，并依法向保险人收取代理手续费的单位或者个人。保险代理人与保险公司是委托代理关系，保险代理人在保险公司授权范围内代理保险业务的行为所产生的法律责任，由保险公司承担。

（2）保险公估人：是指依照法律规定设立，受保险公司、投保人或被保险人委托办理保险标的的查勘、鉴定、估损以及赔款的理算，并向委托人收取酬金的公司。公估人的主要职能是按照委托人的委托要求，对保险标的进行检验、鉴定和理算，并出具保险公估报告，其地位相对独立，不代表任何一方的利益，使保险赔付趋于公平、合理，有利于调解保险当事人之间在保险理赔方面的矛盾。

（3）保险经纪人：是指基于投保的利益，为投保人与保险人订立保险合同提供中介服务，并依法收取佣金的机构。在经济发达国家，保险经纪人在保险市场中占有重要的地位。

任务评价

评价内容	学生自评	教师评价	学习记录
了解民事行为概念	□优 □良 □中 □差	□优 □良 □中 □差	
明确民事法律行为效力	□优 □良 □中 □差	□优 □良 □中 □差	
知晓代理制度	□优 □良 □中 □差	□优 □良 □中 □差	

任务总结

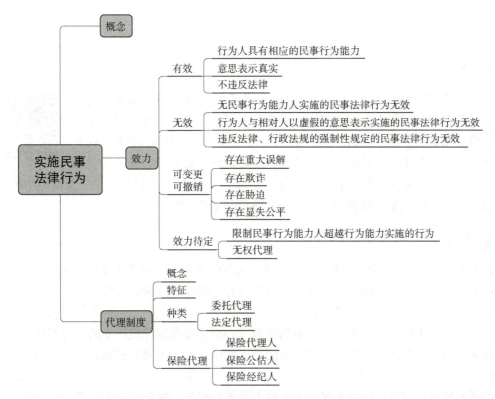

强化训练

请扫描二维码观看案例，并回答以下问题。

案情：李某的父亲生前是一个集邮爱好者，去世时还留有几本邮票。李某对邮票从不感兴趣，在后来的几次搬家中他都觉得这些邮票不好处理。一日，李某的朋友刘某来吃饭，无意间发现了这几本邮票，刘某也是一个集邮爱好者，他随即表示愿意全部购买，最后以5000元的价格将邮票全部拿走，李某对这一价格也比较满意。事过不久，李某从父亲生前的一朋友处得知，他父亲所留的邮票中，有5张相当珍贵，可能每张都值5000元；同时另一同事告诉他，刘某正在寻找买主。李某立即找到刘某，要求退还刘某的5000元取回邮票，但刘某坚决不同意。双方协商不成，李某诉至法院，要求撤销合同，返还邮票。

问题1：李某与刘某间买卖邮票的行为的效力如何？并说明《民法典》中的相关法律条文。

问题2：法院应如何对待李某的请求？（查看案例解析，请扫二维码）

任务四　承担民事责任

任务背景

一天，张某（15 周岁）见到曾与自己有矛盾的刘某在街上玩耍，便指使常在校外打架斗殴的李某（16 周岁）"教训"一下刘某。李某把刘某带到小巷子里，用钢管把刘某狂打一顿，造成刘某伤残十级，住院 19 天，花费共计 2 万余元。刘某向法院请求让张某和李某赔偿自己的损失，张某的父亲却以"人不是我家孩子打的，我出于人道已经给了 5000 元，不能再多了"为由拒绝赔偿。

请问，该案中刘某的赔偿请求权是否能够得到支持？

任务分析

（1）该案中刘某的健康权受到《民法典》保护，其赔偿请求权是否能够得到支持。

（2）《民法典》第 1169 条："教唆、帮助他人实施侵权行为的，应当与行为人承担连带责任。

教唆、帮助无民事行为能力人、限制民事行为能力人实施侵权行为的，应当承担侵权责任；该无民事行为能力人、限制民事行为能力人的监护人未尽到监护职责的，应当承担相应的责任。"

本任务要求能够掌握民事法律行为的效力有哪些种类，能够区分不同效力的民事法律行为有哪些特征。

任务实施

一、民事责任概述

1. 民事责任的概念和特征

民事责任是指当事人不履行民事义务所应承担的民法上的后果。

《民法典》第 176 条规定："民事主体依照法律规定和当事人约定，履行民事义务，承担民事责任。"

民事责任具有如下特征：

（1）民事责任是民事主体违反民事义务而承担的不利后果；

（2）民事责任本质上既是对国家的一种责任，也是对当事人的一种补偿责任；

（3）民事责任具有强制性和一定程度的任意性；

（4）民事责任主要是财产责任。

2. 民事责任与其他性质责任的区别

民事责任是不同于行政责任与刑事责任的一种法律责任。民事责任和刑事责任、行政责任相比，具有如下区别：

（1）责任产生的根据不同；

（2）适用的对象不同；

（3）适用的目的不同；

（4）责任性质不同。

3. 民事责任的优先适用

《民法典》第 187 条规定："民事主体因同一行为应当承担民事责任、行政责任和刑事责任的，承担行政责任或者刑事责任不影响承担民事责任；民事主体的财产不足以支付的，优先用于承担民事责任。"

二、民事责任的分类

1. 违约责任与侵权责任

违约责任指合同当事人违反法律、合同规定的义务而应当承担的责任。

侵权责任是指行为人因其过错侵害他人财产、人身而依法应当承担的责任，以及没有过错，在造成损害以后，依法应当承担的责任。

两类责任的区别主要表现在：

（1）违反义务的性质不同；

（2）侵害的对象不同；

（3）事先是否存在合同关系来看不同；

（4）侵害的后果不同。

2. 过错责任、严格责任、过错推定责任

过错责任，是指在一方违反民事义务并致他人损害时，应以过错作为确定责任的要件和确定责任范围依据的责任。

严格责任，是指依据法律的特别规定，无论行为人是否具有过错，如不存在法定的免责事由，都应当承担责任。

过错推定也称过失推定，它是指行为人因过错侵害他人民事权益，依据法律的规定，推定行为人具有过错，如行为人不能证明自己没有过错的，应当承担侵权责任。

3. 按份责任、连带责任与不真正连带责任

（1）按份责任。

所谓按份责任，是指多数当事人按照法律的规定或者合同的约定，各自承担一定份额的责任。如果法律没有规定或者当事人没有明确约定份额时，应当推定责任人承担均等的责任份额。

特征：按份责任属于多数人责任；按份责任产生的依据是法律规定或者当事人约定；按份责任对外按照一定的份额承担责任。

（2）连带责任。

所谓连带责任，是指当事人按照法律的规定或者合同的约定，连带地向权利人承担责任。（《民法典》第 178 条）

特征：它属于多数人责任；它产生的依据是法律规定或者当事人约定；权利人有权要求责任人中的任何一个人承担全部的或者部分的责任，每个连带责任人也都负有清偿全部债务的义务，任何一个债务人在全部债务清偿前都不能免除清偿的责任；任何一个连带债务人对

债权人作出全部清偿的，都将导致连带责任消灭。

（3）不真正连带责任。

所谓不真正连带责任，是指数个责任人基于不同的原因而依法对同一被侵权人承担全部的赔偿责任，某一责任人在承担责任之后，有权向终局责任人要求全部追偿。

不真正连带责任的特点在于：此种责任形态中数个责任人基于不同发生原因而依法承担；每个责任人对被侵权人承担的都是全部赔偿责任；被侵权人享有选择权，可以要求任何一个人承担责任；此责任形态中非终局责任人在承担全部赔偿责任后有权向终局责任人追偿。

三、民事责任的承担方式

1. 概述

所谓民事责任承担方式，是指行为人承担民事责任的具体方法。《民法典》第 179 条规定了多元的民事责任承担方式。

民事责任承担方式可以分为：救济性的责任方式；预防性的责任方式；惩罚性的责任方式。

2. 承担民事责任的具体方式

（1）停止侵害。

行为人实施的侵害他人财产和人身的行为仍在继续进行中，受害人可依法请求法院责令侵害人停止其侵害行为。任何正在实施侵权行为的不法行为人都应立即停止其侵害行为。所以，停止侵害的责任形式可适用于各种侵权行为。

此种责任形式的主要作用在于：能够及时制止侵害行为，防止侵害后果扩大。但这种责任形式以侵权行为进行或仍在延续中为适用条件，对尚未发生的或者已终止的侵权行为则不能适用。

（2）排除妨碍。

不法行为人实施的侵害行为使受害人无法行使或不能正常行使自己的财产权利、人身权利，受害人有权请求排除妨碍。

受害人在请求排除妨碍时，应注意如下问题：

①妨碍行为必须是不正当的，妨害人主观上是否预见妨害后果，均不影响受害人提出请求。

②妨碍既可以是实际存在的，也可以是将来可能出现的。

③妨碍是权利人行使权利的障碍，只要不法行为妨碍他人行使物权、人身权和知识产权，受害人就可请求排除妨碍。

（3）消除危险。

行为人的行为对他人人身和财产安全造成威胁，或存在侵害他人人身或财产的可能，他人有权要求行为人采取有效措施消除危险。

适用消除危险的责任形式必须是损害尚未实际发生，也没有妨碍他人的民事权利的行使，但行为人的行为又确有可能造成损害的后果，对他人造成威胁。

适用此种责任方式，能有效地防止损害的发生，充分保护民事主体的民事权利。

（4）返还财产。

《民法典》第 179 条所规定的返还财产形式，是一种普遍适用于侵权责任、合同责任和返还不当得利责任的责任方式。

返还财产包括下列情况：

①返还不当得利。

②返还依民事法律行为所做的给付。

③指不法侵占他人财产，应当返还原物。

权利人只能针对非法占有人提出返还原物，而不能要求合法占有人返还原物。权利人请求返还原物，必须原物依然存在。

（5）恢复原状。

恢复原状有广义和狭义之分。广义的恢复原状是指恢复权利被侵犯前的原有的状态。狭义的恢复原状是指将损害的财产修复，即所有人的财产在被他人非法侵害遭到损坏时，如果能够修理，则所有人有权要求加害人通过修理，恢复财产原有的状态。

适用此种责任形式，应当具备两个条件：

①须有修复的可能。

②须有修复的必要。

（6）修理、重作、更换。

所谓修理，是指行为人造成他人财产毁损或交付的标的物不合格，权利人有权要求行为人对财产进行修缮，以恢复原状或符合合同的要求。

所谓重作，是指行为人造成他人损害或者违反合同约定，则权利人有权要求行为人按照原物予以重新制作。

所谓更换，是指行为人造成他人财产毁损，或交付的标的物不合格，则权利人有权要求行为人另行交付同等质量、同等数量的标的物。

（7）继续履行。

继续履行也称为实际履行，它是指在一方违反合同时，另一方有权要求其依据合同的规定继续履行。

我国《民法典》第577条对继续履行这一责任承担方式作出了规定，同时，该法第579条与第580条分别对金钱债务的继续履行与非金钱债务的继续履行作出了规定。

（8）赔偿损失。

赔偿损失是指行为人因违反合同或侵权行为而给他人造成损害的，应以其财产赔偿受害人所受的损害的一种责任形式。

（9）支付违约金。

所谓违约金，是指由当事人通过协商预先确定的，在违约发生后作出的独立于履行行为以外的给付。

支付违约金在性质上属于违约责任承担方式，它是当事人通过协商预先确定的。

《民法典》第585条规定，当事人可以约定一方违约时应当根据违约情况向对方支付一定数额的违约金，该条对支付违约金责任作出了一般规定。

（10）消除影响、恢复名誉。

消除影响，是指行为人因其侵害了公民或法人的人格权，故应承担在影响所及的范围内消除不良后果的一种责任形式。

恢复名誉，是指行为人因其行为侵害了公民或法人的名誉，故应在影响所及的范围内将受害人的名誉恢复至未受侵害时状态的一种责任形式。

消除影响、恢复名誉是侵害公民、法人的人身权所承担的责任形式。一般来说，在什么范围内造成损害的，就应当在什么范围内消除影响。在适用消除影响、恢复名誉的责任方式时，应明确消除影响、恢复名誉的范围（如在某地区、某学校等消除影响）、方式（采取口头或书面以及其他形式）。

（11）赔礼道歉。

赔礼道歉是指责令违法行为人向受害人公开认错、表示歉意，主要适用于侵害人身权的情况。赔礼道歉既可由加害人向受害人口头表示承认错误，也可以由加害人以写道歉书的书面形式进行。当事人在诉讼中以赔礼道歉的方式承担了民事责任的，应当在判决书中叙明。

赔礼道歉作为一种承担民事责任的方式，与一般道义上的赔礼道歉不同，它是依靠国家的强制力保障实施的。

（12）惩罚性赔偿。

《民法典》第 179 条第 2 款规定："法律规定惩罚性赔偿的，依照其规定。"该规定将惩罚性赔偿规定为民事责任的承担方式。

惩罚性损害赔偿也称为惩戒性的赔偿或报复性的赔偿，它是指由法院作出决定的赔偿数额超出实际损害数额的赔偿。

3. 民事责任承担方式的适用

《民法典》第 179 条第 3 款规定："本条规定的承担民事责任的方式，可以单独适用，也可以合并适用。"

法律上确立各种责任方式都是对受害人进行全面救济和保护的措施，侵权或违约行为发生后，按照私法自治原则，只要受害人作出的选择不违背民法的诚实信用和公序良俗原则，就可以选择以何种方式向行为人提出请求，而且只有在受害人提出请求的基础上才能确定责任的承担方式。

四、民事责任的减轻和免除

1. 民事责任的减轻和免除概述

免责事由，是指减轻或免除行为人责任的理由，也称为抗辩事由。

免责事由主要具有以下特点：

（1）免责事由是免除或减轻责任的事由；

（2）免责事由主要由法律规定；

（3）免责事由一旦成立，就导致责任人的责任免除或减轻。

2. 不可抗力

所谓不可抗力，是指独立于人的行为之外，并且不受当事人的意志所支配的现象，它包括某些自然现象（如地震、台风、洪水、海啸等）和某些社会现象（如战争等）。

我国《民法典》第 180 条第 2 款规定："不可抗力是指不能预见、不能避免且不能克服的客观情况。"

不可抗力具有如下特征：

（1）不可抗力是不可预见的客观情况；

（2）不可抗力是不可避免并不能克服的情况；

（3）不可抗力是一种客观情况。

3. 正当防卫

正当防卫，是指当公共利益、他人或本人的人身或其他利益受到不法侵害时，行为人所采取的一种防卫措施。

我国《民法典》第 181 条规定："因正当防卫造成损害的，不承担民事责任。正当防卫超过必要的限度，造成不应有的损害的，正当防卫人应当承担适当的民事责任。"

正当防卫不得超过必要限度。

4. 紧急避险

紧急避险，是指为了使公共利益、本人或他人的合法权益免受现实和紧急的损害危险，不得已而采取的致他人和本人损害的行为。

我国《民法典》第 182 条规定："因紧急避险造成损害的，由引起险情发生的人承担民事责任。危险由自然原因引起的，紧急避险人不承担民事责任，可以给予适当补偿。紧急避险采取措施不当或者超过必要的限度，造成不应有的损害的，紧急避险人应当承担适当的民事责任。"

依据《民法典》第 182 条的规定，紧急避险将产生如下法律效力：

（1）引起险情的人承担责任；

（2）如果危险是因自然原因引起的，紧急避险人不承担民事责任，可以给予适当补偿；

（3）紧急避险采取措施不当或超过必要限度，造成不应有的损害的，紧急避险人应当承担适当的民事责任。

5. 因见义勇为使自己遭受损害

《民法典》第 183 条规定："因保护他人民事权益使自己受到损害的，由侵权人承担民事责任，受益人可以给予适当补偿。没有侵权人、侵权人逃逸或者无力承担民事责任，受害人请求补偿的，受益人应当给予适当补偿。"

受益人补偿义务的构成要件如下：

（1）必须实施了防止、制止他人民事权益被侵害的行为；

（2）必须是被侵权人因保护他人民事权益而使自己遭受了损害；

（3）没有侵权人、侵权人逃逸或者无力承担责任；

（4）受害人向受益人请求补偿。

6. 紧急救助造成损害的豁免

《民法典》第 184 条规定："因自愿实施紧急救助行为造成受助人损害的，救助人不承担民事责任。"

该条确认了紧急救助可以作为免责事由，该条也称为"好人条款"，为紧急救助行为人享有豁免权。

救济救助作为免责事由应当具备如下条件：

（1）救助人实施了紧急救助行为；

（2）救助人必须是自愿实施救助行为；

（3）救助人实施了无偿救助行为。

五、侵害英雄烈士等人格利益的民事责任

《民法典》第 185 条规定："侵害英雄烈士等的姓名、肖像、名誉、荣誉，损害社会公

共利益的，应当承担民事责任。"

侵害英雄烈士等人格利益民事责任的构成要件：

（1）侵害了英雄烈士等的利益；

（2）侵害了姓名、肖像、名誉、荣誉四项人格利益；

（3）损害社会公共利益。

六、违约责任和侵权责任的竞合

民事责任竞合，是指同一事实符合数个责任的构成要件，同时产生数个责任。从请求权的角度来看，它也称为请求权竞合，是指同一法律事实产生后发生多项请求权。

所谓违约责任和侵权责任的竞合，是指当事人实施的违法行为，既符合违约责任的构成要件又符合侵权责任的构成要件，受害人可以选择主张违约责任或侵权责任。

违约责任和侵权责任竞合的特点：

（1）行为人违反了合同约定，同时也侵害了他人的合法权益；

（2）行为人的行为同时符合违约责任和侵权责任的构成要件；

（3）数个责任之间相互冲突；

（4）受害人依法只能选择一项请求权行使。

《民法典》第186条："因当事人一方的违约行为，损害对方人身权益、财产权益的，受损害方有权选择请求其承担违约责任或者侵权责任。"

七、侵权责任编

1. 侵权责任编概述

《民法典》第七编——侵权责任编，主要解决民事权益受到侵害时所引发的责任承担问题，在总结既有的法律规则和实践经验基础上，针对社会生活中出现的新情况、新问题，吸收借鉴司法解释的有关规定，对侵权责任制度作了必要的补充和完善。

侵权责任编分为一般规定、损害赔偿、责任主体的特殊规定、产品责任、机动车交通事故责任、医疗损害责任、环境污染和生态破坏责任、高度危险责任、饲养动物损害责任、建筑物和物件损害责任十章，构建了完整的侵权责任体系，相比较以往单行侵权责任法，修改了30多个条文，增加了10多个条文。

2. 侵权责任编10条颠覆性亮点

（1）债权明确列入侵权责任编保护范围。

《民法典》第1164条："本编调整因侵害民事权益产生的民事关系。"

原《侵权责任法》列举了18种权益作为保护对象，但不包含债权，债权是否属于侵权责任法保护范畴一直存在争议，各地法院裁判也存在分歧。《民法典》以"民事权益"作为侵权编的保护对象，根据《民法典》第一编第五章"民事权利"的规定，很显然债权属于民事权益，应当受到侵权责任条款的保护。

（2）增加侵权损害结果要件。

《民法典》第1165条："行为人因过错侵害他人民事权益造成损害的，应当承担侵权责任。"

依照法律规定推定行为人有过错，其不能证明自己没有过错的，应当承担侵权责任。本条与原法最大的区别在于第 1 款增加了"损害"要件，原《侵权责任法》第 6 条规定："行为人因过错侵害他人民事权益，应当承担侵权责任。"有的侵权行为很可能没有损害结果，为了保护这些没有损害结果的侵权行为的受害人，《侵权责任法》没有规定损害要件。而《民法典》的分工明确，不以损害结果为要件的侵权行为可以放到物权、人格权、身份权、请求权等范围去解决，侵权责任编则着力解决以损害结果为要件的损害赔偿问题。

（3）新增受托监护人责任。

《民法典》第 1189 条："无民事行为能力人、限制民事行为能力人造成他人损害，监护人将监护职责委托给他人的，监护人应当承担侵权责任；受托人有过错的，承担相应的责任。"

《侵权责任法》并未就委托监护情形中，被监护人造成他人损害的责任问题进行规定，司法实践中也没有对监护人和受托人的责任承担规则进行确定。本条可以理解为单向的连带责任，监护人承担连带责任，被委托人承担按份责任。受害人请求监护人承担全部责任的，监护人应全部承担，请求委托人承担责任的，委托监护人仅承担自己那一部分责任。

（4）新增用人单位追偿权。

《民法典》第 1191 条第 1 款："用人单位的工作人员因执行工作任务造成他人损害的，由用人单位承担侵权责任。用人单位承担侵权责任后，可以向有故意或者重大过失的工作人员追偿。"

《侵权责任法》第 34 条第 1 款规定，用人单位的工作人员因执行工作任务造成他人损害的，由用人单位承担侵权责任。《民法典》规定，工作人员有故意或重大过失的情形下，用人单位承担赔偿责任后可向其追偿，这是对用人单位权益的保护，也能够敦促劳动者采取更谨慎的工作态度。

（5）新增网络侵权避风港原则反通知规定。

《民法典》第 1196 条："网络用户接到转送的通知后，可以向网络服务提供者提交不存在侵权行为的声明。声明应当包括不存在侵权行为的初步证据及网络用户的真实身份信息。

网络服务提供者接到声明后，应当将该声明转送发出通知的权利人，并告知其可以向有关部门投诉或者向人民法院提起诉讼。网络服务提供者在转送声明到达权利人后的合理期限内，未收到权利人已经投诉或者提起诉讼通知的，应当及时终止所采取的措施。"

《侵权责任法》第 36 条规定了网络侵权避风港原则的通知规则、红旗原则。《民法典》涉及三个条文 1195~1197，增加了避风港原则的反通知规则，更完善地保护了各方的利益。

（6）扩大产品责任惩罚性赔偿范围。

《民法典》第 1207 条："明知产品存在缺陷仍然生产、销售，或者没有依据前条规定采取有效补救措施，造成他人死亡或者健康严重损害的，被侵权人有权请求相应的惩罚性赔偿。"

《侵权责任法》第 47 条规定，明知产品存在缺陷仍然生产、销售，造成他人死亡或者健康严重损害的，被侵权人有权请求相应的惩罚性赔偿。过去称恶意产品侵权责任，只规定了这一种情况。《民法典》所规定的惩罚性赔偿有两种适用场景：①明知产品有缺陷仍销售的；②产品投入流通后发现缺陷，没有采取补救措施的。

（7）新增好意同乘侵权责任。

《民法典》第 1217 条："非营运机动车发生交通事故造成无偿搭乘人损害，属于该机动车一方责任的，应当减轻其赔偿责任，但是机动车使用人有故意或者重大过失的除外。"

本条为新增内容，就好意同乘（无偿搭乘非营运机动车）事故侵权责任进行了规定。注意，只有一般过失才能减轻责任。

（8）新增环境污染侵权惩罚性赔偿。

《民法典》第1232条：“侵权人违反法律规定故意污染环境、破坏生态造成严重后果的，被侵权人有权请求相应的惩罚性赔偿。”

环境污染和生态破坏责任一章相较原《侵权责任法》做了较大的完善，本条为新增内容，借鉴了英美法系的规定，将惩罚性赔偿应用到环境污染和生态破坏领域，但适用的情形为“故意”。

（9）改变违规饲养人的绝对责任。

《民法典》第1246条：“违反管理规定，未对动物采取安全措施造成他人损害的，动物饲养人或者管理人应当承担侵权责任；但是，能够证明损害是因被侵权人故意造成的，可以减轻责任。”

《侵权责任法》第79条规定，违反管理规定，未对动物采取安全措施造成他人损害的，动物饲养人或者管理人应当承担侵权责任。《民法典》本条最大的变化在于增加“但是”，改变了饲养人的绝对责任。

（10）新增高空抛坠物侵权责任。

《民法典》第1254条第1款：“禁止从建筑物中抛掷物品。从建筑物中抛掷物品或者从建筑物上坠落的物品造成他人损害的，由侵权人依法承担侵权责任；经调查难以确定具体侵权人的，除能够证明自己不是侵权人的外，由可能加害的建筑物使用人给予补偿。可能加害的建筑物使用人补偿后，有权向侵权人追偿。”

本条责任承担包含四个层次：第一，高空抛坠物侵权适用过错责任原则，能查清的情况下由侵权人承担责任；第二，不能查清的，允许当事人进行自证，能够证明自己不可能造成损害的，不承担责任；第三，不能自证的，由可能加害的建筑物使用人进行补偿；第四，可能加害的建筑物使用人承担的并非最终责任，一旦确定加害者，可向其追偿。

任务评价

评价内容	学生自评	教师评价	学习记录
了解民事责任概念	□优 □良 □中 □差	□优 □良 □中 □差	
了解民事责任的分类	□优 □良 □中 □差	□优 □良 □中 □差	
掌握民事责任的承担方式	□优 □良 □中 □差	□优 □良 □中 □差	

任务总结

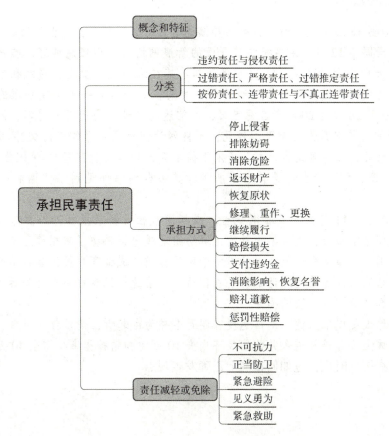

承担民事责任
- 概念和特征
- 分类
  - 违约责任与侵权责任
  - 过错责任、严格责任、过错推定责任
  - 按份责任、连带责任与不真正连带责任
- 承担方式
  - 停止侵害
  - 排除妨碍
  - 消除危险
  - 返还财产
  - 恢复原状
  - 修理、重作、更换
  - 继续履行
  - 赔偿损失
  - 支付违约金
  - 消除影响、恢复名誉
  - 赔礼道歉
  - 惩罚性赔偿
- 责任减轻或免除
  - 不可抗力
  - 正当防卫
  - 紧急避险
  - 见义勇为
  - 紧急救助

强化训练

请扫描二维码观看案例，并回答以下问题。

案情： 2019 年 5 月 26 日下午，年近七旬的庾某某在自家小区花园内散步，经过黄某某楼下时，黄某某家小孩在自家 35 楼房屋阳台抛下一瓶矿泉水，水瓶掉落到庾某某身旁，导致其惊吓、摔倒。报警后，庾某某被送入医院治疗。次日，庾某某亲属与黄某某一起查看监控，确认了侵权事实后双方 签订了一份确认书，确认矿泉水系黄某某家小孩从阳台扔下。协议签订后，黄某某向庾某某支付了 10000 元以示赔偿。庾某某就诊的医院诊断认为，庾某某右侧股骨转子间粉碎性骨折、右侧眼眶骨折。庾某某住院治疗 60 天，住院费用花费数万元。经中山大学法医鉴定中心鉴定，庾某某伤情构成十级伤残，伤残是 5 月 26 日受伤导致。庾某某以黄某某除已支付 10000 元外未再支付其他赔偿款为由，向广州市越秀区人民法院提起诉讼，要求黄某某赔偿医疗费、护理费、残疾赔偿金、交通费、鉴定费、住院伙食补助费、精神损害抚慰金等，扣除黄某某已支付的 10000 元，合计 100344.12 元。

请问，黄某某是否应当承担赔偿责任？并说明理由。（查看案例解析，请扫二维码）

 项目思政

2008年10月18日凌晨1时许，著名导演谢晋因心源性猝死，逝世于酒店客房内。2008年10月19日至同年12月，宋祖德向其开设的新浪网博客、搜狐网博客、腾讯网博客上分别上传了《千万别学谢晋这样死!》《谢晋和刘某某在海外有个重度脑瘫的私生子谢某某!》等多篇文章，称谢晋因性猝死而亡、谢晋与刘某某在海外育有一个重度脑瘫的私生子等内容。2008年10月28日至2009年5月5日，刘信达向其开设的搜狐网博客、网易网博客分别上传了《刘信达愿出庭作证谢晋嫖妓死，不良网站何故黑箱操作撤博文?》《刘信达：美某确是李某某女儿，照片确是我所拍》《宋祖德十五大预言件件应验!》《宋祖德的22大精准预言!》等文章，称谢晋事件是其亲眼所见、其亲自到海外见到了"谢晋的私生子"等内容。

2008年10月至11月间，齐鲁电视台、成都商报社、新京报社、华西都市报社、黑龙江日报报业集团生活报社、天府早报社的记者纷纷通过电话采访了宋祖德。宋祖德称前述文章其有确凿证据，齐鲁电视台及各报社纷纷予以了报道。成都商报社记者在追问宋祖德得知消息来源于刘信达后，还通过电话采访了刘信达。刘信达对记者称系自己告诉了宋祖德，并作出了同其博客文章内容一致的描述。

谢晋妻子徐大雯以宋祖德、刘信达侵害谢晋名誉为由起诉，请求停止侵害、撤销博客文章、在相关媒体上公开赔礼道歉并赔偿经济损失10万元和精神损害抚慰金40万元。

请谈一谈在网络时代，应如何在网上正确发表观点。

项目二　掌握刑法知识

学习目标

知识目标
➤ 了解刑法的基本概念
➤ 了解犯罪的构成要件
➤ 掌握与汽车保险犯罪相关的主要内容
➤ 理解刑罚的基本概念

能力目标
➤ 能够对汽车保险相关案例进行正确分析

素养目标
➤ 充分理解刑法的法律界限，增强法律意识
➤ 培养汽车保险相关法律意识，树立正确职业观

任务一　了解刑法基本概念

任务背景

　　2019 年 2 月 24 日 19 时 40 分许，被告人濮某醉酒驾驶皖 E 牌照小型轿车，为躲避某县公安局交警大队民警的查询，车尾右侧碰撞到停在道路右侧的两轮电动车及站在此处的被害人高某、潘某，致二人受伤倒地。案发后，被告人濮某至该县公安局交通管理大队投案，并分别赔偿受害人高某 63000 元，潘某 78000 元。后经该县公安司法鉴定中心鉴定，高某损伤程度为重伤二级，潘某的损伤程度为轻伤一级。该县公安局交通管理大队认定，被告人濮某负事故的全部责任。

请分析：濮某除支付赔偿金外，还应承担什么法律责任？

任务分析

法院审理认为，被告人濮某违反交通运输管理法规，醉酒后驾驶机动车，导致发生一人重伤一人轻伤的重大交通事故，且负事故的全部责任，其行为已构成交通肇事罪。鉴于被告人濮某犯罪后主动投案，如实供述自己的罪行，应认定为自首，可以予以从轻处罚。同时被告人在事后能够积极主动地进行赔偿，达成赔偿协议，取得了被害人的谅解，可以从轻处罚。依照《中华人民共和国刑法》第 133 条、第 67 条第 1 款之规定，判决被告人濮某犯交通肇事罪，判处拘役六个月。

珍视生命，远离酒驾。我们不仅要珍视自己的生命，也要珍视他人的生命。被告人濮某明知酒驾违反交通法规，仍然驾驶车辆，为了躲避执法部门的查处，结果造成一人重伤一人轻伤的严重后果。给受害人及其亲属带来了身心上的伤害，被告人也付出了巨大的赔偿且受到法律的严处。

任务实施

一、刑法的概念

刑法是规定犯罪、刑事责任和刑罚的法律，是掌握政权的统治阶级为了维护本阶级政治上的统治和经济上的利益，根据其阶级意志，规定哪些行为是犯罪并应当负刑事责任，给予犯罪人何种刑事处罚的法律。刑法有广义刑法与狭义刑法之分。广义刑法是指一切规定犯罪、刑事责任和刑罚的法律规范的总和，包括刑法典、单行刑法以及非刑事法律中的刑事责任条款。狭义刑法是指刑法典。2020 年 12 月 26 日，第十三届全国人民代表大会常务委员会第二十四次会议通过《中华人民共和国刑法修正案（十一）》，对刑法作出修改、补充，2021 年 3 月 1 日起施行。

（一）刑法的概念

刑法是关于犯罪及其刑罚的法律，是指国家制定的有关哪些行为是犯罪和对犯罪人适用何种刑罚的法律。刑法有广义与狭义之分。

广义刑法是指一切刑事法律规范的总称；狭义刑法仅指刑法典，即《中华人民共和国刑法》。

刑法还可分为普通刑法和特别刑法。普通刑法是指具有普遍效力的刑法，实际上是指刑法典。特别刑法仅指适用于特定的人、时、地、事（犯罪）的刑法。在我国，也就是指单行刑法和附属刑法。

（二）刑法的效力范围

（1）时间效力：从 1997 年 10 月 1 日开始实施，实行从旧兼从轻原则；
（2）空间效力："凡在中华人民共和国领域内犯罪的，法律另有规定外，都适用本法。"中华人民共和国领域具体包括领陆、领水、领空、浮动领土。

（三）犯罪及其特征

犯罪是指严重危害社会，触犯刑法并应受刑罚处罚的行为。犯罪的特征有：

（1）具有严重的社会危害性。行为具有社会危害性，是犯罪的基本特征。

犯罪的社会危害性是指犯罪对国家和人民利益所造成的危害。犯罪的本质特征在于它对国家和人民利益所造成的危害。如果某种行为根本不可能对社会造成危害，刑法就没有必要把它规定为犯罪；某种行为虽然具有一定的社会危害性，但是情节显著轻微危害不大的，也不认为是犯罪。由此可见，犯罪的社会危害性是质和量的统一。

（2）具有刑事违法性。刑事违法是指触犯刑律，是指某一个人的行为符合刑法总则所规定的犯罪构成要件，是对犯罪行为的否定性法律评价。在罪刑法定原则下，没有刑事违法性，也就没有犯罪。

在法理上，违法行为可以分为民事违法行为、行政违法行为和刑事违法行为，此外还有诉讼违法行为。

（3）法益侵害性。法益侵害性是指对于刑法所保护的利益的侵害。这里所谓刑法所保护的利益，就是法益。刑法法益是关系社会生活的重要利益，我国《刑法》第13条关于犯罪概念的规定中作了明文列举，具体如下：

国家主权、领土完整和安全、人民民主专政的政权和社会主义制度、社会秩序和经济秩序、国有财产或者劳动群众集体所有的财产、公民私人所有的财产、公民的人身权利、民主权利和其他权利。上述法益，可以分为国家法益、社会法益和个人法益。这些法益被犯罪所侵害而为刑法所保护。因此，法益侵害性揭示了犯罪的社会内容实质。

法益侵害具有两种情形：一种是实际侵害，另一种是危险。危险是犯罪的预备行为、未遂行为和终止行为，都是没有造成法益侵害的实际侵害结果，是指行为因其具有法益侵害的危险而被处罚。

（4）具有应受惩罚性。应受惩罚性是犯罪的重要特征，它表明国家对于具有刑事违法性和法益侵害性的行为的刑罚惩罚。犯罪是适用刑罚的前提，刑罚是犯罪的法律后果。如果一个行为不应受刑罚惩罚，也就意味着它不是犯罪。

根据《刑法》第13条关于犯罪概念的规定，某种行为情节显著轻微的不认为是犯罪。

应受刑罚惩罚与是否实际受到刑罚惩罚，这是两个不同的概念。某一行为如果缺乏应受刑罚惩罚性，就不构成犯罪。但犯罪不一定都实际受到刑罚惩罚。中国《刑法》第37条规定："对于犯罪情节轻微不需要判处刑罚的，可以免予刑事处罚。"这种免予刑事处罚是以行为构成犯罪为前提的。

二、刑法的原则

（一）罪刑法定原则

罪刑法定原则的基本含义是法无明文规定不为罪、法无明文规定不处罚。

1789年法国《人权宣言》第8条规定："法律只应规定确实需要和显然不可少的刑罚，而且除非根据在犯罪前已制定和公布的且系依法施行的法律以外，不得处罚任何人。"

在《人权宣言》这一内容的指导下，1810年《法国刑法典》第4条首次以刑事立法的形式明确规定了罪刑法定原则。

由于这一原则符合现代社会民主与法治的发展趋势，至今已成为世界各国刑法中最普遍、最重要的一项原则。

　　三权分立说是罪刑法定原则的重要理论基础，法国著名启蒙思想家孟德斯鸠在洛克的影响下，以英国君主立宪政体为根据，提出了较为完整的分权学说。他把政权分为立法权、司法权和行政权。认为这三种权力应当由三个不同的机关来行使，并且互相制约。

　　在我国，罪刑法定原则是反对封建社会的君主专制和罪刑擅断的结果，是刑事法治、依法治国的体现。

（二）罪刑相当原则

　　罪刑相当原则又称罪刑相适应原则，是指"刑罚的轻重，应当与犯罪分子所犯罪行和承担的刑事责任相适应。"罪刑相当原则是指根据罪行的大小，决定刑罚的轻重。罪重的量刑则重，罪轻的量刑则轻。

　　罪刑相当的观念可以追溯到古代社会的"同态复仇"。著名思想家孟德斯鸠曾指出："惩罚应有程度之分，按罪大小，定刑罚的轻重。"

　　罪刑相当原则的重要理论基础是报应主义，古典学派多以此为基础。

　　报应主义的核心思想是犯罪为刑罚的绝对原因；刑罚是犯罪的必然结果，是惩罚犯罪的唯一手段。刑罚通过惩罚犯罪，使受到犯罪侵害的道德秩序和法律秩序得以恢复，社会正义和公平理念得以实现。

　　报应主义的倡导者以德国古典哲学家康德、黑格尔和宾丁为代表。康德主张的是"等量报应"的原则，黑格尔则相反，认为根据这种观点很容易得出刑罚上同态复仇的荒诞不经的结论，他主张从犯人的行为中去寻找刑罚的概念和尺度，以便做到罪刑均衡。黑格尔的这一观点被称为"等值报应论"。

　　由此可见，刑事法律原则的起源，与人文哲学、伦理道德有着密切的关系。

（三）适用刑法人人平等原则

　　我国宪法确立的社会主义法治原则是"法律面前人人平等原则"，任何组织和个人，都必须遵守宪法和法律的规定，都不具备有超越宪法和法律的特权，这是宪法原则在刑法中的体现。适用刑法人人平等是指对任何人犯罪，在适用法律上一律平等。不允许任何人有超越法律的特权。适用刑法人人平等，主要体现为：定罪上一律平等；量刑上一律平等；执行刑罚上一律平等。

任务评价

评价内容	学生自评	教师评价	学习记录
了解刑法的概念	□优 □良 □中 □差	□优 □良 □中 □差	
知晓刑法的原则	□优 □良 □中 □差	□优 □良 □中 □差	

任务总结

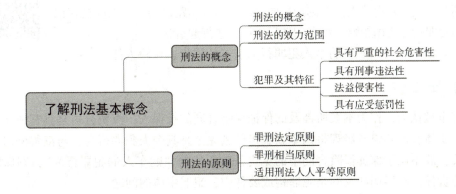

强化训练

请阅读以下案例，并回答以下问题。

案情：2019 年 7 月 3 日 19 时许，被告人谭某、刘某、张某在河南省某地一烤串店聚餐饮酒后，谭某驾驶豫 A 牌照的玛莎拉蒂越野车拉着刘某、张某离开，沿多条城市路段行驶。行至某路段时，连续剐蹭停在路边的六辆汽车后，又接连与对面驶来的一辆轿车和停在路边的一辆轿车相剐碰，因无法通行被迫停下，被撞车主及周围群众上前劝阻，坐在后排的刘某和张某让谭某赶紧离开。谭某即驾车强行冲出，沿环路方向逃逸，至外环路交叉口时，高速追尾正等待通行信号的豫 A 牌照宝马轿车，致使宝马轿车起火燃烧，造成车内二人死亡、一人重伤，共造成他人车辆损失 10 余万元。

经鉴定：被告人谭某、刘某、张某血液酒精含量分别为 167 毫克/100 毫升、231 毫克/100 毫升、170 毫克/100 毫升，被害人王某某血液酒精含量为 0 毫克/100 毫升；豫 A 牌照玛莎拉蒂越野车发生事故时车速约为 120 公里/小时～135 公里/小时；被害人葛某、贾某在车辆起火中死亡，被害人王某的损伤程度为重伤一级；谭某构成重伤二级，刘某构成重伤二级，张某构成轻伤一级。

2020 年 11 月 6 日，河南省某市中级人民法院对被告人谭某、刘某、张某以危险方法危害公共安全一案公开宣判。以危险方法危害公共安全罪，分别判处被告人谭某无期徒刑，剥夺政治权利终身；被告人刘某有期徒刑三年，缓刑三年；被告人张某有期徒刑三年，缓刑三年。

问题 1：试分析本案的判刑依据及判刑考量分别是什么。

问题 2：本案有哪些警示意义？

任务二　明晰犯罪构成要件

任务背景

某市汽贸公司与某汽车制造厂签订分期付款购买 100 台型号轿车的购销合同后，向某保险公司投保分期付款购车保证保险合同。保险公司予以承保，并将汽车制造厂列为被保险人。该

保险合同将"购车人的犯罪行为"列为免责条款。投保人汽贸公司支付第二期车款前，汽贸公司财务经理将购车款骗走外逃，致使汽贸公司无力支付汽车制造厂剩余车款。被保险人汽车制造厂向保险公司提出赔偿要求，保险公司以购车人的犯罪行为为由拒赔。汽车制造厂不服，遂提起诉讼。

请问：因汽贸公司职员的个人犯罪行为造成的损失，保险人能否拒赔？

任务分析

法院审理认为，作为本案所涉及的保证保险合同的投保人，汽贸公司是具有独立法人资格的经济实体，而其财务经理将购车款骗走外逃完全是其个人犯罪行为，与汽贸公司的经营行为无关，故不属于保证保险合同中的免责条款所述的"购车人的犯罪行为"，判保险公司承担保险责任。本案例涉及的是犯罪构成要件中，犯罪主体的问题。

犯罪构成就是犯罪构成的要件，依照刑法规定，是指决定某一具体行为构成犯罪所必需的一切主观要件和客观要件的总和。实际上就是指刑法规定的犯罪成立的条件，是使行为人承担刑事责任的根据。犯罪构成的理论在刑法学的理论体系中占有核心的地位。

任何一种犯罪的成立都必须具备四个方面的构成要件，即犯罪主体、犯罪主观方面、犯罪客体和犯罪客观方面。

任务实施

一、犯罪的主体

犯罪主体是指实施危害社会的行为、依法应当负刑事责任的自然人和单位。自然人主体是指达到刑事责任能力的自然人。单位主体是指实施危害社会行为并依法应负刑事责任的公司、企业、事业单位、机关、团体。

（一）自然人主体

一般来说，自然人犯罪要求达到刑事责任年龄并具备刑事责任能力。刑事责任能力是指行为人对自己行为的辨认能力与控制能力。所谓具有刑事责任能力，是指同时具有辨认能力与控制能力；如果缺少其中一种能力，则属于没有刑事责任能力。据青少年身心发展状况、文化教育发展水平、智力发展程度将刑事责任年龄划分为三个阶段。

1. 完全刑事责任能力

（1）已满 16 周岁，为负完全刑事责任时期。完全刑事责任能力，需达到刑事责任年龄要求的已满 16 周岁，并具有刑事责任能力。

（2）有辨认和控制自己的行为的能力。间歇性精神病人在精神正常的时候犯罪的，应当负刑事责任。醉酒的人犯罪应当负刑事责任。

2. 相对无刑事责任能力

（1）14 周岁至 16 周岁，为负相对刑事责任时期，只对故意杀人、故意伤害致人重伤或死亡、强奸、抢劫、贩卖毒品、放火、爆炸、投毒罪承担刑事责任。

（2）尚未完全丧失辨认或者控制自己行为能力的精神病人犯罪的，应当负刑事责任，但是可以从轻或者减轻处罚。

3. 完全无刑事责任能力

（1）不满 14 周岁，为完全不负刑事责任时期，情节较重的，送工读学校、少管所。

（2）经法定程序鉴定，完全不能辨认或控制自己行为的精神病人。

应当注意，对于无责任能力的判断，应同时采用医学标准与心理学标准。首先判断行为人是否患有精神病，其次判断是否因为患有精神病而不能辨认或者不能控制自己的行为。前者由精神病医学专家鉴定，后者由司法工作人员判断。

司法工作人员在判断精神病人有无责任能力时，除了以精神病医学专家的鉴定结论为基础外，还应注意以下几点：

第一，要注意审查精神病的种类以及轻重程度，因为精神病的种类与轻重程度对于判断精神病人是否具有刑事责任能力具有极为重要的意义。

第二，要在精神病人的左邻右舍中调查其言行与精神状况。

第三，要进一步判断精神病人所实施的行为与其精神病之间有无直接联系。

此外，对于青少年还有一个相对减轻刑事责任时期：

刑法规定，对于已满 14 周岁不满 18 周岁的人犯罪应当从轻或减轻处罚。不满 16 周岁，而不予处罚的，责令其家长或监护人加以管教，必要时可由政府收容教养。以上规定体现了法律对青少年犯罪是以教育为主的精神。

（二）单位犯罪

根据《刑法》第 30 条规定，单位犯罪这一概念中的单位，是指公司、企业、事业单位、机关、团体，这也是单位犯罪的主体。单位这个概念比法人更为广泛，除法人以外还包括非法人团体。虽然单位一词在以往我国社会生活中曾经被广泛使用，甚至是一个使用率极高的用语，但严格地说，它并不是一个法律用语，从法律上讲，单位犯罪应称为法人犯罪。

二、犯罪的主观方面

犯罪的主观方面是指犯罪主体对自己的行为危害社会的结果所持的心理态度，一般包括：故意犯罪和过失犯罪。而犯罪的目的和动机只是选择性要件，不是必备要件。

1. 故意犯罪

故意犯罪是指明知自己的行为会发生危害社会的结果，希望或放任这种结果的发生的心理态度。直接故意是指有必然性，希望并积极追求；间接故意是指有可能性，放任、任其自然，既不积极追求也不设法避免。

2. 过失犯罪

过失犯罪是指应当预见自己的行为可能会发生危害社会的结果，因疏忽大意而没有预见，或已经预见但轻信能够避免，以致发生这种结果，如司机超速行驶造成的交通肇事罪。

三、犯罪的客体

犯罪客体是指犯罪行为所危害的为我国刑法所保护的社会关系，包括犯罪的一般客体、同类客体、直接客体。

1. 一般客体

一般客体是指一切犯罪所共同侵犯的客体，通常是指我国刑法所保护的整个社会主义社

会关系。犯罪的一般客体体现了一切犯罪的共性。

2. 同类客体

同类客体是指某一类犯罪所共同侵犯的客体，通常是指刑法所保护的社会主义社会关系的某一部分或者某一方面。

例如，危害国家安全罪的同类客体是国家主权、领土完整和安全等；侵犯财产罪的同类客体是公、私财产关系。

3. 直接客体

直接客体是指某一种犯罪所直接侵犯的具体的社会主义社会关系，就是指刑法所保护的社会主义社会关系的某个具体部分。

例如，杀人罪的直接客体是他人的生命权利；伤害罪的直接客体是他人的健康权利等。直接客体是每一个具体犯罪构成的必要条件，是决定具体犯罪性质的重要因素。

四、犯罪的客观方面

犯罪的客观方面是指犯罪行为和由这种犯罪行为所引起的危害社会的结果及其因果关系。它包括危害行为和危害结果，犯罪的时间、地点。犯罪的方法（手段）也是少数犯罪的必备条件。犯罪客观方面具体表现为：

（1）危害行为。危害行为包括作为和不作为两种形式。不作为是指消极不实施自己应当实施的行为或所负的特定义务。

（2）危害社会的结果。这是选择性要件，不要求结果必然出现。

（3）因果关系。行为人的行为与结果之间存在内在的必然联系。

概括起来，犯罪客观条件分为两类：一类是必要条件，是指任何犯罪都必备的条件，如危害行为。另一类是选择条件，是指某些犯罪所必备的条件或者是对行为构成因素的特别要求。前者指危害结果；后者指时间、地点、方法（手段），如交通肇事罪、醉驾入刑对时间和地点的要求，都属于后者。下面以抢劫罪为例，分析其犯罪构成的要件：

我国《刑法》第263条规定："以暴力、胁迫或者其他方法抢劫公私财物的，是抢劫罪。"根据这一条的规定，结合刑法总则的一些规定，抢劫罪的犯罪构成，就是下列要件的有机结合：

①抢劫罪侵犯的是公私财物所有权；

②实施抢劫的行为人必须是达到刑事责任年龄，具有刑事责任能力的人；

③实施犯罪的方法必须是以暴力、胁迫等手段劫取财物；

④行为人主观上是故意犯罪，并且具有非法占有财物的故意。

只有这些主客观要件的统一，才能构成抢劫罪。

五、排除犯罪的事由

（一）正当防卫

1. 正当防卫（《刑法》第20条）

正当防卫是指通过给进行的不法侵害的人造成一定损害的方法，来保护国家和社会公共利益、本人或他人权益的合法行为。正当防卫与紧急避难、自助行为皆为权利的自力救济的方式。但需要注意避免防卫过当，正当防卫不能超过必要限度，以足以制止不法侵害为限。

正当防卫的本质在于制止不法侵害，保护合法权益。它有以下基本特征：

正当防卫既是法律赋予公民的一种权利，又是公民在道义上应尽的义务，是一种正义行为，应受到法律的保护。正当防卫虽然在客观上对不法侵害人造成了一定的人身或者财产的损害，在本质上是为制止不法侵害、保护合法权益，与犯罪有本质的区别。

当然，在正当防卫过程中，要注意避免超过必要的范围，造成防卫过当。

2. 防卫过当

防卫过当是指防卫明显超过必要限度造成重大的损害应当负刑事责任的犯罪行为。

我国《刑法》第 20 条第 2 款规定："正当防卫明显超过必要限度造成重大损害的，应当负刑事责任，但是应当减轻或者免除处罚。"

我国《刑法》第 20 条第 3 款规定，对于进行的行凶、杀人、抢劫、强奸、绑架以及其他严重危及人身安全的暴力犯罪，由于这些不法侵害行为性质严重，且强度大，情况紧急，因此，采取正当防卫行为造成不法侵害人伤亡和其他后果的，不属于防卫过当，不负刑事责任。

总之，正当防卫不负刑事责任，它的主要意义在于保障社会公共利益和其他合法权利免受进行的不法侵害，鼓励公民和进行的不法侵害作斗争，震慑犯罪分子，使其不敢轻举妄动，是公民与进行的不法侵害作斗争的法律武器。

（二）紧急避险

1. 紧急避险（《刑法》第 21 条）

紧急避险是指为了使法律所保护的权益免受正在发生的危险，不得已而采取损害另一较小权益，以保护较大权益免遭危险损害的行为。紧急避险不适用于职务上、业务上有特定责任的人。

2. 紧急避险的本质

紧急避险的本质是避免现实危险、保护较大合法权益。紧急避险的客观特征是，在法律所保护的权益遇到危险而不可能采取其他措施予以避免时，不得已损害另一较小合法权益来保护较大的合法权益。

3. 紧急避险的主观特征

行为人认识到合法权益受到危险的威胁，出于保护国家、公共利益，本人或者他人的人身、财产和其他合法权利，免受正在发生的危险的目的，而实施避险行为。

可见，紧急避险行为虽然造成了某种合法权益的损害，但联系到具体事态来观察，从行为的整体来考虑，该行为根本没有社会危害性，也根本不符合任何犯罪的构成要件。

六、刑罚

（一）刑罚的种类

刑罚分为主刑和附加刑。

主刑的种类如下：

（1）管制；

（2）拘役；

（3）有期徒刑；

（4）无期徒刑；

（5）死刑。

附加刑的种类如下：

（1）罚金；

（2）剥夺政治权利；

（3）没收财产。

附加刑也可以独立适用。

对于犯罪的外国人，可以独立适用或者附加适用驱逐出境。

（二）管制

1. 管制的期限与执行机关

管制的期限，为三个月以上二年以下。

判处管制，可以根据犯罪情况，同时禁止犯罪分子在执行期间从事特定活动，进入特定区域、场所，接触特定的人。

对判处管制的犯罪分子，依法实行社区矫正。

违反第2款规定的禁止令的，由公安机关依照《中华人民共和国治安管理处罚法》的规定处罚。

2. 被管制罪犯的义务与权利

《刑法》第39条规定：被判处管制的犯罪分子，在执行期间，应当遵守下列规定：

（1）遵守法律、行政法规，服从监督；

（2）未经执行机关批准，不得行使言论、出版、集会、结社、游行、示威自由的权利；

（3）按照执行机关规定报告自己的活动情况；

（4）遵守执行机关关于会客的规定；

（5）离开所居住的市、县或者迁居，应当报经执行机关批准。

对于被判处管制的犯罪分子，在劳动中应当同工同酬。

3. 管制期满解除

《刑法》第40条规定：被判处管制的犯罪分子，管制期满，执行机关应即向本人和其所在单位或者居住地的群众宣布解除管制。

4. 管制刑期的计算和折抵

《刑法》第41条规定：管制的刑期，从判决执行之日起计算；判决执行以前先行羁押的，羁押一日折抵刑期二日。

（三）拘役

1. 拘役的期限

拘役的期限，为一个月以上六个月以下。

2. 拘役的执行

被判处拘役的犯罪分子，由公安机关就近执行。

在执行期间，被判处拘役的犯罪分子每月可以回家一天至两天；参加劳动的，可以酌量发给报酬。

3. 拘役刑期的计算和折抵

拘役的刑期，从判决执行之日起计算；判决执行以前先行羁押的，羁押一日折抵刑期一日。

（四）有期徒刑、无期徒刑

1. 有期徒刑的期限

有期徒刑的期限，除《刑法》第 50 条、第 69 条规定外，为六个月以上十五年以下。

2. 有期徒刑与无期徒刑的执行

被判处有期徒刑、无期徒刑的犯罪分子，在监狱或者其他执行场所执行；凡有劳动能力的，都应当参加劳动，接受教育和改造。

3. 有期徒刑刑期的计算与折抵

有期徒刑的刑期，从判决执行之日起计算；判决执行以前先行羁押的，羁押一日折抵刑期一日。

（五）死刑

1. 死刑、死缓的适用对象及核准程序

死刑只适用于罪行极其严重的犯罪分子。对于应当判处死刑的犯罪分子，如果不是必须立即执行的，可以判处死刑同时宣告缓期二年执行。

死刑除依法由最高人民法院判决的以外，都应当报请最高人民法院核准。死刑缓期执行的，可以由高级人民法院判决或者核准。

2. 死刑适用对象的限制

犯罪的时候不满十八周岁的人和审判的时候怀孕的妇女，不适用死刑。

审判的时候已满七十五周岁的人，不适用死刑，但以特别残忍手段致人死亡的除外。

3. 死缓变更

《刑法》第 50 条规定："判处死刑缓期执行的，在死刑缓期执行期间，如果没有故意犯罪，二年期满以后，减为无期徒刑；如果确有重大立功表现，二年期满以后，减为二十五年有期徒刑；如果故意犯罪，情节恶劣的，报请最高人民法院核准后执行死刑；对于故意犯罪未执行死刑的，死刑缓期执行的期间重新计算，并报最高人民法院备案。

对被判处死刑缓期执行的累犯以及因故意杀人、强奸、抢劫、绑架、放火、爆炸、投放危险物质或者有组织的暴力性犯罪被判处死刑缓期执行的犯罪分子，人民法院根据犯罪情节等情况可以同时决定对其限制减刑。"

4. 死缓期间及减为有期徒刑的刑期计算

死刑缓期执行的期间，从判决确定之日起计算。死刑缓期执行减为有期徒刑的刑期，从死刑缓期执行期满之日起计算。

（六）罚金

1. 罚金数额的裁量

判处罚金，应当根据犯罪情节决定罚金数额。

2. 罚金的缴纳

罚金在判决指定的期限内一次或者分期缴纳。期满不缴纳的，强制缴纳。对于不能全部缴纳罚金的，人民法院在任何时候发现被执行人有可以执行的财产，应当随时追缴。

由于遭遇不能抗拒的灾祸等原因缴纳确实有困难的，经人民法院裁定，可以延期缴纳、酌情减少或者免除。

（七）剥夺政治权利

1. 剥夺政治权利的内容

（1）选举权和被选举权；

（2）言论、出版、集会、结社、游行、示威自由的权利；

（3）担任国家机关职务的权利；

（4）担任国有公司、企业、事业单位和人民团体领导职务的权利。

2. 剥夺政治权利的期限

剥夺政治权利的期限，除《刑法》第57条规定外，为一年以上五年以下。

判处管制附加剥夺政治权利的，剥夺政治权利的期限与管制的期限相等，同时执行。

3. 剥夺政治权利的附加、独立适用

对于危害国家安全的犯罪分子应当附加剥夺政治权利；对于故意杀人、强奸、放火、爆炸、投毒、抢劫等严重破坏社会秩序的犯罪分子，可以附加剥夺政治权利。

独立适用剥夺政治权利的，依照刑法分则的规定。

4. 对死刑、无期徒刑罪犯剥夺政治权利的适用

对于被判处死刑、无期徒刑的犯罪分子，应当剥夺政治权利终身。

在死刑缓期执行减为有期徒刑或者无期徒刑减为有期徒刑的时候，应当把附加剥夺政治权利的期限改为三年以上十年以下。

5. 剥夺政治权利的刑期计算、效力与执行

附加剥夺政治权利的刑期，从徒刑、拘役执行完毕之日或者从假释之日起计算；剥夺政治权利的效力当然适用于主刑执行期间。

被剥夺政治权利的犯罪分子，在执行期间，应当遵守法律、行政法规和国务院公安部门有关监督管理的规定，服从监督；不得行使《刑法》第54条规定的各项权利。

（八）没收财产

1. 没收财产的范围

没收财产是没收犯罪分子个人所有财产的一部或者全部。没收全部财产的，应当对犯罪分子个人及其扶养的家属保留必需的生活费用。

在判处没收财产的时候，不得没收属于犯罪分子家属所有或者应有的财产。

2. 以没收的财产偿还债务

没收财产以前犯罪分子所负的正当债务，需要以没收的财产偿还的，经债权人请求，应当偿还。

七、刑罚的具体运用

（一）量刑

1. 量刑的事实根据与法律依据

对于犯罪分子决定刑罚的时候，应当根据犯罪的事实、犯罪的性质、情节和对于社会的危害程度，依照刑法的有关规定判处。

2. 从重处罚与从轻处罚

犯罪分子具有刑法规定的从重处罚、从轻处罚情节的，应当在法定刑的限度以内判处刑罚。

3. 减轻处罚

犯罪分子具有刑法规定的减轻处罚情节的，应当在法定刑以下判处刑罚；刑法规定有数个量刑幅度的，应当在法定量刑幅度的下一个量刑幅度内判处刑罚。

犯罪分子虽然不具有刑法规定的减轻处罚情节，但是根据案件的特殊情况，经最高人民法院核准，也可以在法定刑以下判处刑罚。

4. 犯罪物品的处理

犯罪分子违法所得的一切财物，应当予以追缴或者责令退赔；对被害人的合法财产，应当及时返还；违禁品和供犯罪所用的本人财物，应当予以没收。没收的财物和罚金，一律上缴国库，不得挪用和自行处理。

（二）累犯

1. 一般累犯

被判处有期徒刑以上刑罚的犯罪分子，刑罚执行完毕或者赦免以后，在五年以内再犯应当判处有期徒刑以上刑罚之罪的，是累犯，应当从重处罚，但是过失犯罪和不满十八周岁的人犯罪的除外。

前款规定的期限，对于被假释的犯罪分子，从假释期满之日起计算。

2. 特别累犯

危害国家安全犯罪、恐怖活动犯罪、黑社会性质的组织犯罪的犯罪分子，在刑罚执行完毕或者赦免以后，在任何时候再犯上述任一类罪的，都以累犯论处。

（三）自首和立功

1. 自首

犯罪以后自动投案，如实供述自己的罪行的，是自首。对于自首的犯罪分子，可以从轻

或者减轻处罚。其中，犯罪较轻的，可以免除处罚。

被采取强制措施的犯罪嫌疑人、被告人和正在服刑的罪犯，如实供述司法机关还未掌握的本人其他罪行的，以自首论。

犯罪嫌疑人虽不具有前两款规定的自首情节，但是如实供述自己罪行的，可以从轻处罚；因其如实供述自己罪行，避免特别严重后果发生的，可以减轻处罚。

2. 立功

犯罪分子有揭发他人犯罪行为，查证属实的，或者提供重要线索，从而得以侦破其他案件等立功表现的，可以从轻或者减轻处罚；有重大立功表现的，可以减轻或者免除处罚。

（四）数罪并罚

1. 判决宣告前一人犯数罪的并罚

判决宣告以前一人犯数罪的，除判处死刑和无期徒刑的以外，应当在总和刑期以下、数刑中最高刑期以上，酌情决定执行的刑期，但是管制最高不能超过三年，拘役最高不能超过一年，有期徒刑总和刑期不满三十五年的，最高不能超过二十年，总和刑期在三十五年以上的，最高不能超过二十五年。

数罪中有判处有期徒刑和拘役的，执行有期徒刑。数罪中有判处有期徒刑和管制，或者拘役和管制的，有期徒刑、拘役执行完毕后，管制仍须执行。

数罪中有判处附加刑的，附加刑仍须执行，其中附加刑种类相同的，合并执行，种类不同的，分别执行。

2. 判决宣告后发现漏罪的并罚

判决宣告以后，刑罚执行完毕以前，发现被判刑的犯罪分子在判决宣告以前还有其他罪没有判决的，应当对新发现的罪做出判决，把前后两个判决所判处的刑罚，依照《刑法》第69条的规定，决定执行的刑罚。已经执行的刑期，应当计算在新判决决定的刑期以内。

3. 判决宣告后又犯新罪的并罚

判决宣告以后，刑罚执行完毕以前，被判刑的犯罪分子又犯罪的，应当对所犯的罪作出判决，把前罪没有执行的刑罚和后罪所判处的刑罚，依照《刑法》第69条的规定，决定执行的刑罚。

（五）缓刑

1. 适用条件

对于被判处拘役、三年以下有期徒刑的犯罪分子，同时符合下列条件的，可以宣告缓刑，对其中不满十八周岁的人、怀孕的妇女和已满七十五周岁的人，应当宣告缓刑：

（1）犯罪情节较轻；

（2）有悔罪表现；

（3）没有再犯罪的危险；

（4）宣告缓刑对所居住社区没有重大不良影响。

宣告缓刑，可以根据犯罪情况，同时禁止犯罪分子在缓刑考验期限内从事特定活动，进入特定区域、场所，接触特定的人。

被宣告缓刑的犯罪分子，如果被判处附加刑，附加刑仍须执行。

2. 考验期限

拘役的缓刑考验期限为原判刑期以上一年以下，但是不能少于二个月。

有期徒刑的缓刑考验期限为原判刑期以上五年以下，但是不能少于一年。

缓刑考验期限，从判决确定之日起计算。

3. 累犯不适用缓刑

对于累犯和犯罪集团的首要分子，不适用缓刑。

4. 缓刑犯应遵守的规定

被宣告缓刑的犯罪分子，应当遵守下列规定：

（1）遵守法律、行政法规，服从监督；

（2）按照考察机关的规定报告自己的活动情况；

（3）遵守考察机关关于会客的规定；

（4）离开所居住的市、县或者迁居，应当报经考察机关批准。

5. 缓刑的考验及其积极后果

对宣告缓刑的犯罪分子，在缓刑考验期限内，依法实行社区矫正，如果没有《刑法》第 77 条规定的情形，缓刑考验期满，原判的刑罚就不再执行，并公开予以宣告。

6. 缓刑的撤销及其处理

被宣告缓刑的犯罪分子，在缓刑考验期限内犯新罪或者发现判决宣告以前还有其他罪没有判决的，应当撤销缓刑，对新犯的罪或者新发现的罪作出判决，把前罪和后罪所判处的刑罚，依照《刑法》第 69 条的规定，决定执行的刑罚。

被宣告缓刑的犯罪分子，在缓刑考验期限内，违反法律、行政法规或者国务院有关部门关于缓刑的监督管理规定，或者违反人民法院判决中的禁止令，情节严重的，应当撤销缓刑，执行原判刑罚。

（六）减刑

1. 适用条件与限度

被判处管制、拘役、有期徒刑、无期徒刑的犯罪分子，在执行期间，如果认真遵守监规，接受教育改造，确有悔改表现的，或者有立功表现的，可以减刑；有下列重大立功表现之一的，应当减刑：

（1）阻止他人重大犯罪活动的；

（2）检举监狱内外重大犯罪活动，经查证属实的；

（3）有发明创造或者重大技术革新的；

（4）在日常生产、生活中舍己救人的；

（5）在抗御自然灾害或者排除重大事故中，有突出表现的；

（6）对国家和社会有其他重大贡献的。

减刑以后实际执行的刑期不能少于下列期限：

（1）判处管制、拘役、有期徒刑的，不能少于原判刑期的二分之一；

（2）判处无期徒刑的，不能少于十三年；

（3）人民法院依照《刑法》第 50 条第 2 款规定限制减刑的死刑缓期执行的犯罪分子，

缓期执行期满后依法减为无期徒刑的，不能少于二十五年，缓期执行期满后依法减为二十五年有期徒刑的，不能少于二十年。

2. 程序

对于犯罪分子的减刑，由执行机关向中级以上人民法院提出减刑建议书。人民法院应当组成合议庭进行审理，对确有悔改或者立功事实的，裁定予以减刑。非经法定程序不得减刑。

3. 无期徒刑减刑的刑期计算

无期徒刑减为有期徒刑的刑期，从裁定减刑之日起计算。

（七）假释

1. 适用条件

被判处有期徒刑的犯罪分子，执行原判刑期二分之一以上，被判处无期徒刑的犯罪分子，实际执行十三年以上，如果认真遵守监规，接受教育改造，确有悔改表现，没有再犯罪的危险的，可以假释。如果有特殊情况，经最高人民法院核准，可以不受上述执行刑期的限制。

对累犯以及因故意杀人、强奸、抢劫、绑架、放火、爆炸、投放危险物质或者有组织的暴力性犯罪被判处十年以上有期徒刑、无期徒刑的犯罪分子，不得假释。

对犯罪分子决定假释时，应当考虑其假释后对所居住社区的影响。

2. 程序

对于犯罪分子的假释，依照《刑法》第 79 条规定的程序进行。非经法定程序不得假释。

3. 考验期限

有期徒刑的假释考验期限，为没有执行完毕的刑期；无期徒刑的假释考验期限为十年。假释考验期限，从假释之日起计算。

4. 假释犯应遵守的规定

被宣告假释的犯罪分子，应当遵守下列规定：
（1）遵守法律、行政法规，服从监督；
（2）按照监督机关的规定报告自己的活动情况；
（3）遵守监督机关关于会客的规定；
（4）离开所居住的市、县或者迁居，应当报经监督机关批准。

5. 假释考验及其积极后果

对假释的犯罪分子，在假释考验期限内，依法实行社区矫正，如果没有《刑法》第 86 条规定的情形，假释考验期满，就认为原判刑罚已经执行完毕，并公开予以宣告。

6. 假释的撤销及其处理

被假释的犯罪分子，在假释考验期限内犯新罪，应当撤销假释，依照《刑法》第 71 条的规定实行数罪并罚。

在假释考验期限内，发现被假释的犯罪分子在判决宣告以前还有其他罪没有判决的，应当撤销假释，依照《刑法》第70条的规定实行数罪并罚。

被假释的犯罪分子，在假释考验期限内，有违反法律、行政法规或者国务院有关部门关于假释的监督管理规定的行为，尚未构成新的犯罪的，应当依照法定程序撤销假释，收监执行未执行完毕的刑罚。

（八）时效

1. 追诉时效期限

犯罪经过下列期限不再追诉：

（1）法定最高刑为不满五年有期徒刑的，经过五年；

（2）法定最高刑为五年以上不满十年有期徒刑的，经过十年；

（3）法定最高刑为十年以上有期徒刑的，经过十五年；

（4）法定最高刑为无期徒刑、死刑的，经过二十年。如果二十年以后认为必须追诉的，须报请最高人民检察院核准。

2. 追诉期限的延长

在人民检察院、公安机关、国家安全机关立案侦查或者在人民法院受理案件以后，逃避侦查或者审判的，不受追诉期限的限制。

被害人在追诉期限内提出控告，人民法院、人民检察院、公安机关应当立案而不予立案的，不受追诉期限的限制。

3. 追诉期限的计算与中断

追诉期限从犯罪之日起计算；犯罪行为有连续或者继续状态的，从犯罪行为终了之日起计算。

在追诉期限以内又犯罪的，前罪追诉的期限从犯后罪之日起计算。

任务评价

学生自评	教师评价	学习记录	
了解犯罪四要件	□优 □良 □中 □差	□优 ☑良 □中 □差	
明晰排除犯罪事由	□优 □良 □中 □差	□优 □良 □中 □差	
掌握刑罚及具体运用	□优 □良 □中 □差	□优 □良 □中 □差	

 **任务总结**

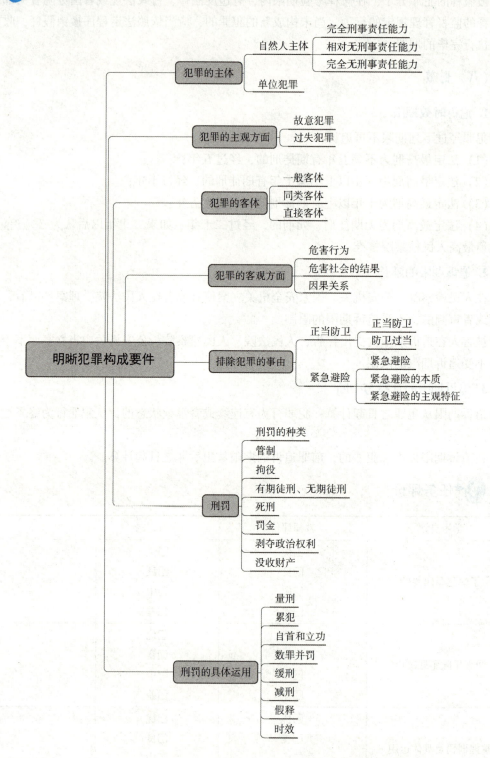

犯罪的主体 ── 自然人主体 ── 完全刑事责任能力
                                相对无刑事责任能力
                                完全无刑事责任能力
          ── 单位犯罪

犯罪的主观方面 ── 故意犯罪
                过失犯罪

犯罪的客体 ── 一般客体
            同类客体
            直接客体

犯罪的客观方面 ── 危害行为
                危害社会的结果
                因果关系

明晰犯罪构成要件

排除犯罪的事由 ── 正当防卫 ── 正当防卫
                            防卫过当
              ── 紧急避险 ── 紧急避险
                            紧急避险的本质
                            紧急避险的主观特征

刑罚 ── 刑罚的种类
       管制
       拘役
       有期徒刑、无期徒刑
       死刑
       罚金
       剥夺政治权利
       没收财产

刑罚的具体运用 ── 量刑
                累犯
                自首和立功
                数罪并罚
                缓刑
                减刑
                假释
                时效

强化训练

请阅读以下案例，并回答以下问题。

案情：2018年，某村农妇柯某手脚肌肉出现萎缩，从此瘫痪在床。其丈夫程某某与女儿程某，对其不离不弃，精心照顾。其间，柯某曾多次流露出轻生的念头。2018年4月底，女儿程某出嫁，柯某向程某某提出喝农药自杀。5月1日，程某某便买了一瓶农药放在家里。5月3日早上程某某在妻子的要求下，将农药灌在牛奶盒中，并插上吸管递到枕边，然后出门洗衣服。柯某在吸农药时牛奶盒滑落，便让程某某再次递药给她喝，程某某照做后出门。柯某某后被送往医院抢救无效死亡。

问题1：丈夫程某某是否构成犯罪？

问题2：如构成犯罪，本案件的犯罪主体、犯罪客体、犯罪主观方面和犯罪客观方面分别是什么？

任务三　知晓与汽车保险相关的犯罪

任务背景

2021年12月11日2时30分，某县公安局交警大队民警在县城主要路段依法开展夜查时，对甘N牌照号小型轿车检查的过程中，发现该车辆驾驶员有饮酒后驾驶机动车上道路行驶的嫌疑。随后，民警依法对驾驶员马某某现场进行呼气式酒精检测仪检测，其检测结果为62 mg/100 ml，涉嫌饮酒后驾驶机动车上道路行驶的违法行为。民警依法对驾驶员马某某处以暂扣驾驶证六个月、记十二分，罚款一千元的处罚。

任务分析

《中华人民共和国刑法》第133条：在道路上驾驶机动车，有下列情形之一的，处拘役，并处罚金：（一）追逐驾驶，情节恶劣的；（二）醉酒驾驶机动车的；（三）从事校车业务或旅客运输，严重超过额定乘员载客，或者严重超过规定时速行驶的；（四）违反危险化学品安全管理规定运输危险化学品，危及公共安全的。机动车所有人、管理人对前款第三项、第四项行为负有直接责任的，依照前款的规定处罚。有前两款行为，同时构成其他犯罪的，依照处罚较重的规定定罪处罚。

任务实施

一、交通肇事罪

交通肇事罪是指违反道路交通管理法规，发生重大交通事故，致人重伤、死亡或者使公、私财产遭受重大损失，依法被追究刑事责任的犯罪行为。交通肇事罪是一种过失危害公共安全的犯罪，根据我国刑法理论，任何一种犯罪的成立都必须具备四个方面的构成要件，

即犯罪主体、犯罪主观方面、犯罪客体和犯罪客观方面，所以，我们仍用犯罪构成的四要件来阐述交通肇事罪的特征。

（一）交通肇事罪的犯罪构成要件

1. 犯罪的主体要件

交通肇事罪犯罪的主体为一般主体，是指凡年满 16 周岁、具有刑事责任能力的自然人均可构成。主体不能理解为在上述交通运输部门工作的一切人员，也不能理解为仅指火车、汽车、电车、船只、航空器等交通工具的驾驶人员，而应理解为一切直接从事交通运输业务和保证交通运输的人员以及非交通运输人员。

2. 犯罪的主观方面

交通肇事罪犯罪的主观方面表现为过失，包括疏忽大意的过失和过于自信的过失。

这种过失是指行为人针对自己的违章行为，可能造成的严重后果的心理态度而言的。行为人在违反规章制度上可能是明知故犯，如酒后驾车、强行超车、超速行驶等，但对自己的违章行为可能发生重大事故造成严重后果，应当预见而因疏忽大意，没有预见，或者虽已预见，但轻信能够避免，以致造成了严重后果。本罪的认定范围必须为公共交通管理范围，如果在学校、社区等不属于交通部门管理地方肇事伤人致人死亡，则应定过失伤人、过失致人死亡罪，若出于故意则是故意伤人或杀人罪。

3. 交通肇事罪的犯罪客体

交通肇事罪的犯罪客体是交通运输的安全。交通运输是指与一定的交通工具和交通设备相联系的铁路、公路、水上及空中交通运输，其特点是与广大人民群众的生命财产安全紧密相连，一旦发生事故，就会危害到不特定多数人的生命安全，造成公、私财产的广泛破坏，所以，其行为本质上是危害公共安全罪。

4. 交通肇事罪的客观方面

在交通运输活动中违反交通运输管理法规，因而发生重大事故，致人重伤、死亡或者使公、私财产遭受重大损失的行为。本罪的客观方面是由以下四个相互不可分割的因素组成的：

（1）必须有违反交通运输管理法规的行为。在交通运输中实施了违反交通运输管理法规的行为，这是发生交通事故的原因，也是承担处罚的法律基础，如《城市交通规则》《机动车管理办法》《中华人民共和国海上交通安全法》等，违反上述规则就可能造成重大交通事故。

在实践中，违反交通运输管理法规行为主要表现为违反劳动纪律或操作规程，玩忽职守或擅离职守、违章指挥、违章作业，或者违章行驶等。例如，公路违章的有：无证驾驶、强行超车、超速行驶、酒后开车，这些违章行为的种种表现形式，可以归纳为作为与不作为两种基本形式，不论哪种形式，只要是违章，就具备构成本罪的条件。

（2）必须发生重大事故，致人重伤、死亡或者使公、私财产遭受重大损失的严重后果。这是构成交通肇事罪的必要条件之一。行为人虽然违反了交通运输管理法规，但未造成上述法定严重后果的，不构成本罪。

（3）严重后果必须由违章行为引起，两者之间存在因果关系。本罪必须是行为人有违章行为，造成严重后果，而且在时间上存在先行后续关系，否则不构成本罪。

（4）违反规章制度，致人重伤、死亡或者使公、私财产遭受重大损失的行为，必须发生在从始发车站、码头、机场准备载人装货至终点车站、码头、机场旅客离去、货物卸完的整个交通运输活动过程中。从空间上说，必须发生在铁路、公路、城镇道路和空中航道上；从时间上说，必须发生在进行的交通运输活动中。

如果不是发生在上述空间、时间中，而是在工厂、矿山、林场、建筑工地、企业事业单位、院落内作业，或者进行其他非交通运输活动，如检修、冲洗车辆等，一般不构成本罪。检察院 1992 年 3 月 23 日在《关于在厂（矿）区机动车造成伤亡事故的犯罪案件如何定性处理问题的批复》中指出：

在厂（矿）区机动车作业期间发生的伤亡事故案件，应当根据不同情况，区别对待；在公共交通管理范围内，因违反交通运输规章制度，发生重大事故，应按《刑法》第 113 条规定处理。违反安全生产规章制度，发生重大伤亡事故，造成严重后果的，应按《刑法》第 114 条规定处理；在公共交通管理范围外发生的，应当定重大责任事故罪。由此可见，对于这类案件的认定，关键是要查明它是否发生在属于公共交通管理的铁路、公路上。

（二）交通肇事罪的罪与非罪的界限

交通肇事罪的罪与非罪的界限关键是要查清行为人是否有主观过错，是否实施了违反交通运输管理法规的行为，违反交通运输管理法规的行为与重大交通事故是否具有因果关系等。

倘若没有违法行为或者虽有违法行为但没有因果关系。如事故发生纯属被害人不遵守交通规则，乱穿马路造成，或由自然因素如山崩、地裂、风暴、洪水等造成，则就不应以本罪论处。

当然，事故发生并不排除可能存在多种原因或有其他介入因素，这里就更应该认真分析原因及其介入行为对交通事故发生的作用。只有查清确实与行为人的违规行为具有因果关系，则才可能以本罪论处，否则，就不应以该罪治罪而追究刑事责任。

例如，行为人高速超车后突然发现前方几十米处有人穿越马路，便打方向盘试图避开行人，但出于车速过快，致使车冲入人行道而将他人压成重伤。此时，行人穿越马路作为介入因素仅是发生本案的条件，肇事的真正原因则是违章超速行车，因此应当认定行为与结果具有因果关系从而可以认为构成本罪。

（三）交通肇事逃逸的认定

《最高人民法院关于审理交通肇事刑事案件具体应用法律若干问题的解释》（以下简称《解释》）第 3 条指出，交通运输肇事后逃逸是指行为人具有本《解释》第 2 条第 1 款规定和第 2 款第 1 至第 5 项规定的情形之一，在发生交通事故后，为逃避法律追究而逃跑的行为。

所谓交通肇事逃逸，就是行为人在交通运输肇事中具有以下情形并因逃避法律追究而逃跑的行为：

（1）死亡一人或者重伤三人以上，负事故全部或者主要责任的；

（2）死亡三人以上，负事故同等责任的；

（3）造成公共财产或者他人财产直接损失，负事故全部或者主要责任，无能力赔偿在 30 万元以上的；

（4）酒后、吸食毒品后驾驶机动车辆致一人以上重伤，负事故全部或者主要责任的；

（5）无驾驶资格驾驶机动车辆致一人以上重伤，负事故全部或者主要责任的；

（6）明知是安全装置不全或者安全机件失灵的机动车辆而驾驶致一人以上重伤，负事故全部责任或者主要责任的；

（7）明知是无牌证或者已报废的机动车辆而驾驶致一人以上重伤，负事故全部或者主要责任的；

（8）严重超载驾驶致一人以上重伤，负事故全部或者主要责任的。

（四）交通肇事罪的刑事责任

根据《刑法》第133条的规定，对交通肇事罪规定了两个不同的刑级（量刑档次）：

1. 发生重大事故

违反交通运输管理法规，因而发生重大事故，致人重伤、死亡或者使公、私财产遭受重大损失的，处3年以下有期徒刑或者拘役。

此处所谓"发生重大事故"，根据《解释》第2条第1款规定，是指具有以下情形之一的：

（1）死亡一人或者重伤三人以上，负事故全部或者主要责任的；

（2）死亡三人以上，负事故同等责任的；

（3）造成公共财产或者他人财产直接损失，负事故全部或者主要责任，无能力赔偿数额在30万元以上的。

2. 交通肇事致一人以上重伤

《解释》第2条第2款规定：交通肇事致一人以上重伤，负事故全部或者主要责任，并具有下列情形之一的，以交通肇事罪定罪处罚：

（1）酒后、吸食毒品后驾驶机动车辆的；

（2）无驾驶资格驾驶机动车辆的；

（3）明知是安全装置不全或者安全机件失灵的机动车辆而驾驶的；

（4）明知是无牌证或者已废的机动车辆而驾驶的；

（5）严重超载驾驶的；

（6）为逃避法律追究逃离事故现场以及其他特别恶劣情节的。

根据《刑法》第133条的规定，犯交通肇事罪的，处3年以下有期徒刑或者拘役；交通运输肇事后逃逸或者有其他特别恶劣情节的，处3年以上7年以下有期徒刑；因逃逸致人死亡的，处7年以上有期徒刑或无期徒刑。

《刑法》第6条规定：行为人在交通肇事后为逃避法律追究，将被害人带离事故现场后隐藏或者遗弃，致使被害人无法得到救助而死亡或者严重残疾的，应当分别依照《刑法》第232条、第234条第2款的规定，以故意杀人罪或者故意伤害罪定罪处罚。

新《道路交通管理法》第77条规定："车辆在道路以外通行时发生的事故。公安机关交通管理部门接到报案的，参照本法的有关规定办理"，这一规定扩大了适用交通规则认定事故责任的范围，也就相应扩大了交通肇事罪的范围。因此，不论车辆事故发生于何种场所，只要交通管理部门适用交通安全法认定事故责任，认为构成犯罪的，一律按照交通肇事罪认定处罚。如果不是或不能适用交通安全法认定事故车辆责任的，可以其他罪处罚。一般而言，适用有关生产安全规章认定责任的，以重大责任事故罪处罚；适用生活常理认定责任的，只能以过失致人死亡罪、过失重伤罪定罪处罚。

二、危险驾驶罪

1. 危险驾驶罪

《刑法修正案（八）》由第十一届全国人大常委会第十九次会议在 2011 年 2 月 25 日通过，自 2011 年 5 月 1 日起施行。此次修订是历次修订中规模最大的一次，其中最受社会关注的是将醉酒驾驶等具有严重危害社会性的行为，列入刑事追责的范围。

《刑法修正案（八）》第 22 条规定，在《刑法》第 133 条后增加一款，作为第 133 条的一个内容："在道路上驾驶机动车追逐竞驶，情节恶劣的，或者在道路上醉酒驾驶机动车的处拘役，并处罚金。有前款行为，同时构成其他犯罪的，依照处罚较重的规定定罪处罚。"

关于"醉驾入刑"的内容，根据《刑法修正案（八）》及司法解释的规定如下：

（1）醉驾未造成损害后果或损害后果较轻，按危险驾驶罪论处；

（2）如果发生严重损害后果，可能同时构成危险驾驶罪、交通肇事罪或以危险方法危害公共安全罪，择一重罪论处；

（3）有追逐竞驶、无证驾驶或驾驶不合格车辆等行为，造成交通事故的，可被认定为以危险方法危害公共安全罪。从保险合同角度而言，这就是故意制造保险事故。

2. 完全排除了因醉驾致本人伤亡事故的保险责任的规定

2011 年 4 月 28 日，最高法、最高检发布《关于执行刑法修正案（八）确定罪名的补充规定》，将《刑法修正案（八）》第 22 条罪名确定为危险驾驶罪。

在《刑法修正案（八）》实施后，醉酒驾驶机动车即使未造成交通事故，也要按危险驾驶罪论处。处罚力度不仅加大，而且，在犯罪主观状态上属于故意犯罪。按照《保险法》第 45 条规定：被保险人故意犯罪或者抗拒依法采取的刑事强制措施导致其伤或者死的，保险人不承担给付保险金的责任。投保人已交足二年以上保险费的，保险人应当按照合同约定退还保险单的现金价值。由此可见，该规定将故意犯罪列为保险的绝对免责事项。因此，自 2011 年 5 月 1 日以后，驾驶人即使购买了驾意险（驾驶人意外伤害保险）或其他含有以人身意外为付条件的保险产品，只要被保险人是因醉驾发生的自身伤亡事故，即使保险合同没有相关免责约定，保险公司也不承担保险责任。

3. 在一定范围内排除了因醉驾致第三方损害的保险责任

根据交强险条款，在醉驾情形下，保险公司只对第三方的抢救费用承担垫付责任，其他损失不承担赔偿责任。根据商业车险条款，保险公司对醉驾发生的责任事故，一概不承担保险责任。在保险实务中，在"醉驾入刑"之前，这类保险纠纷进入司法程序后，法院往往以商业车险条款中的醉驾免责条款无效为由（未严格履行说明义务），要求保险公司承担保险责任。

"醉驾入刑"后，为部分案件排除相关保险责任提供了更充分的理由。如前文所述保险法规定将故意犯罪列为保险的绝对免责事项，属于法定免责事项，在司法实践中就不会再有争议了。而以危险方法危害公共罪，同时可以被视为故意制造保险事故。《保险法》第 27 条第 2 款规定："投保人、被保险人故意制造保险事故的，保险人有权解除合同，不承担赔偿或者给付保险金的责任；除本法第 43 条规定外，不退还保险费。"据此保险公司依法不承

担保险责任。为防范道德危险，对于故意行为造成的损害，保险人不承担责任。

三、保险诈骗罪

（一）保险诈骗罪概述

1. 保险诈骗罪概念

保险欺诈几乎同保险业一样古老，与保险业一样同生共存。对于保险欺诈，国际上也称为保险犯罪。严格地说，保险欺诈较保险犯罪含义更为宽泛。

事实上，保险当事人双方都可能构成保险欺诈。凡保险关系中投保人一方不遵守诚信原则，故意隐瞒有关保险标的的真实情况，诱使保险人承保，或者利用保险合同内容，故意制造或捏造保险事故造成保险损害，以谋取保险赔付金的，均属投保方欺诈。我们在此仅探讨投保方的欺诈。

所谓保险欺诈，是指投保人、被保险人或受益人以骗取保险金为目的，以虚构保险标的，编造保险事故或保险事故发生原因，夸大损失程度，故意制造保险事故等手段，致使保险人陷于错误认识而向其支付保险金的行为。随着我国改革开放的深入，保险作为社会保障体系的一个重要组成部分得到了迅速发展，但随着保险事业的发展，保险欺诈行为也凸显出来，并成为当前保险业最大威胁之一。

2. 保险欺诈产生的原因

（1）不良动机者恶意利用保险内在运行机理的特殊性质。

保险运行的基本原理是组织社会千家万户、各行各业的忧虑者，分险种类别组合成各个基本同质的群体，并按各类风险出险率以及损失平均值计收保险费，从而筹集起相当规模的保险基金，用以补偿或给付少数遭受灾难者，实现"一人困难，众人分担"的保险目的，这本是极有意义之事。然而保险对个别投保人或被保险人而言，其交付的保险费是很小一部分，而一旦发生保险事故则可获得众人的帮助，最终可获取较大数额的保险金。保险制度的这一运行机制特点不可否认会被不良用心投保人恶意利用，企图谋骗保险金。

马克思曾经说过，如果有300%的利润，就会有人铤而走险，敢冒上绞刑架的危险。事实也正如此，保险发展的历史表明从近代人身保险制度诞生的第一年起就发生了这类风险。而保险业也正是在与保险欺诈的斗争中发展、繁荣和普及壮大的。

（2）商品经济、市场经济条件下还不能消除经济犯罪。

保险是商品经济的产物，并伴随商品经济的发展而发展。在此经济背景下，保险才得以积累起全社会范围的基金规模，才得以具备足够抵御不可抗力可保风险的偿付力，为人们提供丰富多样的保障。而随着保险事业的发展、险种的增多以及保险金额的迅速提高，保险欺诈一旦得逞其诱惑力不啻更大。况且商品经济条件下人们的价值观念和社会的法制建设都还未能达到消除经济犯罪的地步，保险欺诈也基本呈现逐步增多的趋势。

财产保险中的机动车辆保险也是不良动机投保的主要险种。震惊我国保险界的特大欺诈案——广东胡氏四兄弟骗保案，其犯罪特征很有代表性，广东胡氏四兄弟多次到各家保险公司投得机动车辆险，并伪造证明材料，在两年时间里，从9个保险营业网点先后34次骗取近200万元的保险赔款。世界其他各国，美国、日本、瑞典、德国、英国也都有此类保险欺诈案的案件记载和总结。

显然保险欺诈是客观存在的，虽为少数（世界保险平均骗赔率为万分之一），但一旦得逞必然会损害众多善意投保人和被保险人的合法权益，损害保险的公正性和公平互助性，损害保险公司的整体利益和社会声誉，影响保险的社会功效，背离创办保险的宗旨。因此，防范保险欺诈是国际保险界应共同研究的主题，我们有必要在分析其原因之后，对保险欺诈的具体表现加以分类剖析。

（二）保险诈骗犯罪的法律特征

同传统的经济诈骗相比，保险诈骗罪有其显著的法律特征：

1. 犯罪主体多元化

保险诈骗不仅涉及自然人，并且涉及法人（单位）。从当前的司法实践看，一些特大保险诈骗案往往由法人（单位）实施或参与实施。

2. 社会危害的多重性

保险诈骗不仅侵犯了保险人的合法权益和整个社会的财产，破坏了国家的金融秩序，而且对他人的人身安全也构成了极大的威胁，如在人身保险中，有的投保人、受益人为了谋取巨额保险金而不惜铤而走险，故意杀害被保险人。

3. 诈骗数额巨大

与其他民事欺诈不同，保险领域内的诈骗往往以巨额保险金为行为指向。这在团伙作案、集团作案、跨国作案、法人（单位）作案中表现得尤为明显，因而其危害性更为严重。

4. 具有极强的隐蔽性

保险诈骗打着合法保险合同的幌子而制造假象，从中骗取赔偿金；保险人的经营对象遍及整个社会，难以对每个投保人都十分注意，而保险诈骗在制造违法事件的时间上有选择性，只要在合同有效期内，随时都可以进行，所以它有极强的隐蔽性。

5. 犯罪黑数较高

所谓犯罪黑数，是指客观存在的犯罪活动中，没有被揭露或没有受到司法机关查处的比数。在所有诈骗行为中，保险诈骗犯罪的黑数是最高的。究其原因，除了本身具有极强的隐蔽性，在短时间内难以受到司法机关的追究外，主要是许多人并不认为欺诈是一种严重的犯罪。一些人认为欺诈保险公司只是一种"公众游戏"，似乎是可以原谅的。而在保险欺诈者看来，这只是一种"扯平账务"的方式。

（三）保险诈骗犯罪构成

根据我国新刑法的规定，保险诈骗罪的构成必须同时具备如下要件：

（1）保险诈骗罪侵犯的复杂客体，即保险公司的财产所有权和国家的金融秩序。

①保险欺诈侵犯了我国的保险制度，这是本罪区别于一般诈骗罪和其他金融诈骗罪的本质所在。行为人实行保险欺诈，骗取保险金，其行为直接侵犯了保险制度。

②保险诈骗破坏了国家的金融秩序。

（2）保险诈骗的主体为特殊主体，一般只能由投保人、被保险人或受益人构成。

根据《刑法》第198条的规定，自然人和单位都可以成为本罪的主体。保险事故的鉴

定人、证明人、财产评估人故意提供虚假证明文件，为他人诈骗提供条件的，以保险诈骗罪的共犯论处。

（3）保险诈骗罪的客观方面表现为违保法规，采取虚构保险标的、保险事故或者制造保险事故等方法，骗取较大数额保险金的行为。

据此，保险诈骗罪具有三方面的特征：

①已实施了保险诈骗行为。

②保险人受蒙蔽而进行理赔。保险诈骗是结果犯罪，即保险诈骗罪既遂，犯罪人不仅实施了诈骗行为，而且必须使保险人受骗进行了赔付。

③骗取数额较大的保险金。

（4）保险诈骗罪的主观方面必须是故意，并具有非法占有保险金之目的，过失不构成本罪。保险诈骗的故意既可以是事前故意即产生在投保之前，也可以是事后故意即产生于投保之后。

（四）认定保险诈骗罪应当注意的问题

认定保险诈骗罪，总的标准是其犯罪构成的四个要件，同时，在本罪的司法裁量中，以下三个问题值得注意：

1. 保险诈骗罪与非罪行为的区别

根据《刑法》第 198 条的规定，诈骗保险金数额较大的，才构成保险诈骗罪。由此可见，保险诈骗罪与非罪行为区别的关键在于骗取保险金的数额是否达到了较大。对于骗取数额较小的保险金，情节轻微、危害不大的行为，可用一般的违反保险法的规定处理。

2. 保险诈骗罪与一般诈骗罪的区别

保险诈骗与一般诈骗有着共同点：在客观方面，两者的犯罪手法在本质上是一致的；在主观方面，都有诈骗故意，且具有非法占有公、私财物的目的。两者的区别主要在于主体不同：保险诈骗罪的主体是特殊主体；后者则为一般主体，即任何达到刑事责任年龄，具有刑事责任能力的人均可构成。除此之外，两者在犯罪客体方面亦有所不同：前者侵犯的是复杂客体，即保险公司的财产所有权和国家金融秩序；后者侵犯的是简单客体，仅为公、私财产所有权。

3. 保险诈骗罪中的一罪与数罪的问题

由于保险诈骗可能是采用恶性制造保险事故的手段来进行的，因而故意人为地制造保险事故往往不仅构成保险诈骗罪，而且还会触犯刑法的其他条文，构成其他犯罪。

根据《刑法》第 198 条第 2 款的规定，"行为人故意造成财产损失的保险事故或者是故意造成被保险人死亡、伤残或者疾病，同时构成其他犯罪的，依照数罪并罚的规定处罚。"例如，行为人为骗取保险金而故意制造财产损失的保险事故，如纵火、损毁等，可能还构成危害公共安全罪或侵犯财产罪中的一罪或数罪；或者行为人为骗取保险金而故意致人死亡、伤残或疾病的，可能同时构成故意杀人、故意伤害、虐待或遗弃等侵犯公民人身权利、民主权利罪。正是考虑到上述保险欺诈行为的严重危害性，新刑法对这些犯罪分子实行数罪并罚予以严惩。

任务评价

评价内容	学生自评	教师评价	学习记录
掌握交通肇事罪	□优 □良 □中 □差	□优 □良 □中 □差	
掌握危险驾驶罪	□优 □良 □中 □差	□优 □良 □中 □差	
掌握保险诈骗罪	□优 □良 □中 □差	□优 □良 □中 □差	

任务总结

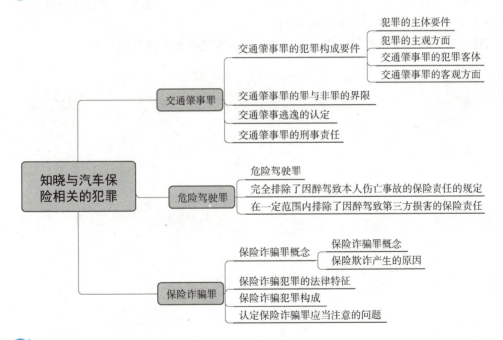

强化训练

请阅读以下案例，并回答以下问题。

案情：2011 年 5 月 9 日 22 时许，被告人高某某醉酒后驾驶某京牌照英菲尼迪牌小型越野车，行驶至北京市东城区东直门外大街十字坡路口东 50 米处时发生交通事故，致四车追尾、三人受伤。他人报警后，被告人高某某在案发现场等候处理，后民警赶至现场将其查获。经司法鉴定，被告人高某某血液内酒精含量为 243 mg/100 ml。

北京市东城区人民法院经审理认为，高某某违反法律规定，在道路上醉酒驾驶机动车，致四车追尾、三人受伤，其行为已构成危险驾驶罪。依照刑法有关规定，根据其犯罪事实、情节和危害后果，以危险驾驶罪判处被告人高某某拘役六个月，并处罚金人民币四千元。宣判后，高某某未提出上诉。

问题：法院判决的依据是什么？有什么典型意义？

 项目思政

案例一 2010年10月16日晚21时40分许，在河北大学新区超市前，一冀F牌照的黑色轿车，将两名女生撞出数米远。被撞一陈姓女生于17日傍晚经抢救无效死亡，另一女生重伤，经紧急治疗后，方脱离生命危险。肇事者李启铭口出狂言："有本事你们告去，我爸是李刚。"2011年1月30日，河北保定李启铭交通肇事案一审宣判，李启铭被判6年。

案例二 药家鑫，陕西省西安市新城区人，西安音乐学院大三的学生。2010年10月20日深夜，驾车撞人后又将伤者刺了八刀致其死亡，此后驾车逃逸时再次撞伤行人，后被附近群众抓获。后被公安机关抓捕。2010年10月23日，被告人药家鑫在其父母陪同下投案。2011年1月11日，西安市检察院以故意杀人罪对药家鑫提起公诉。同年4月22日在西安市中级人民法院一审宣判，药家鑫犯故意杀人罪，被判处死刑，剥夺政治权利终身，并处赔偿被害人家属经济损失。5月20日，陕西省高级人民法院对药家鑫案二审维持一审死刑判决。2011年6月7日上午，药家鑫被执行死刑。

请谈一谈新时代大学生如何树立正确的驾驶规范意识和法律意识。

项目三　认知经济法

学习目标

知识目标

➢ 经济法的调整对象和基本原则、经济法律关系及其保护

➢ 反不正当竞争法的基本原则、不正当竞争行为

➢ 消费者权益保护法：消费者的权利、经营者的义务

能力目标

➢ 理解经济法律部门的立法意图及国家对经济的调控和管理

➢ 能够识别不正当竞争行为，明确消费者的合法权益，依法保护自身的合法权益

素养目标

➢ 充分理解经济法

➢ 培养法律意识和规范意识

在我国保险法颁布的初期，保险法是归属于经济法的一个子部门，保险公司的设立、营业活动，保险行业的监管，以及保险代理人的职业活动、保险理赔人员工作的部分内容，都受到经济法的调整与规范，经济法是市场经济的重要法律规范，是从事保险行业的人员以及保险人都需要首先了解的重要的部门法。

任务一　了解经济法概述

任务背景

保险公司接到被保险人报案称，标的车在行驶中气囊突然爆开，致使司机受轻伤。查勘人员立刻到达现场进行勘验，发现车辆并未移动，标的车无明显碰撞痕迹，车上两个气囊爆

开。经进一步了解确定，标的车在正常行驶时，气囊突然爆开，致使司机一人受轻伤。从现场情况分析，事故原因属实。因此，根据现场情况，确认本次事故属于车辆的机械电气故障。

根据相关保险条款认定，本次事故损失不属于保险责任范围，现场给予拒赔处理。查勘人员耐心向客户说明标的车的损失原因属于车辆自身机械电气故障，指引客户向生产厂家进行索赔。

请问，保险人员的处理依据是什么？

任务分析

《中国人民财产保险股份有限公司家庭自用汽车损失保险条款》第 7 条：被保险机动车的下列损失和费用，保险人不负责赔偿：自然磨损、朽蚀、腐蚀、故障等。《民法典》第 1202 条规定：因产品存在缺陷造成他人损害的，生产者应当承担侵权责任。

由此可见，查勘人员在工作中，不仅要仔细勘查现场，排除报假案、报错案的情况，要仔细分析损害责任是否在保险责任范围之内，还需要具备汽车专业知识，判断损害的造成是否是由于汽车产品质量问题，更需要相关的法律知识。本案是典型的产品质量问题造成的消费者的损失，因此既需要熟知民法的有关规定，还要了解经济法中《产品质量法》的有关规定，这样才能有理有据，依法办事，顺利解决保险理赔纠纷。

本任务要求能够理解经济法律关系及其保护，了解经济法的调整对象和基本原则。

任务实施

一、经济法的概念与调整对象

1. 经济法概念

经济法自产生之日起，古今中外学者众说纷纭，是有史以来争议最多的一部法律。

（1）西方学者：对于经济法的概念，各国学者观点虽各不相同，概括起来，总体包括垄断禁止法论、国家干预经济论、公司法交错论、普遍经济利益论、企业法论、社会法论等观点。但多数学者认为，经济法是以反垄断法为基础和核心形成的国家干预社会经济的产物。日本学者金泽良雄认为，经济法是以"国家之手"（代替市场"无形之手"），来满足各种经济性的，即社会协调性要求而制定的法律。

（2）我国学者：我国学术界对于经济法的概念亦有很多不同的看法。概括起来，大致包括新经济行政法论，经济协调关系论，平衡、协调论，需要国家干预论，国家经济管理论等观点，其核心观点就是经济法是国家干预、管理或协调平衡社会经济的产物。综上所述，本书认为，经济法是关于调整经济管理关系和经营协调关系的法律规范的总称。

2. 经济法的调整对象

明确经济法的调整对象的特殊性，是准确了解"经济法"概念的关键，是与其他法律部门相区分的尺度。

（1）经济法的调整对象的含义。

经济法是调整特定经济关系的法律。经济法的调整对象是指经济法所干预、管理和调控的具有社会公共性的经济关系，即国家对经济实行宏观调控和微观协调过程中形成的经济法律关系。

宏观调控：是指国家为了实现经济总量的基本平衡，促进经济结构的优化，引导国民经济持续、快速、健康发展，对国民经济总体活动进行的调节和控制。宏观调控旨在弥补市场调节的不足和缺陷，更好地结合人民当前利益与长远利益，将局部利益和整体利益结合起来。

市场调节存在的不足和缺陷：由于市场主体的根本目的在于追求自身经济利益的最大化，因此在利益的驱动下，市场主体不仅可能违背商业道德，不择手段地进行不正当竞争还有可能通过联合行为来限制或消除竞争，即垄断，因而扰乱正常的经济秩序。

随着华尔街金融危机的爆发，在金融领域这个虚拟经济极大发展的今天，市场经济主体违背诚实信用的基本原则，采取欺诈手段疯狂攫取私有利益，引发金融海啸等事件，令人深思。

（2）经济法的调整对象的具体内容。

①宏观调控关系。宏观调控关系的内容包括：经济和社会发展战略目标的选择、战略计划的制订，经济总量的平衡，重大结构和布局的调整；收入分配中公平与效率的兼顾，经济结构的优化以及资源和环境的保护等。以上内容是市场经济中市场调节所解决不好或解决不了的。

现代市场经济的运行是一个极其复杂的过程，东南亚经济危机以及华尔街金融危机的发生，都暴露了"市场之手"自发调节经济的不足和缺陷，任由经济自然发展远远不能适应经济发展的需要，需要"国家之手"的适当干预与促进，我们把这种经济管理关系称为"宏观调控关系"。国家宏观调控所涉及的法律包括计划法、财政税收法、金融调控法、产业政策法、价格法、会计法和审计法等。

②市场运行关系。市场运行关系是指经济组织经营、协作、竞争过程中发生的经济关系。平等主体之间的协作关系通常由民法调整，如合同法、法人、代理等。竞争是市场经济的必然要求，无竞争就无市场。但是在竞争过程中，不正当竞争、垄断与限制竞争也随之产生，这会导致市场机制失灵，阻碍国家经济的健康发展。因而国家需要规定强制性的法律规范，排除影响公平竞争的障碍，维护经济发展的微观秩序。市场运行关系所涉及的法律包括反垄断法、反不正当竞争法、消费者权益保护法、产品质量法等。

③市场主体的组织管理关系。市场主体的组织管理关系是指市场主体的设立、变更、终止及其内部的责、权、利等关系。

实行社会主义市场经济，必须建立活跃的市场主体体系，其中企业或公司是最主要的主体。国家对企业，不能管得太严，又不能撒手不管，以法律手段代替行政手段，规范企业行为，使企业成为自主经营、自负盈亏的合格主体，能动地参与市场活动，改善经营提高效率，创造财富。我国的国有大中型企业、国家授权经办的企业，是具有中国特色的企业形式，在经济发展中发挥着独特的作用。我国市场主体的组织管理关系所涉及的法律包括企业法，如公司法、全民所有制企业法、中外合资经营企业法、外商投资企业法、企业破产法等。

④社会保障关系。市场经济强调效率、兼顾公平，既要克服平均主义，又要保障全体社会成员的基本生活。但市场本身解决不了这个问题，需要由国家出面进行干预，建立互助互济、社会化管理的社会保障制度。我国社会保障关系所涉及的法律主要有劳动法、社会保险法等。

二、经济法的基本原则

经济法的基本原则是贯彻于经济立法、执法和司法的价值准则，是经济法规范之间相互衔接、协调的基础和依据。经济法的基本原则具体包括以下三个方面的内容。

1. 平衡协调原则

平衡协调原则是指经济法的立法、执法要从整个国民经济的协调发展和社会整体利益出发，来协调利益主体的行为，平衡其相互利益关系，以引导、促进或强制实现社会整体发展目标与个体利益目标的统一。

2. 维护公平竞争原则

这是经济法反映社会化市场经济内在要求和理念的一项核心的、基础性的原则。

在经济法的各项制度和具体执法及司法中，都应考虑到维护公平竞争关系。政府的经济管理和市场操作更应该做到公平、公正、公开。

3. 责、权、利、效相统一原则

责、权、利、效相统一原则是指在经济法律关系中各管理主体和经营主体所承受的权利（力）、利益、义务和职责必须相一致，不应当有脱节、错位、不平衡等现象存在。

三、经济法律关系及其保护

经济法律关系是指在国家协调经济运行过程中由经济法律规范调整而形成的经济社会关系。

（一）经济法律关系的构成

1. 经济法律关系的主体

经济法律关系的主体是指经济法律关系的参加者，在公共管理、维护公平竞争、组织管理性流转与协作等法律关系中，依法享有一定权利（力）、承担一定义务的"当事人"。具体包括：

（1）经济管理主体，如行政机关、司法机关、依法授权的经济管理组织或特殊企业等。

（2）经济活动主体，如社会经济组织、各类公司、企业、个体承包租赁企业的个人等。经济活动主体的资格是指当事人所具有的参加经济法律关系，享有经济权利和承担经济义务的资格与能力，具有法定性。

2. 经济法律关系的内容

经济法律关系的内容是指经济法律关系的主体所享有的经济权利、拥有的经济权力和承担的经济义务。

（1）经济权利。经济权利是指经济法律关系主体依据法律或合同约定而获得的权利，如财产所有权、经营管理权、请求权。请求权是指主体的合法权益受侵犯时，依法享有的要求侵权人停止侵权行为和要求国家机关保护其合法权益的权利。请求权包括要求赔偿权、请求调解权、申请仲裁权和经济诉讼权等。此外，监督权、举报权、知情权也是经济法律关系主体的权利。

（2）经济权力。经济权力是指作为经济法主体的经济主管部门所拥有的各种权力总和，其内容包括经济组织权力、经济支配权、经济强制权、经济处罚权、经济监督权等。经济法律规范要求行使经济权力时具有合法性，不得与宪法、法律抵触，不得滥用职权。

（3）经济义务。经济义务是指经济法律关系主体为满足权利（力）主体的要求，依法为或不为一定的行为。其中包括：

①国家和政府机关的义务，分为一般性的和服务性的义务两大类；

②市场活动主体的义务有守法经营、公平竞争、接受监督以及经济组织内部义务。

3. 经济法律关系的客体

经济法律关系的客体是指经济法律关系主体享有的经济权利和承担的经济义务所共同指向的对象。经济法律关系的客体包括以下三种类型。

（1）物。物是指可以为人们控制和支配的、有一定经济价值的、以物质形态表现出来的物体。根据实践需要的不同，物可分为不同的种类：生产资料和生活资料；自由流通物与限制流通物；特定物与种类物；主物与从物；原物与孳息；货币和有价证券等。

（2）经济行为。经济行为是指经济法主体为达到一定的经济目的所进行的经济活动。经济行为包括经济管理行为、完成一定工作的行为和提供一定劳务的行为。

（3）智力成果。智力成果是指能为人们带来经济价值的独创的脑力劳动成果，智力成果包括专利权、商标权、专有技术权等。

（二）经济法律关系的发生、变更和终止

经济法律关系处在不断地发生、变更和终止的运动过程中。它的发生、变更和终止需要具备一定的条件，其中最主要的条件有法律规范和法律事实。然而国家经济法律规范的颁布和实施，并不必然引起经济法律关系发生变更和终止，但法规与具体经济法律关系之间的连接点就是法律事实。经济法的法律事实包括：

（1）法律事件。法律事件包括不可抗力、自然灾害、战争。

（2）法律行为。法律行为包括合法行为、违法行为，以及政府相应的管理机关等的职能管控行为。

（三）经济法律关系的保护

在整个国民经济生活中，经济法对经济法律关系的保护，既可以通过监督经济法律关系的参加者，正确行使权利（力）和切实履行义务得到体现，也可以通过严格执法来保护权利主体的合法权益，来保护经济法律关系。国家在法律规范中规定了经济法律关系的监督和保护的同时又规定了各种保护方法。

1. 经济法律关系的监督保护机构

（1）国家经济领导机关及其他职能部门。国家经济领导机关有权对全国的或者所属的经济部门和经济组织进行经济监督，对违反国家计划和对经济建设造成损害的单位，有权依法进行处理，有权责令整顿或进行其他必要的行政制裁。国家有关主管部门对市场竞争行为予以规制，反垄断及反不正当竞争、保护消费者合法权益、保障良好有序的市场竞争秩序。

（2）审计机构。我国宪法规定国家建立审计机构，对国家各级财政进行监督。审计机构代表国家行使审计监督权，对国家财政财务进行审计监督。审计监督的目的，是要维护国家财政经济秩序，促进廉政建设，以促进改善经营管理，提高经济效益。

（3）其他职能部门的经济监督。其他职能部门主要是指统计、会计、财税、银行、物价等部门对国民经济管理或社会经济活动所进行的监督和管理。这种经济监督具有法律的强制性。

（4）仲裁机构。双方当事人发生经济争议时，一般应当先进行协商解决，协商不成时，可以由有关部门进行仲裁。

（5）经济审判机构。人民法院通过行使审判权，保护经济法主体的合法权益。

2. 保护经济法律关系的方法

（1）经济制裁。常用的方法有赔偿经济损失，交付违约金等。

（2）经济行政制裁。是指行为人尚未构成犯罪，由国家行政机关依法给予的经济性质的行政处分。

（3）经济刑事制裁。是指对违反经济刑法造成严重后果的经济犯罪分子，由法院给予的刑事制裁。

任务评价

评价内容	学生自评	教师评价	学习记录
了解经济法的概念	□优 □良 □中 □差	□优 □良 □中 □差	
明晰经济法的基本原则	□优 □良 □中 □差	□优 □良 □中 □差	
知晓经济法的关系构成	□优 □良 □中 □差	□优 □良 □中 □差	
知晓经济法的监督保护机构	□优 □良 □中 □差	□优 □良 □中 □差	

任务总结

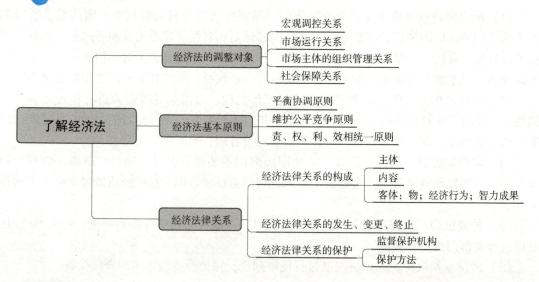

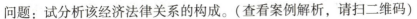

强化训练

请扫描二维码观看案例，并回答以下问题。

案情：江苏 A 影视艺术有限公司与宁波 B 公司在南京签订了一份《合同书》，约定宁波 B 公司将电视剧《某某爱情》在北京、天津、重庆、山东等 7 大省市的电视播映权独家转让给江苏 A 公司并支付了款项。

问题：试分析该经济法律关系的构成。（查看案例解析，请扫二维码）

任务二　认知反不正当竞争法

任务背景

　　中国人寿保险公司安庆城区支公司（以下称人保支公司）与安庆市建筑工程管理局（以下称市建工局）商定，由该建筑工程管理局指定在建筑工程招投标中中标的建筑施工企业到人保支公司办理建筑工程意外伤害险。作为回报，人保支公司将此项保险费的部分收入付给市建工局。2017 年 7 月至 2020 年 7 月，人保支公司实现建筑工程意外伤害保险收入近 300 万元，其他推销该险种的保险公司却未能成功。

　　为了能够将此项保险费的部分收入回报给市建工局，人保支公司将这些保险费收入一分为二，一部分以建筑工程企业投保的建筑工程意外保险入账，另一部分则伪造成意外还本险、福瑞两全险等还本性质的险种入账，将这些险种的保费以期满还本的方式发给了市建工局。至案发止，人保支公司在其近 300 万元的保险费收入中，已付给市建工局近 48 万元。市建工局未将此款反映在其行政事业经费收支的财务账上。

　　请问，该案例中保险费收入的支配合理吗？

任务分析

　　本案是典型的商业贿赂案。该商业贿赂行为是以"账外暗中"给予和收受回扣的方式进行的。根据商业贿赂的构成要件，无论保险公司给予建筑工程管理局的贿款是否入账，都不影响对这起商业贿赂行为的认定。因为保险公司之所以付给建筑工程局好处费，目的是不公平地获取交易机会。

　　安庆市工商局依据《反不正当竞争法》第 22 条规定，对中国人寿保险公司安庆城区支公司开展"建筑工程意外伤害保险业务"中实施的商业贿赂行为作出罚款 10 万元和没收违法所得 48 万元的行政处罚决定。

任务实施

一、反不正当竞争法概述

　　竞争是商品经济的伴生现象。有商品经济就必然有市场竞争，有市场竞争也就必然有正

当竞争和不正当竞争。不正当竞争不仅是对其他正当竞争者利益的侵害，更是对市场秩序的破坏。现代意义上的反不正当竞争法发端于美洲。1889 年加拿大颁布的《禁止限制性的合并法》是第一部现代意义上的反不正当竞争法。1890 年美国参照加拿大的立法，制定了《谢尔曼反托拉斯法》。

我国于 1993 年 9 月颁布的《反不正当竞争法》（1993 年 12 月 1 日正式生效）是新中国第一部反不正当竞争法，也是我国第一部规范市场秩序的法律。它在内容上共有 5 章 33 个条款，规定了总则、不正当竞争行为、监督检查机关及其权限，此外，还规定了违法者应承担的法律责任。

在进入 21 世纪后，《中华人民共和国反不正当竞争法》已由中华人民共和国第十二届全国人民代表大会常务委员会第三十次会议于 2017 年 11 月 4 日修订通过，修订后的《中华人民共和国反不正当竞争法》自 2018 年 1 月 1 日起施行。

1. 反不正当竞争法的概念

（1）不正当竞争是指经营者违反《反不正当竞争法》的规定，损害其他经营者的合法权益，扰乱社会经济秩序的行为。

（2）反不正当竞争法。反不正当竞争法的定义有广义和狭义之分。广义的反不正当竞争法是指调整市场竞争过程中因规制不正当竞争行为，而发生的各种社会关系的法律规范的总称。狭义的反不正当竞争法是指《反不正当竞争法》以及相关的行政规章。

2. 反不正当竞争法的基本原则

反不正当竞争法的基本原则有：自由竞争原则、正当竞争原则、规制竞争原则。

3. 反垄断法和反不正当竞争法的关系

《反不正当竞争法》主要保护受不正当竞争行为损害的善意经营者的利益，维护公平竞争的市场秩序，保护消费者的利益。从这个意义上说，反不正当竞争法的价值理念是保护公平竞争。

反垄断法的目的是保证市场上有足够的竞争者，保证消费者在市场上有选择商品或服务的权利。反垄断法的价值理念是保护自由竞争。

反不正当竞争法和反垄断法作为维护市场竞争秩序的两种法律制度，在功能上相辅相成，都是市场经济不可缺少的法律制度。

二、不正当竞争行为

《反不正当竞争法》第 2 条规定：本法所称的不正当竞争行为，是指经营者在生产经营活动中，违反本法规定，扰乱市场竞争秩序，损害其他经营者或者消费者的合法权益的行为。

《反不正当竞争法》第 6 条至第 12 条明确列举不正当竞争行为。

第 6 条，经营者不得实施下列混淆行为，引人误认为是他人商品或者与他人存在特定联系：

（1）擅自使用与他人有一定影响的商品名称、包装、装潢等相同或者近似的标识；

（2）擅自使用他人有一定影响的企业名称（包括简称、字号等）、社会组织名称（包括简称等）、姓名（包括笔名、艺名、译名等）；

（3）擅自使用他人有一定影响的域名主体部分、网站名称、网页等；

（4）其他足以引人误认为是他人商品或者与他人存在特定联系的混淆行为。

第 7 条，经营者不得采用财物或者其他手段贿赂下列单位或者个人，以谋取交易机会或者竞争优势：

（1）交易相对方的工作人员；

（2）受交易相对方委托办理相关事务的单位或者个人；

（3）利用职权或者影响力影响交易的单位或者个人。

经营者在交易活动中，可以以明示方式向交易相对方支付折扣，或者向中间人支付佣金。经营者向交易相对方支付折扣、向中间人支付佣金的，应当如实入账。接受折扣、佣金的经营者也应当如实入账。

经营者的工作人员进行贿赂的，应当认定为经营者的行为；但是，经营者有证据证明该工作人员的行为与为经营者谋取交易机会或者竞争优势无关的除外。

第 8 条，经营者不得对其商品的性能、功能、质量、销售状况、用户评价、曾获荣誉等作虚假或者引人误解的商业宣传，欺骗、误导消费者。

经营者不得通过组织虚假交易等方式，帮助其他经营者进行虚假或者引人误解的商业宣传。

第 9 条，经营者不得实施下列侵犯商业秘密的行为：

（1）以盗窃、贿赂、欺诈、胁迫或者其他不正当手段获取权利人的商业秘密；

（2）披露、使用或者允许他人使用以前项手段获取的权利人的商业秘密；

（3）违反约定或者违反权利人有关保守商业秘密的要求，披露、使用或者允许他人使用其所掌握的商业秘密。

第三人明知或者应知商业秘密权利人的员工、前员工或者其他单位、个人实施前款所列违法行为，仍获取、披露、使用或者允许他人使用该商业秘密的，视为侵犯商业秘密。

本法所称的商业秘密，是指不为公众所知悉、具有商业价值并经权利人采取相应保密措施的技术信息和经营信息。

第 10 条，经营者进行有奖销售不得存在下列情形：

（1）所设奖的种类、兑奖条件、奖金金额或者奖品等有奖销售信息不明确，影响兑奖；

（2）采用谎称有奖或者故意让内定人员中奖的欺骗方式进行有奖销售；

（3）抽奖式的有奖销售，最高奖的金额超过五万元。

第 11 条，经营者不得编造、传播虚假信息或者误导性信息，损害竞争对手的商业信誉、商品声誉。

第 12 条，经营者利用网络从事生产经营活动，应当遵守本法的各项规定。

经营者不得利用技术手段，通过影响用户选择或者其他方式，实施下列妨碍、破坏其他经营者合法提供的网络产品或者服务正常运行的行为：

（1）未经其他经营者同意，在其合法提供的网络产品或者服务中，插入链接、强制进行目标跳转；

（2）误导、欺骗、强迫用户修改、关闭、卸载其他经营者合法提供的网络产品或者服务；

（3）恶意对其他经营者合法提供的网络产品或者服务实施不兼容；

（4）其他妨碍、破坏其他经营者合法提供的网络产品或者服务正常运行的行为。

三、不正当竞争行为的监督检查和法律责任

监督检查部门调查涉嫌不正当竞争行为，可以采取下列措施：

（1）进入涉嫌不正当竞争行为的经营场所进行检查；

（2）询问被调查的经营者、利害关系人及其他有关单位、个人，要求其说明有关情况或者提供与被调查行为有关的其他资料；

（3）查询、复制与涉嫌不正当竞争行为有关的协议、账簿、单据、文件、记录、业务函电和其他资料；

（4）查封、扣押与涉嫌不正当竞争行为有关的财物；

（5）查询涉嫌不正当竞争行为的经营者的银行账户。

采取前款规定的措施，应当向监督检查部门主要负责人书面报告，并经批准。采取前款第四项、第五项规定的措施，应当向设区的市级以上人民政府监督检查部门主要负责人书面报告，并经批准。

监督检查部门调查涉嫌不正当竞争行为，应当遵守《中华人民共和国行政强制法》和其他有关法律、行政法规的规定，并应当将查处结果及时向社会公开。

违反《反不正当竞争法》涉及的法律责任包括民事责任、行政责任和刑事责任。具体相关规定如下：

第27条，经营者违反本法规定，应当承担民事责任、行政责任和刑事责任，其财产不足以支付的，优先用于承担民事责任。

第28条，妨害监督检查部门依照本法履行职责，拒绝、阻碍调查的，由监督检查部门责令改正，对个人可以处五千元以下的罚款，对单位可以处五万元以下的罚款，并可以由公安机关依法给予治安管理处罚。

第29条，当事人对监督检查部门作出的决定不服的，可以依法申请行政复议或者提起行政诉讼。

第30条，监督检查部门的工作人员滥用职权、玩忽职守、徇私舞弊或者泄露调查过程中知悉的商业秘密的，依法给予处分。

第31条，违反本法规定，构成犯罪的，依法追究刑事责任。

任务评价

评价内容	学生自评	教师评价	学习记录
了解立法情况	□优 □良 □中 □差	□优 □良 □中 □差	
明晰不正当竞争行为	□优 □良 □中 □差	□优 □良 □中 □差	
知晓不正当竞争行为的法律责任	□优 □良 □中 □差	□优 □良 □中 □差	

任务总结

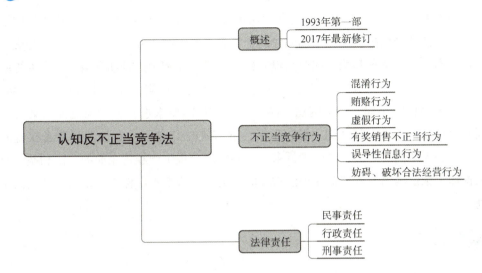

```
                                    ┌── 1993年第一部
                         概述 ───────┤
                                    └── 2017年最新修订

                                    ┌── 混淆行为
                                    ├── 贿赂行为
认知反不正当竞争法 ──── 不正当竞争行为 ─┼── 虚假行为
                                    ├── 有奖销售不正当行为
                                    ├── 误导性信息行为
                                    └── 妨碍、破坏合法经营行为

                                    ┌── 民事责任
                         法律责任 ───┼── 行政责任
                                    └── 刑事责任
```

强化训练

请扫描二维码观看案例，并回答以下问题。

案情：某市甲、乙两家企业为争夺市场，通过下列行为展开激烈竞争。甲企业为了增加销售量，忍痛附赠价值 200 元奖品；乙企业则声称：凡购买本企业产品的消费者均可获得抽奖机会，最高奖品是价值 10 万元的小轿车，事实上该奖品根本不存在。

问题：请问企业的哪些行为是不正当竞争行为？（查看案例解析，请扫二维码）

任务三 认知消费者权益保护法

任务背景

包某通过电子购物平台向某公司购买了两台斐讯品牌的无线路由器，型号分别为 K3C、K3，金额分别为 1199 元、1799 元。2018 年 3 月，包某收到了上述产品。2019 年 3 月 28 日，包某向该公司客服发起咨询，内容为"上述产品无合格证，无检验日期和生产日期，无检验员签名"，要求"退一赔三"。客服回复，包某购买的上述两台无线路由器分别在包装盒侧面和底面印刷有产品型号、天线类型等内容，同时标注"检验合格"、3C 标志等。双方协商无果，包某诉至法院。

请问，包某是否会胜诉？法律依据是什么？

🎯 任务分析

　　根据消费者权益保护法规定，经营者提供商品或者服务有欺诈行为的，应当按照消费者的要求增加赔偿其受到的损失，增加赔偿的金额为消费者购买商品的价款或者接受服务的费用的三倍。本案中包某称其购买的产品没有标注检验日期和生产日期等信息，亦无检验合格证，故要求某公司退款并承担三倍赔偿。但涉案产品包装盒侧面和底面印有相关产品信息，并标注"检验合格"字样。包某网购产品后未在七日内要求退货，亦未能证明某公司销售路由器时存在欺诈行为，其"退一赔三"的主张没有法律依据。在涉及消费者权益的案件中，法院既要支持消费者的合法合理诉求，也要保障合规生产经营企业的合法利益。对于无法律依据却主张依据消费者权益保护法索赔的消费者，法院不应保护，以引领诚实信用的社会风尚。

🎯 任务实施

一、消费者权益保护法概述

　　消费者权益保护法是调整在保护公民消费权益过程中所产生的社会关系的法律规范的总称。一般指于 1993 年 10 月 31 日颁布、1994 年 1 月 1 日起施行的《中华人民共和国消费者权益保护法》，而该法的颁布实施也是中国第一次以立法的形式全面确认消费者的权利。

　　2009 年 8 月 27 日第十一届全国人民代表大会常务委员会第十次会议《关于修改部分法律的规定》对该法进行了第一次修正；2013 年 10 月 25 日第十二届全国人大常委会第五次会议《关于修改〈中华人民共和国消费者权益保护法〉的决定》对其进行了第二次的修正，自 2014 年 3 月 15 日起施行。

（一）消费者的含义

1. 消费者

　　消费者是指为生活消费需要而购买、使用商品或者接受服务的人。

　　《消费者权益保护法》第 2 条规定："消费者为生活消费需要购买、使用商品或者接受服务，其权益受到保护。"消费者作为消费主体，其范围包括一切进行生活消费的个人和消费全体。

2. 消费者的法律特征

　　（1）消费者的消费性质属于生活消费，包括物质方面的消费，如衣、食、住、行等；还包括精神消费，如旅游、文化、教育等。

　　（2）消费者的消费客体是商品和服务。商品指的是与生活消费有关的并通过流通过程推出的那部分商品，包括加工、未加工的；动产、不动产。

　　（3）消费者的主体包括公民个人和进行生活消费的单位。

　　《消费者权益保护法》附则中规定农民购买生产资料参照《消费者权益保护法》适用。

原因是农民购买农业生产资料的目的主要是满足自己的生活需要，特别是农民是弱势群体之一，需要特别的保护。

（二）消费者权益保护法

1. 消费者权益保护法的概念

消费者权益保护法是调整消费者与经营者在市场经济活动中所发生的、有关消费者权益争议关系的法律规范的总称。广义上的消费者权益保护法包括所有有关保护消费者权益的法律、法规，如《产品质量法》《反不正当竞争法》等。

2. 消费者权益保护法的基本原则

消费者权益保护法的基本原则是指消费者权益保护法律规范，所体现的指导思想和基本准则。主要包括：

（1）对消费者特别保护的原则；

（2）消费者保护与社会协调发展的原则；

（3）鼓励社会监督的原则。

二、消费者权利和经营者义务

1. 消费者的权利

（1）安全保障权：是指消费者有权要求经营者提供的商品和服务符合保障人身、财产安全的要求，又称"安全权"，包括人身安全权和财产安全权两个方面，这是消费者最重要的权利。

（2）知情权：是指消费者享有知悉其购买、使用商品或接受服务真实情况的权利。

这里指的真实情况包括：一是商品或者服务的真实来源；二是关于商品或者服务本身的真实信息，包括价格、用途、性能、规格、等级、主要成分、生产日期、有效期限、检验合格证、安全方法说明、售后服务以及服务的内容、规格、费用等有关情况。知情权是消费者权益的重要保障。

（3）选择权：是指消费者有权根据自己的消费需求、意向和兴趣，自主选择自己满意的商品或服务。选择权是消费者的基本权利，其法理依据是民法的志愿原则。

（4）公平交易权：是保障消费者能够以自己所付的价款得到同等价值的商品或服务，即"物有所值"。主要表现为：有权获得质量保障、价格合理、计量正确等公平交易条件，且有拒绝经营者强制交易的权利。

（5）求偿权：消费者因购买、使用商品或接受服务受到人身、财产损害的，享有依法获得赔偿的权利。

由于民事诉讼的举证原则是"谁主张，谁举证"，消费者求偿时，就应当有证据，因此，要注意索要并保存购货凭证、服务单据，或维修情况、三包凭证等。

（6）结社权：消费者享有依法成立维护自身合法权益的社会团体的权利，如消费者协

会。其目的在于通过集体的力量来维护相对弱小的公民个人的合法权益。

（7）获取知识权：消费者享有获得有关消费和消费者权益保护方面的知识的权利。消费者自身应当努力掌握所需商品或者服务的知识和使用技能，正确使用商品，提高自我保护意识。

（8）受尊重权：消费者在购买、使用商品时，享有其人格尊严、民族风俗习惯得到尊重的权利。消费者在消费过程中，不受非法搜查、检查、侮辱、诽谤。

例如，超市保安人员即使掌握了顾客偷窃的证据，也只能将其送往司法机关，无权对顾客进行搜身或拘禁。

（9）监督权：消费者享有对商品和服务以及保护消费者的工作进行监督的权利。

监督权表现为：一是有权检举、控告侵犯消费者权益的行为；二是有权检举、控告国家机关及其工作人员在保护消费者权益工作中的违法失职行为，有权对保护消费者权益的工作提出批评、建议。

《消费者权益保护法》第6条规定："保护消费者的合法权益是全社会的共同责任。国家鼓励、支持一切组织和个人对损害消费者合法权益的行为进行社会监督。大众媒体应当做好维护消费者合法权益的宣传，对损害消费者合法权益的行为进行舆论监督。"

2. 经营者的义务

（1）依法定或者约定履行义务：经营者应依法律、法规的规定履行义务，依约定履行的，约定不得违背法律、法规。

（2）接受监督的义务：经营者应当听取消费者对其提供的商品或者服务的意见，接受消费者的监督。

（3）保证安全的义务：是指经营者在经营场所对消费者、潜在的消费者或者其他进入服务场所的人身、财产安全依法承担的安全保障义务。

（4）提供真实信息的义务：经营者应提供真实信息，不得做虚假宣传。

（5）标明经营者真实名称和标记的义务：租赁他人场地或柜台的，应标明真实名称和标记。展销会举办者、场地和柜台提供者亦应加强监督。

（6）签发凭证或者单据的义务：经营者应主动提供凭证或单据，顾客索要的凭证或单据，经营者必须出具。

（7）保障产品质量的义务：商品若存在瑕疵应事先告知。

（8）承担"三包"义务：按国家规定或与消费者的约定，承担包修、包换、包退或者其他责任的，应当按规定履行，不得无故拖延。

（9）不得进行不当免责：严格遵守公平交易的义务，不得以格式合同、通知、声明、店堂告示等方式作出对消费者不公平、不合理的规定，或者减轻、免除其损害消费者合法权益应当承担的民事责任。

（10）尊重消费者人格：消费者依法享有人身权，经营者不得以任何理由侵犯消费者的人身权利，不得对消费者进行侮辱、诽谤，不得搜查消费者的身体及其携带的物品，不得侵犯消费者的人身自由。

三、违反消费者权益保护法的法律责任

1. 消费者权益的保护

（1）消费者权益的国家保护。消费者权益的国家保护主要体现为立法保护、行政保护和司法保护。

（2）消费者权益的社会保护。消费者组织是指由消费者自发组织起来，或者由国家机关以外的其他社会团体组建而来，依法成立的、对商品和服务进行社会监督的、保护消费者合法权益的非营利性社会组织。此外，广播、电视、报刊、网络等大众传播媒介亦起到舆论监督的作用。

（3）消费者争议的解决。消费者争议的解决又称为消费救济程序，是指为解决消费争议所使用的手段和途径。我国的消费救济程序主要有：协商和解、消费者协会调解、行政申诉、申请仲裁、提起诉讼。

2. 违反消费者权益保护法的法律责任

（1）责任主体的确定。违反消费者权益保护法一般是商品生产者和销售者，并且二者共负连带责任。

（2）惩罚性赔偿。《消费者权益保护法》第 55 条规定：经营者提供商品或者服务有欺诈行为的，应当按照消费者的要求增加赔偿其受到的损失，增加赔偿的金额为消费者购买商品的价款或者接受服务的费用的三倍；增加赔偿的金额不足五百元的，为五百元。法律另有规定的，依照其规定。

经营者明知商品或者服务存在缺陷，仍然向消费者提供，造成消费者或者其他受害人死亡或者健康严重损害的，受害人有权要求经营者依照本法第 49 条、第 51 条等法律规定赔偿损失，并有权要求所受损失二倍以下的惩罚性赔偿。

🎯 任务评价

评价内容	学生自评	教师评价	学习记录
了解立法情况	□优 □良 □中 □差	□优 □良 □中 □差	
了解消费者的概念	□优 □良 □中 □差	□优 □良 □中 □差	
知晓消费者的权利	□优 □良 □中 □差	□优 □良 □中 □差	

续表

评价内容	学生自评	教师评价	学习记录
了解经营者的义务	□优 □良 □中 □差	□优 □良 □中 □差	
明晰相关法律责任	□优 □良 □中 □差	□优 □良 □中 □差	

任务总结

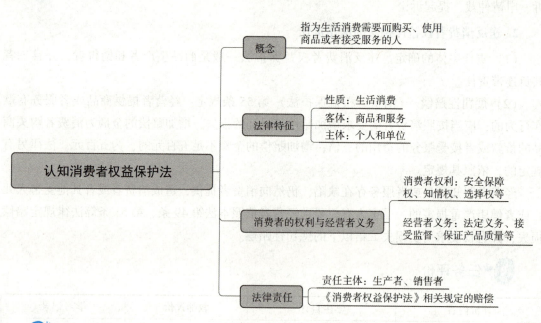

强化训练

请扫描二维码观看案例，并回答以下问题。

案情：2020 年 9 月 30 日，小高在某公司搞活动时，订购了一台液晶电视，支付价款 19999 元。2020 年 10 月 17 日，电视被送到了家中，欢喜劲还没过，小高从索尼电视自带的功能键中发现，该电视已经工作 1527 个小时，开机次数超过了 20 次，属于旧机（或样机）。随后，小高找到了该公司，销售人员表示是送错了机型。但随后，商家承认将样机当新机进行售卖。小高忍无可忍，一纸诉状将销售方告上了法庭。

问题：小高的权益会得到法律的保护吗？（查看案例解析，请扫二维码）

项目思政

案例一　浙江省金华市金东区市场监管局根据市局稽查支队的统一部署，联合新疆维吾尔自治区阿克苏地区的商标权利人在辖区4个冷库内查处6起伪造产地的苹果销售案。据悉2017年12月期间，徐某等6名水果经销商，分别在陕西、甘肃、山西等地收购当地产的苹果，装进印有"阿克苏糖心苹果"和"产地：新疆阿克苏"等字样的纸箱，运往金华，存放在不同冷库，以待春节前旺季销售。当事人共购进此类苹果9100余箱，计5万余公斤，案值30万元，经商标权利人鉴定均为假冒"阿克苏糖心苹果"。金东区市场监管局认为，当事人的行为违反新《反不正当竞争法》中关于"经营者不得对其商品的性能、功能、质量、销售状况、用户评价、曾获荣誉等作虚假或者引人误解的商业宣传"的相关条款，涉嫌虚假宣传。浙江省工商局将依法进行处罚。

案例二　2014年11月16日，孙先生在宝鸡商场公园路店闲逛，发现店内进行TCL电视大促销，他看上一台"55寸"电视机，花了4599元买回家。电视安装好后，孙先生总觉得不太对劲，电视似乎不够大，于是他测量了电视机的实际对角线，长度为140厘米，按一寸约等于3.33厘米换算，也就是说买回来的这台电视只有"42寸"左右，而非商家标注的"55寸"，明显属于欺诈。于是他将宝鸡商场有限公司告上法庭，要求法院依法判令商家退还货款4599元并三倍赔偿13797元，承担诉讼费260元。

最终法院判定宝鸡商场提供的商品和服务有欺诈行为，应当承担相应民事责任，商场应退回孙先生购电视款4599元，并进行三倍赔偿13797元，承担诉讼费260元，电视机退还给商家。

请谈一谈作为消费者应如何保障自己的合法权益。

模块三
汽车保险合同

项目一　掌握保险合同的一般规定

 学习目标

知识目标
> 熟悉保险合同的基础概念与基本理论
> 熟悉和掌握汽车保险相关部门法
> 熟悉保险合同的条款和形式
> 了解保险合同的效力与履行义务

能力目标
> 能够掌握保险合同的分类
> 能够说明保险合同中不同主体的关系
> 能够通过所学知识，初步读懂保险合同的条款

素养目标
> 培养良好的政治素养、行为规范及职业道德
> 热爱保险专业领域工作
> 培养良好心理素质及身体素质

任务一　了解保险合同

任务背景

　　2019 年 12 月 27 日，李某就其所拥有的机动车向甲保险公司投保了交强险和商业险，保险期限自 2019 年 12 月 28 日起至 2020 年 12 月 27 日止。保险条款约定，发生意外事故时，驾驶人有以下情形之一的，保险人不负赔偿

责任，其中有一种情况是：依照法律法规或公安机关交通管理部门有关规定不允许驾驶保险车辆的其他情况下驾车。李某初次申领驾驶证的时间为 2020 年 5 月 13 日。2020 年 6 月 22 日，李某独自驾驶保险车辆于沈海高速公路上发生追尾的交通事故，造成保险车辆及第三者车辆受损，李某对事故负全部责任。后李某向甲保险公司申请理赔，但甲保险公司拒绝赔付，故李某起诉至法院，请求判令甲保险公司赔偿车辆维修费及拖车费等 32 万余元。

请问，本案例法院应如何判决？并说明依据。

任务分析

法院认为，驾驶人李某实习期间独自驾驶机动车上高速公路行驶的行为，违反了《机动车驾驶证申领和使用规定》中，驾驶人在实习期间驾车上高速公路需要有三年驾龄以上的驾驶人坐副驾陪同的规定，属于保险合同免责条款中依照规定不允许驾驶保险车辆的情形，但并不属于法律、行政法规中的禁止性规定情形。对于该免责条款，甲保险公司虽在保险单明示告知栏中提示投保人阅读，现在，无证据证明其履行了明确说明义务，因此该条款不产生效力，甲保险公司理应承担保险责任。遂判决支持了李某的诉求。

对于保险合同中所有免除保险人责任的条款，包括保险合同中"责任免除"或"除外责任"的部分条款，以及在保险合同其他部分的免赔额、免赔率、比例赔付等免责条款，保险人均应当在订立合同时对投保人进行提示。对于不属于法律、行政法规中禁止性规定情形的一般免责条款，保险人还应当证明其在订立合同时履行了明确说明义务，否则该条款不发生效力。投保人或被保险人也可以在订立合同时要求保险人对免责条款进行提示和说明，知晓并充分理解免责条款，避免在保险事故发生时对其是否属于理赔范围产生分歧和纠纷。

任务实施

一、合同的概念和特征

合同称契约。广义的合同是泛指发生一定权利、义务的协议，如商品买卖合同、经济管理合同、赠予合同等双方订立的合同。狭义的合同是专指双方或多方当事人（自然人或法人）关于建立、变更、消灭法律关系的协议。

1. 合同的概念

合同是平等主体的自然人、法人、其他组织之间设立、变更、终止民事权利义务关系的协议。《民法典》合同编中所称的合同，不包括婚姻、收养、监护等有关身份关系的协议。根据合同法的定义，合同就是协议，协议就是合同。

2. 合同的特征

合同的法律特征主要有四个：

第一，合同是双方或多方当事人自愿达成的民事法律行为。从合同的主体看，必须有两个以上当事人；从意思表示看，必须是合同当事人意思表示一致；合同是一种民事法律行为。

第二，合同以设立、变更、终止民事权利义务关系为目的。当事人订立合同的目的，是设立、变更、终止民事权利义务关系，这种权利义务关系是为了满足当事人的某种需求或实现某种愿望。

第三，合同当事人的法律地位是平等的。在合同法律关系中，当事人之间的法律地位是平等的。没有上下级之分，没有高低，不分年龄大小，一律平等。任何一方都不得以强凌弱，把自己的意志强加给对方。

第四，合同是国家规定的一项法律制度，受国家强制力的保护和约束。合同一旦成立生效，当事人不得随意变更或解除，当事人在无正当理由的情况下不履行合同，就要承担法律责任。

二、保险合同的概念

根据《保险法》第 10 条规定：保险合同是投保人与保险人约定保险权利义务关系的协议。

投保人是指与保险人订立保险合同，并按照合同约定负有支付保险费义务的人。

保险人是指与投保人订立保险合同，并按照合同约定承担赔偿或者给付保险金责任的保险公司。

根据保险合同的约定，收取保险费是保险人的基本权利，赔偿或给付保险金是保险人的基本义务；与此对应，交付保险费是投保人的基本义务，请求赔偿或给付保险金是被保险人的基本权利。

三、保险合同的特征

1. 保险合同是有偿合同

有偿合同是指因为享有一定的权利而必须偿付一定对价的合同。保险合同的有偿性主要体现在投保人要取得保险的风险保障，必须支付相应的代价，即保险费；保险人要收取保险费，必须承诺承担保险的保障责任。

2. 保险合同是双务合同

双务合同是指合同双方当事人相互享有权利、承担义务的合同。但保险合同的双务性与一般双务合同并不完全相同，因为保险人的赔付义务只有在约定的事故发生时才履行，所以是附有条件的双务合同。

另外，保险合同当事人相互享有权利义务，投保人负有按期支付保险费的义务，同时享有在保险事故发生时要求保险人给予赔偿的权利；而保险人享有按期向投保人收取保费的权利，同时负有危险承担的义务，即保险事故发生或保险合同到期后给付保险金的义务，因此，保险合同又是双务有偿合同。

3. 保险合同是射幸合同

射幸合同是指合同的效果在订约时不能确定的合同，即合同当事人一方不必然履行给付义务，而只有当合同中约定的条件具备或合同约定的事件发生时才履行。射幸合同又被称为机会性合同，指合同的法律效果在订立合同时尚未确定，合同当事人一方义务的履行有待于偶然事件的发生。保险合同、彩票、有奖销售合同均属于射幸合同。

从保险合同所保障的保险标的的总体来看，风险事故的发生是不可避免的，保险人履行其向被保险人支付赔偿金的义务也是必然的，从保险标的的总体来看，保险合同是保障性合同；就保险标的的个体而言，保险合同是射幸合同，这是由风险的偶然性和大数法则决定的。

4. 保险合同是附和合同

附和合同又称格式合同，是指合同内容一般不是由当事人双方协商拟定，而是由一方当事人事先拟定，印好格式条款供另一方当事人选择，另一方当事人只能做取与舍的决定，无权拟定合同的条文。

在实际生活中，绝大多数的合同都是议商合同。但是保险合同却是附和合同，在保险合同中，保险人单方制定出保险合同的基本条款，投保人无权修改其条款内容，出现有需要变更保险单内容的情况时，只能用保险人事先准备的附加条款或加批注的形式。

5. 保险合同是最大诚信合同

《保险法》第 5 条规定："保险活动当事人行使权利、履行义务，应当遵循诚实信用原则。"这里强调的"诚实信用原则"就是人们习惯简称的诚信原则。

由于保险双方信息的不对称性，保险合同对诚信的要求远远高于其他合同。保险法的基本原则之一是最大诚信原则，同理，保险合同也是最大诚信合同。保险人的危险补偿责任在很大程度上依赖于当事人的诚实信用，尤其是投保人和被保险人的诚实信用，这一方面是因为保险合同效力取决于投保人或者被保险人的信息披露程度，另一方面，保险标的一般情况下由被保险人控制，被保险人的任何非善意的行为将可能构成保险标的危险程度的增加或者促成保险危险的发生，所以，法律对于保险当事人尤其是投保人和被保险人的诚实信用程度的要求远远高于对一般人的要求。

任务评价

评价内容	学生自评	教师评价	学习记录
了解合同的概念和特征	□优 □良 □中 □差	□优 □良 □中 □差	
掌握保险合同的概念	□优 □良 □中 □差	□优 □良 □中 □差	
知晓保险合同的特征	□优 □良 □中 □差	□优 □良 □中 □差	

任务总结

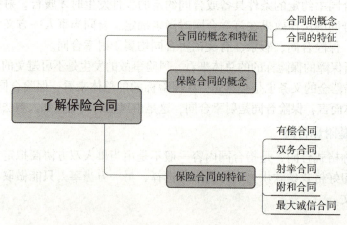

强化训练

请扫描二维码观看案例，并回答以下问题。

案情：2021 年 3 月 14 日上午 10 点左右，康某在保险公司投保了交强险。下午 2 点，康某驾车与赵某发生两车相撞的交通事故，康某受伤，损失 7 万余元。保险公司以保险合同约定 3 月 15 日零时保险合同生效为由拒绝赔偿。康某将保险公司告上法庭，理由是保险公司就约定交强险保险期间自投保次日零时起算的条款，未尽明确说明义务，要求赔付事故全部损失。

问题：此次交通事故是否发生在保险期间内？保险公司是否应当赔付？（查看案例解析，请扫二维码）

任务二　厘清保险合同的法律关系

任务背景

某公司向某保险公司为本单位在职员工投保团体意外伤害保险作为单位福利，每人保额 20 万元，附加团体意外伤害医疗保险，每人保额 2 万元。保险期间为 2020 年 8 月 10 日起至 2021 年 8 月 9 日止。李某作为被保险人之一，受益人一栏未填写。

2020 年 12 月 8 日，李某在安装某室外设备时不慎跌落，当即昏迷，后被送至医院抢救，终因伤势过重，抢救无效，于 2020 年 12 月 14 日死亡。在此期间，某公司总计为李某垫付抢救费用、丧葬费用 7 万余元。在意外事故发生后，某公司多次尝试与李某亲属取得联系，但始终未能如愿。为此，某公司以李某抢救、丧葬费用垫付人及团体意外伤害主附险投保人的名义，于 2021 年 3 月 4 日，向保险公司提出索赔。保险公司以该公司并非人身保险合同受益人为由，拒绝赔偿。后该公司以保险合同纠纷之诉，于 2021 年 6 月 17 日向人民法院提起诉讼，请求人民法院依法判令保险公司给付保险金 220000 元。

请问，人民法院应如何审理此案？

任务分析

在案件审理过程中，原告某公司在庭审中提出："在保险事故发生后，作为用人单位的某公司尽到了用人单位应尽的人道义务，即及时送李某去医院抢救，垫付医疗费用，指派专人医院留守看护，尝试与李某亲属联系等。在李某抢救无效死亡及联系其亲属无果后，又负担了李某的丧葬费用。而这些费用本应是由李某亲属从被告处所投保的团体意外伤害保险理赔金中支取的费用。在原告垫付上述费用后，有权向保险公司追偿，并对余下的保险金额予以保管，直至李某家人出现为止。"被告某保险公司对原告的观点不予认可。

此案经人民法院审理后，于 2021 年 8 月 25 日作出一审判决，认定原告某公司非保险合同受益人，不具备本案的诉讼主体资格，驳回原告诉讼请求。

此次案件造成的争议主要是某公司是否具备保险金受益人资格。那么，什么是受益人？保险合同关系具体涉及哪些主体呢？

任务实施

一、保险合同法律关系的主体

（一）保险合同当事人

1. 保险人

《保险法》第 10 条规定：保险人是指与投保人订立保险合同，并按照合同约定承担赔偿或者给付保险金责任的保险公司。保险人也称承保人，是指经营保险业务，与投保人订立保险合同，收取保费，组织保险基金，并在保险事故发生或者保险合同届满后，对被保险人赔偿损失或给付保险金的保险公司。保险人具有以下特征：

①保险人仅指从事保险业务的保险公司，其资格的取得只能是符合法律的严格规定；

②保险人有权收取保险费；

③保险人有履行承担保险责任或给付保险金的义务。

2. 投保人

《保险法》第 10 条规定：投保人是指与保险人订立保险合同，并按照合同约定负有支付保险费义务的人。投保人也称"要保人"，是指与保险人订立保险合同，并按照合同约定负有支付保险费义务的人。在人身保险合同中，投保人对被保险人必须具有保险利益；在财产保险合同中，投保人对保险标的要具有保险利益。投保人必须具备以下两个条件：

①具备民事权利能力和民事行为能力；

②承担支付保险费的义务。

3. 被保险人

《保险法》第 12 条规定：被保险人是指其财产或者人身受保险合同保障，享有保险金请求权的人，投保人可以为被保险人。被保险人俗称"保户"，当保险事故发生后，有权向保险人申请赔偿金或领取保险金。人身保险的标的是人的生命和身体，关系到被保险人的人身权益，为防止道德风险的发生，我国《保险法》第 33 和第 34 条明确规定，投保人不得为无民事行为能力的人投以死亡为给付保险金条件的人身保险，保险人也不得承保。同时规定，以死亡为给付保险金条件的合同，未经被保险人认可保险金额的，合同无效。可见，以死亡为给付保险金条件的合同中，被保险人必须具有民事行为能力。

被保险人具有以下特征：

①被保险人是保险事故发生时遭受损失的人。在人身保险中，被保险人是其生命或健康因危险事故的发生而遭受直接损失的人；在财产保险中，被保险人必须是财产的所有人或其他权利人。

②被保险人是享有保险金请求权的人。保险金请求权是指被保险人因保险合同的订立而享有的，在保险事故发生后行使的，要求保险人赔偿或给付保险金的权利。因此，保险金请求权的享有以保险合同的订立为前提，其行使则以保险事故或事件的发生为条件。同时，被保险人的人身、财产受保险合同的保障，保险事故发生后，被保险人自应有权要求保险人赔偿或给付保险金，否则被保险人无法实现其权利。所以，享有保险金请求权也是被保险人具有的特征。

③被保险人的资格一般不受限制，被保险人可以是投保人自己，也可以是投保人以外的第三人；被保险人也可以是无民事行为能力人，但是在人身保险中，只有父母才可以为无民事行为能力人投保以被保险人死亡为给付保险金条件的保险。

4. 受益人

《保险法》第 18 条规定：受益人是指人身保险合同中由被保险人或者投保人指定的享有保险金请求权的人，投保人、被保险人可以为受益人。财产保险合同的被保险人通常就是受益人，只有在某些特殊情况下，财产保险合同的当事人才约定由第三人享有优先受领保险金的权利，该第三人一般是被保险人的债权人，而非保险法上的受益人。受益人具有以下特征：

①受益人享有保险金请求权。

②受益人由被保险人或者投保人指定。

③受益人的资格一般没有资格限制，受益人无须受民事行为能力或保险利益的限制；但是若投保者为与其有劳动关系的人投保人身保险时，不得指定被保险人及其近亲属以外的人为受益人。

（二）保险合同辅助人

1. 保险代理人

保险代理人是指根据保险人的委托，向保险人收取佣金，并在保险人授权的范围内代为办理保险业务的机构或者个人。截至 2021 年 12 月 31 日，我国保险代理人总数为 641.9 万人。

保险代理机构包括专门从事保险代理业务的保险专业代理机构和兼营保险代理业务的保险兼业代理机构。个人保险代理人在代为办理人寿保险业务时，不得同时接受两个以上保险人的委托。

（1）保险代理人的责任承担。

《保险法》第 126 条规定，保险人委托保险代理人代为办理保险业务，应当与保险代理人签订委托代理协议，依法约定双方的权利和义务。

《保险法》第 127 条规定，保险代理人根据保险人的授权代为办理保险业务的行为，由保险人承担责任。保险代理人没有代理权、超越代理权或者代理权终止后以保险人名义订立合同，使投保人有理由相信其有代理权的，该代理行为有效。保险人可以依法追究越权的保险代理人的责任。

（2）保险代理人存在的意义。

保险代理人是受保险人委托而存在的，是保险环节中关键的一环，随着保险需求量的增大，保险代理人数会越来越多，其存在的意义如下：

①保险作为商品具有一定的特殊性，不同于关乎饮食起居的满足生理需要的生活必需品，保险业经营的是看不见摸不着的危机，"出产"出来的商品仅仅是对保险消费者的一种承诺，而且这种承诺的履行只能在约定的事件发生或约定的期限届满时，而不像一般商品或服务能立即有所感受。因此，很少有人会主动买保险，这就需要保险代理人对产品功能进行介绍。

②帮助客户进行保险计划选择，因为代理人熟悉保险商品的用途和限制范围。

③为客户提供持续有效的服务，代理人在帮助客户解决问题的同时，也会从建议中得到好处，这样他就会对客户提供持续有效的服务，而这恰恰是客户最希望得到的。

④保险代理人可以切实解决客户在购买保险过程中的麻烦。

西方发达国家保险业的发展中，保险代理人扮演了重要的角色。他们在保险市场的开拓、保险业务的发展中功不可没。例如，在英、美、日等国约有80%以上的保险业务是通过保险代理人和经纪人招揽的。在我国，《保险法》专门以一章的形式阐述了有关保险代理人和保险经纪人的问题，《保险代理人监管规定》已于2019年12月19日经中国银行保险监督管理委员会2019年第13次委务会议通过，自2021年1月1日起施行，无不说明保险代理人在保险业发展中的地位和作用。

（3）保险代理人的业务范围。

保险代理人业务范围包括代理推销保险产品，代理收取保费，协助保险公司进行损失的勘查和理赔等。兼业保险代理人的业务范围是：根据保险兼业代理许可证批准的代理险种，代理销售保险产品，代理收取保费。个人代理人的业务范围是：财产保险公司的个人代理人可以代理家庭财产保险、运输工具保险、责任保险和被代理保险公司授权的其他险种。人寿保险公司的个人代理可以代理个人人身保险、个人人寿保险、个人人身意外伤害保险和个人健康保险等业务。目前保险集团公司内部的财产保险公司、人寿保险公司、健康保险公司，在获得保险监管机构批准后，子公司之间相互开展了交叉销售业务，使得个人代理人的业务范围有所扩大。

2. 保险经纪人

《保险法》第118条规定，保险经纪人是基于投保人的利益，为投保人与保险人订立保险合同提供中介服务，并依法收取佣金的机构。

（1）保险经纪人的责任承担。

《保险法》第128条规定，保险经纪人因过错给投保人、被保险人造成损失的，依法承担赔偿责任。

保险经纪人必须具备一定的保险专业知识和技能，通晓保险市场规则、构成和行情，为投保人设计保险方案，代表投保人与保险公司商议达成保险协议。保险经纪人不保证保险公司的偿付能力，对给付赔款和退费也不负法律责任，对保险公司则负有交付保费的责任。保险经纪人是投保人的代理人，但经纪人的活动客观上为保险公司招揽了业务，故其佣金由保险公司按保费的一定比例支付。

（2）保险经纪人的报考资格。

保险经纪人代表着投保人的利益，他们所从事的保险中介业务要求他们必须具备必要的保险专业知识和良好的职业道德。我国颁布的《保险经纪人管理规定（试行）》第9条规定：报名参加者必须具有大专以上学历，这样有利于提高从业人员的整体素质，为经纪人服务奠定良好的人员基础。第12条规定：有下列情况之一者，不得参加保险经纪人资格考试，不得申请领取《资格证书》。具体如下：

①曾受到刑事处罚者；

②曾因违反有关金融法律、行政法规、规章而受到行政处罚者；

③中国人民银行认定的其他不宜从事保险经纪业务的人员。

另据有关规定，在校在读的大专生、本科生不具备报考资格。

3. 保险公估人

保险公估人是指接受委托，专门从事保险标的或者保险事故评估、勘验、鉴定、估损理算等业务，并按约定收取报酬的公司。在我国的台湾地区，保险公估人则被称为保险公证人。

（1）保险公估人的职能。

公估人的主要职能是按照委托人的委托要求，对保险标的进行检验、鉴定和理算，并出具保险公估报告，其地位超然，不代表任何一方的利益，使保险赔付趋于公平、合理，有利于调停保险当事人之间关于保险理赔方面的矛盾。

保险公估人在保险市场上的作用具有不可替代性，它以其鲜明的个性与保险代理人、保险经纪人一起构成了保险中介市场的三驾马车，共同推动着保险市场的蓬勃发展。

（2）保险公估人的地位作用。

保险公司既是承保人又是理赔人，直接负责对保险标的进行检验和定损，作出的结论难以令被保险人信服。保险合同的首要原则是最大诚信原则，由于保险合同订立双方的信息不对称，在承保和理赔阶段，以及在危险防范和控制方面，都存在违背这一原则的可能。

专门从事保险标的查勘、鉴定、估损的保险公估人作为中介人，往往以"裁判员"的身份出现，独立于保险双方之外，在从事保险公估业务过程中始终本着"独立、公正"原则，与保险人和被保险人是等距离关系，而不像保险人或被保险人易受主观利益的驱动，保险公估人能使保险赔付更趋于公平合理，可以有效缓和保险人与被保险人在理赔阶段的矛盾。

诉讼不如仲裁，仲裁不如调解，而调解又不如预先防止发生法律纠纷，这几乎是不言而喻的。保险公估人的出现，对于及时、公平、公正地处理保险纠纷，有着很大的帮助。

二、保险合同法律关系的客体

保险合同的客体是指保险关系双方当事人享有权利和承担义务所指向的对象，即保险标的。客体在一般合同中称为标的，即物、行为、智力成果等，保险法律关系属于民事法律关系范畴，但它的客体不是保险标的本身，而是投保人对保险标的有法律上的利益，称为保险利益。所以，保险利益是保险合同法律关系的客体，而保险标的是保险利益的载体。

1. 保险利益是保险合同的客体

《保险法》第12条规定，投保人对保险标的应当有保险利益。投保人对保险标的不具有保险利益的保险合同无效。

因此，投保人必须凭借保险利益投保，保险人必须凭借投保人对保险标的的保险利益才可以接受投保人的投保申请，并以保险利益作为保险金额的确定依据和赔偿依据。

此外，保险合同不能保障保险标的不受损失，而只能保障投保人的利益不变，保险合同成立后，因某种原因保险利益消失，保险合同也随之失效。所以，保险利益是保险合同法律关系的要素之一，不能缺少。

2. 保险标的是保险利益的载体

保险标的是投保人申请投保的财产及其有关利益或者人的寿命和身体，是确定保险合同法律关系和保险责任的依据。

因为不同的保险标的能体现不同的保险利益，所以在不同的保险活动中保险人对保险标的范围都有明确规定，包括哪些可以投保，哪些不予承保，哪些一定条件下可以特殊承保等。

3. 保险利益是指投保人对保险标的所具有的法律上所承认的利益

它体现了投保人与保险标的之间存在的金钱上的利益关系，保险利益的确定必须具备三个条件：

（1）保险利益必须是合法的利益。

投保人对保险标的的所有权、占有权、使用权、收益权及维护标的安全责任等必须是依法或依有法律效力的合同而合法取得、合法享有、合法承担的。

（2）保险利益必须是经济利益。

保险利益必须是经济上已经确定的利益或者能够确定的利益，即保险利益的经济价值必须能够以货币来计算、衡量和估价。

（3）保险利益必须是确定的利益。

保险利益必须是已经确定或者可以确定的利益，包括现有的利益和期待利益。已经确定的利益或者利害关系为现有利益，如投保人对已经拥有财产的所有权、占有权、使用权等而享有的利益即为现有利益。尚未确定但可以确定的利益或者利害关系为期待利益，这种利益必须建立在客观物质基础上，而不是主观臆断、凭空想象的利益，如预期的营业利润、预期的租金等属于合理的期待利益，可以作为保险利益。

三、保险合同法律关系的内容

1. 保险人的权利和义务

（1）保险人的权利包括：

①收取保险费，这是最基本的权利。

②在订立合同时，有权就保险标的或者被保险人的有关情况向投保人提出询问。

③依法不承担赔偿或者给付保险金的责任。

④依法解除合同的权利。

（2）保险人的义务包括：

①承担赔偿或者给付保险金，这是最基本的义务。

②向投保人说明责任免除条款，否则免责条款不产生效力。

③及时签单义务，并载明保险当事人双方约定的合同内容。

④保密义务。保险人在办理保险业务中对知道的投保人或被保险人的业务情况、财产情况、家庭情况、身体健康状况等，负有保密义务。

财产保险中的保险赔偿包括两个方面的内容：

一方面，赔偿被保险人因保险事故造成的经济损失，包括财产保险中保险标的及其相关利益的损失，责任保险中被保险人依法对第三者承担的经济赔偿责任，信用保险中权利人因义务人违约造成的经济损失。

另一方面，赔偿被保险人因保险事故发生而引起的各种费用，包括财产保险中被投保人为防止或减少保险标的损失所支付的、必要的、合理的费用，责任保险中被保险人支付的仲裁或诉讼费用和其他必要的合理的费用，以及为了确定保险责任范围内的损失被保险人所支付的受损标的查勘、检验、鉴定、估价等其他费用。

2. 投保人、被保险人或者受益人的权利、义务

（1）投保人、被保险人或受益人的主要权利包括：

①依法获得赔偿或者收取保险金的权利。

②投保人有交纳保险费并签字的权利。

③投保人在保险人同意的情况下有指定受益人的权利。

④投保人可以依法解除保险合同。

⑤以死亡为给付保险金条件的人身保险合同，被保险人必须亲笔签名，无亲笔签名的合同将不生效。投保人在指定或者变更受益人时，须经被保险人同意。

（2）投保人、被保险人或受益人的主要义务包括：

①如实告知义务。

②交纳保险费义务。

③防灾防损义务。财产保险合同的投保人、被保险人应当遵守国家有关消防、安全、生产操作、劳动保护等方面的规定，维护保险标的的安全，保险人有权对保险标的的安全工作进行检查。

④危险增加通知义务。

⑤保险事故发生后及时通知义务。投保人、被保险人或者受益人在保险事故发生后，应当及时将保险事故发生的时间、地点、原因及保险标的的情况、保险单证号码等通知保险人。

⑥损失施救义务。保险事故发生时，被保险人有责任尽力采取必要的、合理的措施，进行损失的施救，防止或减少损失。保险人可以承担被保险人为防止或减少损失而支付的必要的、合理的费用。

⑦提供单证义务。保险事故发生后，投保人、被保险人或受益人向保险人提出索赔时，应当按照保险合同规定向保险人提供其所能提供的与确认保险事故的性质、原因、损失程度等有关的证明和资料，包括保险单、批单、检验报告、损失证明材料等。

⑧协助追偿义务。在财产保险中由于第三人行为造成保险事故发生时，被保险人应当保留对保险事故责任方请求赔偿的权利，并协助保险人行使代位求偿权；被保险人应向保险人提供代位求偿所需的文件及其所知的有关情况。

⑨投保人、被保险人或者受益人因谎称保险事故、故意制造保险事故、虚报保险事故致使保险人支付保险金或者支出费用的，应当退回或赔偿。

此外，保险法律关系中也少不了保险中介人，一个成熟的保险市场必须有买方、卖方、中间人（保险经纪人、保险公估人）等。

📣 任务评价

评价内容	学生自评	教师评价	学习记录
知晓保险合同法律关系的主体	□优 □良 □中 □差	□优 □良 □中 □差	
掌握保险合同法律关系的客体	□优 □良 □中 □差	□优 □良 □中 □差	
明晰保险合同法律关系的内容	□优 □良 □中 □差	□优 □良 □中 □差	

任务总结

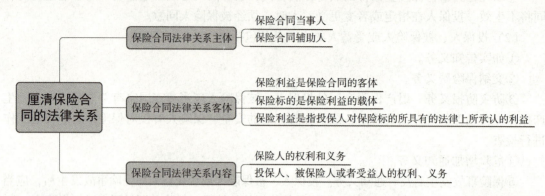

```
                    ┌── 保险合同法律关系主体 ─┬── 保险合同当事人
                    │                        └── 保险合同辅助人
                    │
厘清保险合           │                        ┌── 保险利益是保险合同的客体
同的法律关系 ───────┼── 保险合同法律关系客体 ┼── 保险标的是保险利益的载体
                    │                        └── 保险利益是指投保人对保险标的的所具有的法律上所承认的利益
                    │
                    └── 保险合同法律关系内容 ─┬── 保险人的权利和义务
                                             └── 投保人、被保险人或者受益人的权利、义务
```

强化训练

请扫描二维码观看案例，并回答以下问题。

案情：李先生事业有成，在一家广告公司做销售经理，家有妻子和父母，无子女。2021年6月，李先生为自己投保了某保险公司终身寿险及附加住院补贴医疗保险。其中寿险保额20万元，身故受益人是妻子张女士，附加住院补贴为60元/天，受益人是自己。但是，投保不过半年，一向健康的李先生在出席一个酒会时，突感腹痛难忍并伴有恶心呕吐，送至医院被诊断为急性坏死性胰腺炎。虽经抢救，但最终却因医治无效而于10天后不幸去世。李先生的妻子张女士向保险公司提出了理赔申请。

问题：请问保险公司该如何赔付此案？张女士可获得哪些理赔金？（查看案例解析，请扫二维码）

任务三　订立保险合同

任务背景

2018年4月15日，刘某在保险公司投保缴费期20年的终身寿险，填写了终身寿险投保单，并支付了首期保费。同年5月8日，刘某在与家人到三亚旅游期间，因意外事故导致不幸身故，其家属凭借保费收据向保险公司索赔，却遭到保险公司的拒绝。保险公司的理由是，刘某还没有进行体检，保险单亦尚未签发，双方之间不存在权利与义务关系。

请问，保险公司是否应当承担给付保险金的责任？

任务分析

《保险法》第14条规定：保险合同成立后，投保人按照约定交付保险费；保险人按照约定的时间开始承担保险责任。《保险法》第57条规定：合同规定分期支付保险费的，投保人应当于合同成立时支付首期保险费，并应当按期支付其余各期的保险费。

　　在本案例中，保险公司已向刘某收取保费，视为已表示同意承保此项业务，即承诺成立。因为首期保费已缴，保险合同生效，即保险双方的权利义务关系成立，保险公司应当履行赔付责任。同时，保险公司采取先收保费，再核保，然后签发保单的方式开展保险业务，不符合正常的承保流程，这种不规范的展业方式，属违规操作的行为，其后果理应由保险公司自行承担。另外，此案中，被保险人刘某是因意外伤害事故造成死亡，体检与否及身体状况如何对保险事故的发生不产生严重影响。

　　综合上述分析，此次纠纷是由于保险公司错误的展业程序造成的后果，保险公司应按保险合同的约定承担给付保险金的责任。

任务实施

一、合同的订立

　　合同的订立又称缔约，是指合同当事人为设立、变更、终止财产权利义务关系而进行协商，达成协议的过程。

　　合同须由当事人各方意思表示一致才能成立，这个协商以达成同意的过程就是合同的订立过程。在签订合同之前，首先要注意审查民事主体的民事法律资格。

　　（1）对于社会组织需审查：①是否有法人资格或营业执照；②是否在经营范围内活动。

　　（2）对于自然人需审查：①是否有民事行为能力；②经办人是否有法定资格，如法定代表人或经授权的代理人资格；③其活动是否在授权委托书的权限范围内。

（一）合同订立的程序

　　《民法典》第471条规定：当事人订立合同，可以采取要约、承诺方式或者其他方式。依此规定，合同的订立包括要约和承诺两个阶段。

1. 要约

　　要约是指一方当事人以缔结合同为目的，向对方当事人提出合同条件，希望对方当事人接受的意思表示。发出要约的一方称要约人，接受要约的一方称受要约人。

　　（1）要约的概念。

　　根据我国《民法典》第472条规定，要约是希望与他人订立合同的意思表示，该意思表示应当符合下列条件：

　　①内容具体确定；

　　②表明经受要约人承诺，要约人即受该意思表示约束。

　　（2）要约的要件。

　　要约的要件必须包含以下几方面：

　　①要约目的明确，以缔结合同为目的；

　　②要约明确受约束（负责）；

　　③要约内容确定，是指要约具备合同主要条款，能够在当事人之间建立债权债务关系。

　　（3）要约的效力。

　　①要约的生效。

　　《民法典》第137条规定：以对话方式作出的意思表示，相对人知道其内容时生效。以非对话方式作出的意思表示，到达相对人时生效。

要约实际送达给特定的受要约人时，要约即发生法律效力。要约人不得在事先未声明的情况下撤回或变更要约，否则构成违反前合同义务，要承担缔约过失的损害赔偿责任。

要约的送达客观上要求传递到受要约人处即可，而不管受要约人主观上是否实际了解到要约的具体内容。例如：要约以电传方式传递时，受要约人收到后因临时有事未来得及看其内容，要约也生效。

②要约的撤回。

《民法典》第475条规定：要约可以撤回。第141条规定：撤回意思表示的通知应当在意思表示到达相对人前或者与意思表示同时到达相对人。

要约的撤回是指要约人在发出要约后，于要约到达受要约人之前取消其要约的行为。即被撤回的要约实际上是尚未生效的要约。

③要约的撤销。

要约的撤销是指在要约发生法律效力后，要约人取消要约从而使要约归于消灭的行为。

要约的撤销不同于要约的撤回（前者发生于要约生效后，后者发生于要约生效前）。

《民法典》第477条规定：撤销要约的意思表示以对话方式作出的，该意思表示的内容应当在受要约人作出承诺之前为受要约人所知道；撤销要约的意思表示以非对话方式作出的，应当在受要约人作出承诺之前到达受要约人。

《民法典》第476条规定，要约可以撤销，但是有下列情形之一的除外：

a. 要约人以确定承诺期限或者其他形式明示要约不可撤销；

b. 受要约人有理由认为要约是不可撤销的，并已经为履行合同做了合理准备工作。

允许要约人有权撤销已经生效的要约，必须有严格的条件限制。如果法律上对要约的撤销不作限制，允许要约人随意撤销要约，那么必将在事实上否定要约的法律效力，导致要约性质上的变化，同时也会给受要约人造成不必要的损失。

要约的撤销与撤回在法律效力上是等同的，二者的区别在于行为发生时间的不同，法律上的要求不同。

④要约与要约邀请的区别。

要约邀请又称引诱要约，是指一方邀请对方向自己发出要约的法律行为。

要约与要约邀请的区别在于：

a. 要约邀请是指一方邀请对方向自己发出要约，而要约是一方向他方发出订立合同的意思表示。

b. 要约邀请是一种事实行为，而非法律行为。要约是希望他人和自己订立合同的意思表示，是法律行为。

c. 要约邀请只是引诱他人向自己发出要约，在发出邀请的要约邀请人撤回邀请时，只要未给善意相对人造成利益的损失，邀请人并不承担法律责任。以下四个法律文件为要约邀请：寄送的价目表、拍卖公告、招标公告、招股说明书。而拍卖、悬赏广告则一般被认定为要约。

2. 承诺

（1）承诺的概念。

承诺是指受要约人在规定期限内作出的同意接受要约的全部条件而缔结合同的意思表示。

（2）承诺的要件。

承诺的要件包括以下几方面：

①受要约人完全同意（一旦做出实质性变更，就构成新要约或反要约）；

②承诺由受要约人发出；

③承诺在规定期限内作出。

3. 合同的特殊订立方式

合同的订立一般都要经过要约和承诺的过程，但是在实践中，根据合同性质的不同，有很多合同是以特定形式订立的，如一方当事人事先就已经拟定好合同内容的。采取特殊方式订立的合同，具体包括招标投标形式订立的合同，因拍卖形式订立的合同，因悬赏广告而发生的合同关系，还有保险合同中保险人所填写的保险单，就是典型的格式合同。

采用格式条款订立合同是一种比较常见的合同特殊订立形式。

格式条款合同是当事人一方为了重复使用而预先拟定，并在订立合同时未与对方协商条款的合同，如飞机票、保险单、水电费、供暖费等。在国际贸易中，大型公司往往有几条格式条款，不允许协商，提出者往往处于优越地位，会有些不公平条款，如免除自己的责任、排除对方的权利等。保险合同一般都是以格式合同形式出现的。

格式合同应遵循公平原则，若给对方造成较大损失的，免责无效。

（二）合同的订立形式

1. 口头形式

当事人通过口头协商、电话协商订立的合同，称为口头合同。

口头合同简便易行，在日常生活中广泛运用，但不足之处是发生纠纷时，纠纷双方难于举证，不易分清责任。

2. 书面形式

书面形式是指以合同书、信件以及数据电文（包括电报、电传、传真、电子数据交换和电子邮件）等有形地表现所载内容的形式。当事人协商同意的有关合同的文书、电报、图表等都是合同的组成部分。

3. 公证形式

合同公证是指当事人约定或依照法律的规定，由国家公证机关对合同内容加以审查公正。公证机关对合同内容的真实性、合法性进行审查确认后，在合同书上加盖公证印鉴，以兹证明。经公证的合同具有很强的证据力，除有相反的证据外，不能推翻。

4. 批准形式

有些合同须经国家有关主管机关审查批准方为有效。当事人应提交所签订的书面合同及有关文件，经审查批准后才生效。法律规定需要批准而没有经过批准的合同，没有法律效力。

5. 登记形式

当事人约定或依照法律规定，将合同提交国家登记主管机关登记。

合同登记一般用于不动产，如房屋是不动产，取得、变更房产所有权是以房屋产权登记为标志的，这与动产不同。但某些特殊的动产，如船舶等，法律也要求其转让时要进行登记。合同的订立方式包括两种形式：自行订立和代理订立。

代理订立的需要明确对方有代理权，取得正式合格的代理人资格，如有经过公证机关公

证的授权委托代理书。

（三）合同的成立

1. 合同成立的时间

合同成立的时间依订立形式的不同而不同：

（1）书面形式。合同以书面形式订立的，自双方当事人签字或者盖章时合同成立。

（2）信件、数据电文。合同以信件、数据电文形式订立的，可以在合同成立之前要求签订确认书，签确认书时合同成立。

2. 合同成立的地点

通常承诺生效的地点为合同成立的地点：

（1）以合同书形式订立的合同，承诺地为合同成立地点。

（2）采用数据电文形式的合同，收件人的主营业地、经常居住地为合同成立地点；若当事人另有约定的遵约定。

（3）未采用书面形式的合同，若一方已履行合同主要义务，对方接受的，合同成立。

例如：天津的甲公司以电子邮件的形式在北京向南京的乙公司发出要约，乙公司发电子邮件予以承诺。甲公司董事长在英国收到电子邮件，合同成立地在哪？

合同成立地在天津。甲公司只要打开电脑，无论天涯海角都能收到信息。收到的就为承诺地，具有不确定性，因此应当以甲公司（收件人）主营业地为承诺地。根据《民法典》第492条：承诺生效的地点为合同成立的地点。采用数据电文形式订立合同的，收件人的主营业地为合同成立的地点；没有主营业地的，其住所地为合同成立的地点。当事人另有约定的，按照其约定。

（四）先合同义务与缔约过失责任

1. 先合同义务

先合同义务又称"前合同义务"或"先契约义务"，是指在要约生效后合同生效前的缔约过程中，缔约双方基于诚信原则而应负的告知、协力、保护、保密等合同附随义务。

古典合同法理论认为，只有在合同生效后，当事人才负有合同义务。然而现实生活中，许多纠纷发生在合同订立过程中，而此时合同未生效，依照古典合同法理论，缔约当事人的利益得不到保护，这违背了法律的正义、公平理念，基于此，业内开始了对先合同义务的理论研究。

先合同义务存在于缔约过程，其起止时间分别为"要约生效"与"合同生效"时。先合同义务突出的特征在于义务的法定性与附随性。作为合同附随义务，先合同义务的产生与存续依赖于缔约行为及当事人对合同生效之期待。先合同义务法律制度的价值在于体现民法平衡、正义的理念与诚信精神。

《民法典》第500条规定：当事人在订立合同过程中有下列情形之一，给对方造成损失的，应当承担损害赔偿责任。

（1）假借订立合同，恶意进行磋商；

（2）故意隐瞒与订立合同有关的重要事实或者提供虚假情况；

（3）有其他违背诚实信用原则的行为。

《民法典》第 501 条规定：当事人在订立合同过程中知悉的商业秘密，无论合同是否成立，不得泄露或者不正当地使用。泄露或者不正当地使用该商业秘密给对方造成损失的，应当承担损害赔偿责任。

2. 缔约过失责任

（1）概念。

缔约过失责任是指在合同订立过程中，一方因违背其依据的诚实信用原则所产生的义务，致使另一方的信赖利益受到损失，并应承担损害赔偿责任。缔约过失责任是一种新型的责任制度，具有独特和鲜明的特点：

这种责任只能产生于缔约过程之中，是对依诚实信用原则所负的先合同义务的违反，是造成他人信赖利益损失所负的损害赔偿责任，也是一种弥补性的民事责任。

（2）缔约过失责任包括：

①合同未成立；

②无效合同；

③合同被撤销；

④合同未生效。

（3）缔约过失责任构成要件。

缔约过失责任的构成要件包括：

①当事人违反先合同义务；

②当事人主观上有过错；

③客观上造成了对方当事人的损害，并有损失。

（4）缔约过失责任的适用。

缔约过失责任适用的《民法典》第 500 条规定：

①假借订立合同进行恶意磋商；

②故意隐瞒与订立合同有关的重要事实或者提供虚假情况；

③有其他违背诚实信用原则的行为。

有以上情形之一的，给对方造成损失的，应当承担损害赔偿责任。

3. 先合同义务与缔约过失责任的区别

先合同义务是缔约当事人在缔约过程中依法承担的彼此基于诚信原则产生的遵守信用义务。

缔约过失责任是指在合同订立过程中，一方当事人故意或者过失地违反先合同义务，造成对方当事人信赖利益的损失时，依法应当承担的责任。

二者的区别在于义务和责任的不同，两者之间是前因和后果的关系。

二、保险合同的订立

在司法实践中，许多关于保险的纷争都与合同订立有关，因此，我们应当依法有效订立保险合同，这样才能产生预期的法律效力。

（一）保险合同订立的法律程序

依照《民法典》的规定，合同的订立是双方当事人协商一致的结果，一般要经过要约

和承诺两个阶段。

1. 投保（要约）

（1）投保的概念。

按照合同法规定，要约就是希望与他人订立合同的意思表示。投保就是要约，一般就是投保人提出保险要求，填写投保单的行为。

由于保险合同是格式合同，需要到保险人或保险代理人处阅读保险合同条款，保险人依法有说明的义务，此后投保人填写投保单，就意味着向保险人提出了要约。

当然，在特殊情况时，要约也可以由保险人发出。如被保险人提出要约的，投保单的内容具备合同的主要条款，发送该投保单就是要约，而投保人签字，视为承诺，合同就成立。

现代保险市场上，保险合同一般均采用标准化合同（又称格式合同），即由保险人根据各个险种的设立需要和科学计算，事先设计统一的保险责任、保险标的、保险条件等基本条款，制作统一的保险合同文本，并印制相应的投保单，供投保人填写。不过，这一环节仅仅是订立保险合同的准备工作，并没有表明受其制作的格式合同行为的约束，故依法并非要约，而仅仅是邀请广大社会公众向其投保，法律上称"要约邀请"。在实践中，保险公司经常会向公众散发或递送一些与保险有关的宣传和促销资料，通常也被视为要约邀请。

（2）投保的形式。

投保的形式主要有三种：口头形式；书面形式；网络等电子信息形式。

（3）投保的途径。

投保途径的种类多样，主要有：直接向投保人投保；通过保险经纪人投保。其他途径投保，如电话投保、E-mail 等网络投保也已经被运用到保险实务中。

（4）投保的有效条件。

结合《民法典》的规定，保险民事行为有效的条件包括：

①投保人具有订约能力，具有相应的民事权利能力和民事行为能力。

②投保人的投保意思是真实的意思表示：投保人自觉自愿，反对保险人采取不正当的手段招揽顾客，更不能有欺诈、强迫的行为。

③投保内容应当合法。

《保险法》第34条：以死亡为给付保险金条件的合同，未经被保险人同意并认可保险金额的，合同无效。按照以死亡为给付保险金条件的合同所签发的保险单，未经被保险人书面同意，不得转让或者质押。

再如，投保货物运输保险的货物必须符合有关货物运输法律规定，符合安全运输条件，违禁品或国家禁止运输、限制运输的物品，就不能作为保险标的。

④投保人对保险标的具有保险利益。投保人对保险标的所具有的保险利益必须是合法的、确定的利益，是有经济价值的，能以货币形式表现的。

2. 承保（保险人承诺）

（1）承保的概念。

按照《民法典》规定，承诺是受要约人同意要约的意思表示。

承保就是保险人审核投保人的投保要求，向投保人表示同意接受其投保的意思表示。这意味着意思表示达成一致，构成保险合同的承诺。

我国《保险法》确认保险合同为诺成合同，保险人同意承保，即为承诺，一般情况下，保险合同即告成立。承诺的内容应当与要约的内容一致，若做出实质性变更，则违反要约，需要投保人的确认，合同才能够成立。

（2）承诺的方式及效力。

作为保险合同的生效环节，其法律效力表现在，保险人的承诺通知，或者口头、电话，或者书信寄送到达投保人时生效，或者以符合投保人在投保中要求的承诺方式作出的，则保险合同随之成立。

依照《合同法》，受要约人作出承诺，应当以通知的方式作出，但根据交易习惯或要约表明可以通过行为作出承诺的除外。承诺生效时合同即宣告成立，但在保险合同订立的事实背景下，如何认定承诺的生效时间，在实践中往往会发生争议。

此外，有些保险合同的订立程序较为特殊，通常是指法定强制保险，如旅客意外伤害保险、交强险，这种保险不需要经过要约和承诺，无须当事人双方自愿协商达成一致，是法定必须无条件承保的。

（3）核保。

保险人在承保过程中的主要工作就是审核投保单，简称核保。

①审核投保人、被保险人或受益人的主体资格是否符合《保险法》的具体规定和具体保险险种的要求。

②审核投保标的是否合法及是否合乎具体保险险种的承保范围和投保条件。

③审核投保内容所涉及的风险和保险责任范围，进行风险评估，确定是否同意承保以及所适用的保险费率。

④不同险种审核的重点也不尽相同。

财产保险：审核投保财产的法律手续和证明文件，以确定其合法性，审核保险价值、风险类别及所适用的保险费率种类。

人身保险：审核投保人与被保险人之间是否存在《保险法》要求的保险利益，保单中被保险人的年龄、职业、健康状况是否真实，能否予以承保，必要时，需体检。在保险实务中，投保人应当填具《被保险人健康状况告知书》，作为保险人承保的审核依据。

3. 保险合同的订立程序

在保险实务中，保险合同订立的具体程序是：

①投保人申请；

②保险当事人商定保险费交付方法；

③保险人审核承保；

④签发保险单。

实践中，还有一些特殊的保险合同订立方式，如保险代理人直接签发保险合同、自助购买（自动销售机）、电话营销、邮寄营销以及网络营销等。

（二）保险合同的成立

按照《合同法》的规定，保险合同的成立是指当事人就保险合同条款通过协商达成一致的行为。

1. 保险合同的成立与保险合同的订立

保险合同的订立是双方接触和洽谈协商的动态过程，而保险合同的成立则是双方经过协商而达成合意的静态结果，为保险合同产生法律效力创造了前提条件，二者既相互联系又相互区别。

2. 保险合同成立与出具保单

目前，虽然各国的保险合同普遍采用标准化的格式必要条款，但这并非保险合同的必备形式要件，不能把保险人出具保险单作为保险合同成立的条件。

我国《保险法》第13条规定：投保人提出保险要求，经保险人同意承保，保险合同成立。保险人应当及时向投保人签发保险单或者其他保险凭证。保险单或者其他保险凭证应当载明当事人双方约定的合同内容。当事人也可以约定采用其他书面形式载明合同内容。

可见，我国《保险法》明确将保险合同成立与保险人签发保单或其他保险凭证区分开来，指明保险合同自被保险人投保和保险人予以承保之时成立。

3. 保险合同生效时间

我国《保险法》第13条规定：依法成立的保险合同，自成立时生效。投保人和保险人可以对合同的效力约定附条件或者附期限。

保险人在保险合同成立和生效之后，依法应当及时签发保险单或者其他凭证，其保险单或者其他凭证作为保险合同的证明文件，将双方当事人约定的合同内容予以确定，成为当事人履约的法律依据。

4. 保险合同成立与缴纳保费

在实践中，投保人经常是在投保时一并缴纳保险费或者交付首期保险费，由保险人或其代理人向投保人开具保费收据，然后再由保险人签发保险单或保险凭证。但是，签发保险单或者其他保险凭证以及缴纳保险费均不是保险合同成立的条件。

（三）缔约过失责任

1. 缔约过失责任的概念

根据我国《民法典》和《保险法》的规定，保险领域的缔约过失责任是指当事人在订立合同过程中，应本着诚实信用的原则，尽到对对方的说明、通知、如实告知义务，若因其主观过错而违反法定缔约义务，致使所欲订立的保险合同未能成立、全部或部分撤销，并给对方造成损失的，应当依法承担的法律责任。

2. 缔约过失责任的构成要件

缔约过失责任的构成要件有三点，具体如下：

（1）当事人有违反缔约义务的行为，可以是作为，也可以是不作为，如当事人签订保险合同过程中，履行如实告知义务和保险说明义务的行为往往是不作为的。违反缔约义务的行为包括：当事人订立保险合同恶意磋商；故意隐瞒与订立保险合同有关的重要事实或者是提供虚假情况，包括保险代理人故意误导投保人签订保险合同的；有关当事人在保险合同不成立的情况下，基于故意过失而泄露或不正当使用其所知悉的商业秘密而给对方造成损失的。

（2）违反缔约义务给对方造成损失。一方当事人违反缔约义务直接导致的是保险合同不成立、不生效或无效的结果，同时，在很多情况下，又会给对方造成相应的损失，如为签订保险合同而支出的费用。

（3）违反缔约义务的当事人存在主观过错。缔约当事人的缔约行为，往往是受其主观意志支配的。那么，这种意志可能是善意的，也可能是恶意的、不正当的违法意志，若属于后者，当事人主观上就存在故意或过失。

任务评价

评价内容	学生自评	教师评价	学习记录
了解合同订立的概念	□优 □良 □中 □差	□优 □良 □中 □差	
明晰合同订立的程序	□优 □良 □中 □差	□优 □良 □中 □差	
熟悉合同订立的形式	□优 □良 □中 □差	□优 □良 □中 □差	
掌握合同成立的规定	□优 □良 □中 □差	□优 □良 □中 □差	
区别先合同义务与缔约过失责任	□优 □良 □中 □差	□优 □良 □中 □差	
明晰保险合同订立的法律程序	□优 □良 □中 □差	□优 □良 □中 □差	
掌握保险合同成立的规定	□优 □良 □中 □差	□优 □良 □中 □差	
明确缔约过失责任	□优 □良 □中 □差	□优 □良 □中 □差	

⊙ 任务总结

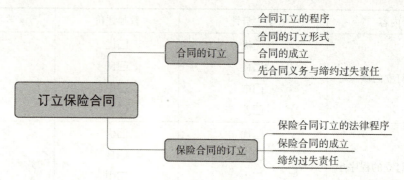

⊙ 强化训练

请扫描二维码观看案例，并回答以下问题。

案情： 投保人贾先生到某保险公司投保高额寿险，但刚交首期保险费、体检完成不到 10 个小时，贾先生便因交通意外身故；保险受益人提出近 300 万元的索赔，保险公司以未收到体检报告，未同意承保为由，拒绝赔偿，但同时表示可以考虑通融赔偿 100 万元。

问题： 本案中，保险合同是否成立？保险公司是否应当赔偿？并简述理由。（查看案例解析，请扫二维码）

任务四　熟悉保险合同的条款和形式

⊙ 任务背景

2020 年，马先生驾驶车辆过程中发现车辆异常，于是把车停在道路上自行维修，因千斤顶移位导致车辆侧翻，驾驶员马先生被砸中致死。交警认定不属于道路交通事故，不予立案。马先生的家属认为这属于保险责任范围，根据保险合同应当由保险公司赔付，故诉至法院。

请问，保险公司是否需要对死者家属承担交强险及商业三责险赔偿责任？

⊙ 任务分析

首先，根据《道路交通安全法》第 119 条第 5 项，将道路交通事故定义为"车辆在道路上因过错或者意外造成的人身伤亡或者财产损失的事件"。如仅因发生事故车辆位于"道路"上即认定属道路交通事故，则相当于对"道路交通事故"法律定义进行了极大限度上扩大解释，不具有科学性和客观性。交警部门作为认定道路交通事故职能部门，其所作事故责任认定书具有专业性和权威性，故本案车主马先生的死亡事故不能认定为道路交通事故。

其次，《机动车交通事故责任强制保险条例》第 3 条规定：本条例所称机动车交通事故责任强制保险，是指由保险公司对被保险机动车发生道路交通事故造成本车人员、被保险人以外的受害人的人身伤亡、财产损失，在责任限额内予以赔偿的强制性责任保险。马某属机动车交通事故责任强制保险的被保险人，故不能获得交强险赔偿。

另外，根据马某在保险公司投保的机动车第三者责任保险约定，"机动车第三者责任保险的第三者是指因被保险机动车发生意外事故遭受人身伤亡或者财产损失的人，但不包括投保人、被保险人、保险人和保险事故发生时被保险机动车车上人员"。马某作为被保险人，不属"第三者"范畴，所以，马先生也不能获得第三者责任险赔偿。

因此，本次事故不属于道路交通事故，保险公司不需要承担交强险和商业三责险赔偿。

🎯 任务实施

一、保险合同的条款

保险合同的基本条款，一般应包括以下几个方面的事项：

1. 保险合同主体的姓名或名称、住所

保险合同的主体，包括投保人、保险人、被保险人和受益人等。他们是合同所约定的权利和义务的享有者和承担者。明确当事人的姓名和住所，是履行保险合同的前提。因为合同订立后，有关保险费的请求支付、危险程度增加的通知、危险发生原因的调查、保险金的给付等事项，无不与当事人及其住所有关。此外，如果因为合同的履行引发保险合同纠纷，那么合同主体的姓名和住所对诉讼管辖、法律适用及文书的送达等也具有重要的法律意义。

保险合同中还应载明被保险人或受益人的姓名或者名称、住所。在人身保险中，对被保险人除姓名和住所外，还须载明其性别、年龄、职业等。

2. 保险标的

保险标的是作为保险对象的财产及其有关利益或者人的寿命和身体。在财产保险中，是各种财产本身或其有关的利益和责任；在人身保险中，则是人的生命和身体。

不同的保险标的，面临的危险的种类、性质和程度是不同的，所适用的保险费率也有差别，许多险种就是按照保险标的的不同划分而设计的。明确记载保险标的，目的在于判断投保人对保险标的的有无保险利益，保险利益存在与否，直接影响保险合同的效力；同时，可以确定保险人应承担的保险责任的范围。保险标的也是确定保险金额和保险价值的基础。如果没有保险标的，不仅保险保障失去了指向，保险合同也不可能成立。

3. 保险责任和责任免除

保险责任是指在保险合同中载明的对于保险标的在约定的保险事故发生时，保险人应承担的经济赔偿或给付保险金的责任。一般都在保险条款中予以列举。保险责任明确的是，由于哪些风险的实际发生造成了被保险人的经济损失或人身伤亡，保险人应承担赔偿或给付责任，通常包括基本责任和特约责任。

责任免除是对风险责任的限制，它约定了保险人在何种情况下不负赔偿或给付责任的范围。责任免除一般分为三种情况：第一，是指不承保的风险即损失原因免除；第二，是指不承担赔偿责任的损失即损失免除；第三，是指不承保的标的。《保险法》第 17 条规定：保险人对责任免除事项不仅要明确列明，还要明确说明，否则该条款不产生效力。

4. 保险期间和保险责任开始时间

保险期间是指保险合同的有效期间，即保险人为被保险人提供保险保障的起讫时间，亦

是保险合同依法存在的效力期限。一般可以按自然日期计算，也可按一个运行期、一个工程期或一个生长期计算。保险期间是计算保险费的依据，也是保险人履行保险责任的依据。

保险责任开始时间是保险合同约定保险人开始承担保险责任的时间。我国《保险法》第14条规定：保险合同成立后，投保人按照约定缴付保险费，保险人按照约定的时间开始承担保险责任。从保险法的这条规定可以看出，保险合同的成立、生效与保险责任的开始时间不是一个概念，三者既有密切联系，又有严格区别。

5. 保险金额

保险金额是指保险人承担赔偿或者给付保险金责任的最高限额。在不同的保险合同中，保险金额的确定方法有所不同。在财产保险中，保险金额要根据保险价值来确定；在责任保险和信用保证保险中，一般由保险双方当事人在签订保险合同时依据保险标的的具体情况商定一个最高赔偿限额，还有些责任保险在投保时并不确定保险金额；在人身保险中，由于人的生命价值难以用货币来衡量，所以不能依据人的生命价值确定保险金额，而是根据被保险人的经济保障需要与支付保险费的能力，由保险双方当事人协商确定保险金额。需要注意的是，保险金额只是保险人负责赔偿的最高限额，实际赔偿金额在保险金额内视情形而定。

6. 保险费以及支付办法

保险费，简称保费，是投保人为换取保险人承担危险赔偿责任的对价。投保人只有在同意支付或已经支付保险费的前提下，才能换得保险人的承诺，取得保险赔偿或给付的权利。保险合同如无保险费的约定则无效。保险费的多少，主要取决于保险金额和保险费率这两个因素。保险金额大，保险费率高，投保人应缴的保险费就多；反之，就少。保险合同中还应约定保险费的具体缴付方式和时间，如是采取现金支付还是转账支付，是人民币付款还是外汇付款。

7. 保险金赔偿或者给付办法

由于保险人对不同险种的承保方式各异，保险金的给付办法也不尽相同，并且，保险金的给付，关系着当事人义务的履行和权利的实现。因此，保险金赔偿或者给付办法应该在保险合同中明确规定，以增强其严肃性。

8. 违约责任和争议处理

违约责任，是指合同当事人因其过错致使合同不能履行或不能完全履行时，基于法律规定或合同约定所必须承担的法律后果。它是合同法律效力的必然要求。我国《保险法》对于保险合同的违约责任都有明确的规定。当事人在签订保险合同时，应该根据这些规定，在合同中载明违约责任条款，以保证合同的顺利履行。

争议处理，是保险合同发生纠纷后的解决方式，主要有协议、仲裁和诉讼三种。保险合同的当事人对保险合同的效力状态，保险合同的变更、解除或终止，保险合同的履行等发生争议，可以通过以上三种方式加以解决。保险合同应明确争议的解决方式，从而有助于及时维护当事人的合法权益。

9. 订立合同的年、月、日

在保险合同中必须写明订立合同的时间，而且须十分具体，即要写明订立的年、月、日。因为订立合同的时间是确定投保人对保险标的是否具有保险利益、保险危险是否发生或消灭、保险费的缴纳期限以及合同生效时间等的重要依据。

投保人和保险人可以约定与保险有关的其他事项，以使与保险标的有关联的利益能够得到充分的保障，避免因保险而产生消极影响。这些约定往往因保险种类的不同而不同。如在财产保险合同中，一般都列有被保险人对危险程度增加必须履行通知义务、有防灾防损义务和在保险事故发生时必须积极施救等义务的约定。在有些保险合同中，还列有关于第三者责任追偿的约定等。

二、保险合同的形式

我国保险合同的形式为书面形式，主要包括投保单、保险单、保险凭证和暂保单。

1. 投保单

投保单是投保人向保险人申请订立保险合同的书面要约，投保单通常由保险人事先统一印制，投保人依其所列项目逐一据实填写后交付给保险人，如图 3-1 所示。

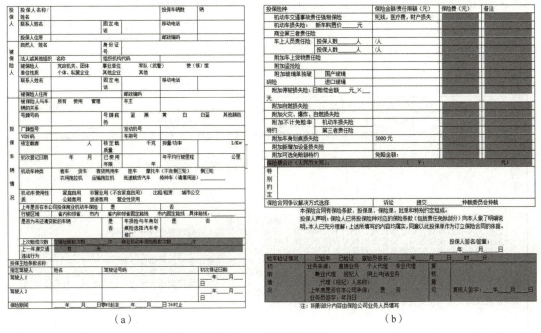

（a）　　　　　　　　　　　　　　（b）

图 3-1　投保单示例

投保人在投保单上需要填写的主要内容有：

（1）投保人、被保险人的名称和住所；

（2）保险标的的名称及存放地点；

（3）保险险别；

（4）保险责任的起讫；

（5）保险价值和保险金额等。投保人在投保单中，必须将投保危险的程序或状态等有关事项，据实向保险人告知。

投保单本身并非正式合同文本，但一经保险人接受后，即成为保险合同的一部分。

2. 保险单

保险单简称保单，它是保险人与投保人之间订立的保险合同的正式书面凭证，由保险人制作、签章并交付给投保人，一旦发生保险事故，保险单是被保险人向保险人索赔的主要凭证，也是保险人向被保险人赔偿的主要依据。图 3-2 为机动车交通事故责任强制保险单示例。

机动车交通事故责任强制保险单（抄本）

收款确认：
生成保单：
保单打印：
POS交易号/支票号：

	被保险人						
	被保险人身份证号（组织机构代码）						
	地址					联系电话	
被保险机动车	号牌号码		使用性质	非营业企业		使用性质	
	发动机号码			识别代码（车架号）			
	厂家型号			核定载客		核定载质量	吨
	排量	（L）		功率		登记日期	
责任限额	死亡伤残赔偿限额				无责任死亡伤残赔偿限额		
	医疗费用赔偿限额				无责任医疗费用赔偿限额		
	财产损失赔偿限额				无责任财产损失赔偿限额		
与道路交通安全违法行为和道路交通事故相联系的浮动比率%							
保险费合计（人民币大写）：							
保险期间自：							
保险合同争议解决方案				诉讼			
代收车船税	整备质量			纳税人识别号			
	当年应缴		¥元	往年补缴	¥元	滞纳金	¥元
	合计（人民币大写）					（¥元）	
	完税凭证号（减免税证明号）			开具税务机关			
特别约定	尊敬的客户：投保次日起，您可通过本公司网页、客服电话、营业网点核实保单及理赔等信息。若对查询结果有异议，请联系本公司。 营业网点地址： 业务获取渠道：　　　　经纪其他：　　　　　　代理人（经纪人）姓名：						
重要提示	1.请详细阅读保险条款，特别是责任免除和投保人、被保险人义务。 2.收到本保险单后，请立即核对，如有不符和疏漏，请及时通知保险人并办理变更或补充手续。 3.保险费应一次性缴清，请您及时核对保险单发票（收据），如有不符，请及时与保险人联系。 4.投保人未如实告知重要事项，对保险费计算有影响的，或者被保险机动车因改装、加装、使用性质改变等导致危险程度增加且未及时通知保险人并办理批改手续的，保险人将按照保单年度重新核定保险费，并上浮10%计收。 5.上一保险年度道路交通安全违法行为记录和有责任交通事故记录请向当地公安机关交通管理部门查询；上一保险年度有责任赔款记录请向上一保险年度承保保险公司查询。上一保险年度道路交通安全违法行为记录、有责任交通事故记录或有责任赔款记录将影响您下一保险年度的费率水平。 6.被保险人应当在交通事故发生后及时通知保险人。						
保险人	公司名称：营业本部 公司地址： 邮政编码：　　　　　　签单日期：						

保险人授权签字：　　　复核：　　　制单：

图3-2　机动车交通事故责任强制保险单

3. 保险凭证

保险凭证也称小保单，它是保险人出立给被保险人以证明保险合同已有效成立的文件，它也是一种简化的保险单，与保险单有相同的效力，如图3-3所示。若保险凭证未列明的内容均以正式保单为准。

太平洋保险 CPIC

中国太平洋财产保险股份有限公司
China Pacific Property Insurance Co.,Ltd.

DZAE1380618106

国内水路，陆路货物运输电子保险凭证

保险单号：ANAJN99********00711

中国太平洋财产保险股份有限公司（以下称保险人）根据投保人要求，在投保人向保险人缴付约定的保险费后，按照国内水路、陆路货物运输保险条款及保险凭证所注明的其它条件，对下列货物承保运输险。

被保险人：天津 *** 贸易有限公司　　投保人：广州市 ** 服务有限公司

运输工具：

货票运单号	货物名称	运输方式	件数/重量	目的地	起运日期	保险金额	保险费率 基本险	保险费率 综合险	保险费
		水运	29500	上海港	2013-1		000.	按约定	按约定
							‰	‰	

保险费：（大写）人民币 按约定　　¥ 按约定

核保：N7015　　制单：

公司地址：

中国太平洋财产保险股份……公司

（签章）　2013 年 11 月 06 日

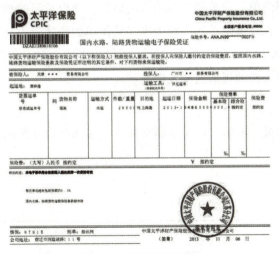

图 3-3　保险凭证示例

保险凭证通常在以下几种情况下使用：

（1）保险人承揽团体保险业务时，一般对团体中的每个成员签发保险凭证，作为参加保险的证明；

（2）在货物运输保险中，保险人与投保人订立保险合同明确该保险的责任范围的时间，之后再对每笔运输货物单独出具保险凭证；

（3）在机动车辆及第三者责任保险中，为便于被保险人随身携带，保险人通常出具保险凭证。

4. 暂保单

暂保单又称临时保单，它是保险人或其代理人在正式保险单签发之前出具给被保险人的临时保险凭证，如图 3-4 所示。它表明保险人或其代理人已接受了保险，等待出立正式保险单。

<table>
<tr><th rowspan="2">序号</th><th rowspan="2">厂牌型号</th><th rowspan="2">临牌号码（移动证号码）</th><th rowspan="2">发动机号</th><th colspan="2">车辆类型</th><th rowspan="2">车辆购置价</th><th rowspan="2">购车发票号</th><th rowspan="2">保费</th></tr>
<tr><th>六座以下（不含）客车</th><th>其他</th></tr>
<tr><td></td><td></td><td></td><td></td><td></td><td></td><td></td><td></td><td></td></tr>
<tr><td></td><td></td><td></td><td></td><td></td><td></td><td></td><td></td><td></td></tr>
<tr><td></td><td></td><td></td><td></td><td></td><td></td><td></td><td></td><td></td></tr>
<tr><td></td><td></td><td></td><td></td><td></td><td></td><td></td><td></td><td></td></tr>
<tr><td></td><td></td><td></td><td></td><td></td><td></td><td></td><td></td><td></td></tr>
<tr><td colspan="9">保险期限：20 天，自　年　月　日　时起至　年　月　日二十四时止</td></tr>
<tr><td colspan="3">总保险金额：</td><td colspan="3">总保险费：</td><td colspan="3">车辆总数：　辆</td></tr>
<tr><td colspan="6">行车路线：　自：　　经：　　至：</td><td colspan="3" rowspan="2">______保险公司______分公司
______代理点

签单日期：______

签章：</td></tr>
<tr><td colspan="6">特别约定：
1. 本暂保单仅承保车辆损失险和第三者责任险，不承保盗抢险。承保责任及责任免除等事项，以中国人民银行颁发的机动车辆保险条款为准；第三者责任险的最高赔偿限额为10万元人民币。
2. 在本暂保单保险期限内，无有效移动证，或不按规定路线行使，保险公司不承担保险责任。
3. 索赔时应交验购车发票正本、移动证正本。</td></tr>
</table>

图 3-4　暂保单示例

暂保单的内容比较简单，只载明被保险人的姓名、承保危险的种类、保险标的等重要事项，凡未列明的，均以正式保险单的内容为准。暂保单的法律效力与正式保险单相同，但有效期较短，一般为30天。正式保险单发出后，暂保单能力失效。暂保单也可在保险单发出之前中止效力。但保险人必须提前通知投保人。

5. 其他书面形式

如保险协议书、电报、电传、电子数据交换等。在保险合同其他书面形式中，保险协议书是重要的书面形式。

任务评价

评价内容	学生自评	教师评价	学习记录
掌握保险合同的条款	□优 □良 □中 □差	□优 □良 □中 □差	
明晰保险合同的形式	□优 □良 □中 □差	□优 □良 □中 □差	

任务总结

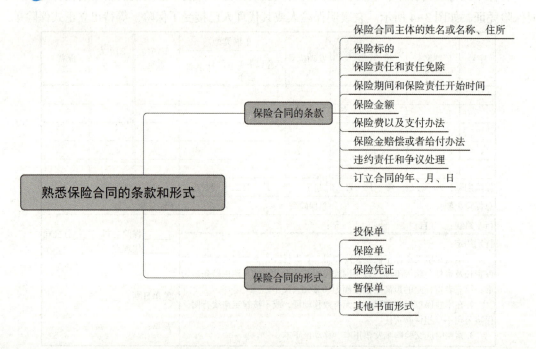

强化训练

请扫描二维码观看案例，并回答以下问题。

案情：2018 年，周某通过微信投保了某保险公司的意外伤害保险，投保界面已对保险合同的"免责条款"使用加粗加黑字体进行了提示，周某已在投保告知确认栏中签署"已知晓"。保险期间内，周某驾驶未经注册登记的摩托车出行发生交通意外不幸身故，其丈夫刘某作为受益人向保险公司提出索赔申请。

参考法律依据：

《中华人民共和国道路交通安全法》第 8 条规定：国家对机动车实行登记制度。机动车经公安机关交通管理部门登记后，方可上道路行驶。

《最高人民法院关于适用〈保险法〉若干问题的解释（二）》第 12 条规定：通过网络、电话等方式订立的保险合同，保险人以网页、音频、视频等形式对免除保险人责任条款予以提示和明确说明的，人民法院可以认定其履行了提示和明确说明义务。

问题：本案例中，保险公司是否需要赔付？并分析原因。（查看案例解析，请扫二维码）

任务五 理解保险合同的效力

任务背景

河南省某物流公司购买了一辆轿车，并在某保险公司投保交强险和商业险。在保险期间内，该物流公司与某工业公司签订了书面协议，约定"物流公司的该辆轿车转给工业公司，车的过户手续由物流公司负责办理，所需费用由工业公司承担；但工业公司必须给物流公司取得追加一辆小轿车的专控指标，否则物流公司不办理过户手续"。

某天，工业公司董事长李某驾驶该辆小轿车外出办事，途中发生交通事故，致使车毁人亡。物流公司当即向交警部门报案，并要求保险公司查看事故现场。交警部门出具最终责任认定书，确认该车已经彻底报废，事故由物流公司负全部责任。随后，物流公司多次向保险公司提出索赔，却均遭拒绝。保险公司拒赔的理由是：物流公司在保险合同有效期内将此车转让给了工业公司，但未向保险公司提出申请批改，因此保险公司有权拒绝赔付。

请问，保险公司是否应当承担本次事故的赔偿责任？

任务分析

本案涉及保险合同的变更问题，关键在于投保的车辆是否发生了转让。

财产保险标的的所有权、经营权发生转移，或者债务关系发生变化的时候，投保人可能发生变更，此案中涉及债务关系发生变化的问题。物流公司将车辆转移给工业公司，以清理债务债权。根据《保险法》第49条规定：保险标的转让应当通知保险人，经保险人同意承保后，依法变更合同。此案中的保险合同变更附有条件，物流公司在该车保险期内虽与工业公司签订了转让该车的协议，但按照《民法典》第158条规定：附生效条件的民事法律行为，自条件成就时生效。由于工业公司未取得追加小轿车的指标，转让该车的协议所附条件就没有成就，该协议没有生效，汽车所有权也不发生转移。事实上，物流公司也未办理该车的过户手续，事故发生时该汽车所有权仍在物流公司手中。

因此，综上所述，保险公司应当依法承担事故的赔偿责任。

任务实施

一、保险合同的生效

（一）保险合同生效的含义

1. 保险合同生效的概念

保险合同生效是指保险合同对各方当事人具有法律效力。

这意味着保险合同的各方当事人应当遵守保险合同的规定，按照保险合同的约定行使各项权利和履行各项义务，以便实现订立保险合同的目的。

2. 保险合同成立与保险合同生效

（1）保险合同成立是投保人与保险人协商一致而建立的保险合同关系，表示当事人权利义务关系的达成与存在，当事人不得任意撤销或解除。保险合同成立是合同生效的前提，又称为形式拘束力。

（2）保险合同生效强调已建立的保险合同关系，符合法定合同生效条件，对各方当事人产生法律约束力，又称为实质拘束力。

我国《保险法》第13条规定：依法成立的保险合同，自成立时生效。投保人和保险人可以对合同的效力约定附条件或者附期限。

3. 保险合同生效时间与保险责任开始时间

（1）保险合同生效时间是指保险合同之法律约束力产生的时间；

（2）保险责任开始的时间专指保险人开始承担保险责任的时间，又称保险责任的起期。

以上二者可以是同一时间，也可以不是同一时间，当然是保险合同生效时间先于保险责任开始的时间。

我国采取的是"零时起保制"，即合同成立后的次日零时，或附条件成立或附期限到达后的次日零时起生效。当事人可以另行约定保险合同生效时间。当今适用的保险合同条款很多都约定：本合同自本公司同意承保、收到首期保险费并签发保险单的次日开始生效。至于保险责任开始的时间，一般也取决于保险合同的约定。

例如，保险合同中约定"保险责任的开始日期为本合同的生效日"或自"保险人签发保单"或自"货物运离起运的发货人最后一个仓库或货储存处所"时开始保险责任。

保险合同没有特别约定的，保险责任自保险合同生效时开始。对于这一问题，投保人在投保之时应当予以重视，以免因此影响保险索赔。

（二）保险合同生效的法律条件

保险合同能否生效，取决于其是否具备《民法典》规定的一般有效条件和《保险法》规定的特别有效条件。影响保险合同生效的法律条件有：

1. 当事人具有法定缔约资格

保险实务中，要求当事人双方均应具有法定缔约资格：

（1）保险人。保险公司须在其经营范围内承保方为有效。

（2）投保人。投保人应具有相应的民事行为能力以及保险利益。

2. 意思表示真实

《民法典》对于各类合同的基本要求，同样适用于保险合同。

（1）双方当事人需意思表达真实一致，履行诚实告知义务和必要的说明义务等。

（2）不得利用行政权力、职务或职业便利以及其他不正当手段强迫、引诱或限制投保人订立保险合同。

3. 订立保险合同不得违反法律和社会公共利益

（1）保险人必须对保险标的具有保险利益。

各国保险法均注重防止当事人在保险市场上，假借订立保险合同谋取不当利益的发生。实践中因当事人的民事行为能力问题而产生的保险纠纷比较多。

（2）保险标的必须合法，是指法律允许投保的财产及其有关利益或人的寿命和身体，受益人指定合法。

（3）当事人不得重复保险，所订立的合同不得与法律、法规的强制性规范抵触。

（4）保险合同的形式符合法律强制性规定和保险业规则。

例如，《保险法》第17条规定：订立保险合同，采用保险人提供的格式条款的，保险人向投保人提供的投保单应当附格式条款，保险人应当向投保人说明合同的内容。对保险合同中免除保险人责任的条款，保险人在订立合同时应当在投保单、保险单或者其他保险凭证上作出足以引起投保人注意的提示，并对该条款的内容以书面或者口头形式向投保人作出明确说明；未作提示或者明确说明的，该条款不产生效力。

二、保险合同的无效

1. 保险合同无效的概念

保险合同无效是指已经成立的保险合同因欠缺法定或者保险合同约定的有效要件且不能补救，自始不产生法律效力而由国家司法机关予以取缔的情况。

保险合同无效不同于合同撤销，可撤销的保险合同，只能根据当事人行使撤销请求权，司法机关才能行使撤销权，而且被确认撤销的合同，自被撤销时起无效；保险合同无效不以当事人的意志为转移，司法机关即可确认无效，而且保险合同自始无效。

2. 保险合同无效的原因

结合《民法典》相关规定，保险合同无效的原因主要包括：

（1）主体不合格，包括投保人无完全行为能力、无保险利益；保险人不具备依法设立的合法资格、超范围经营；保险代理人无权代理或越权代理等。

（2）意思表示不真实，包括不诚信，隐瞒或欺诈；不自愿，遭胁迫等。

（3）内容不合法，包括违背社会公共利益或国家利益；保险标的违法；恶意超额保险；易诱发道德风险的保险，如死亡保险。

3. 格式免责条款

我国《保险法》第 19 条规定，采用保险人提供的格式条款订立的保险合同中的下列条款无效：

①免除保险人依法应承担的义务或者加重投保人、被保险人责任的；

②排除投保人、被保险人或者受益人依法享有的权利的。

4. 保险合同特殊的无效原因

保险合同特殊无效原因是指合同违反《保险法》的强制性规定，并且无可补救。具体如下：

（1）危险不存在的保险合同无效。对于已经发生或消灭的危险，或者依一般人的理解不可能发生的危险，投保人或被保险人根本没有遭受损失的可能，因此法律应禁止其成为保险合同承保的危险。即使与之订立保险合同，原则上应归于无效。

（2）超额保险合同部分或全部无效。超额保险是指保险合同约定的保险金额大于保险价值的保险。《保险法》第 55 条规定：保险金额不得超过保险价值。超过保险价值的，超过部分无效，保险人应当退还相应的保险费。

（3）投保人没有保险利益而合同无效。《保险法》第 48 条规定：保险事故发生时，被保险人对保险标的不具有保险利益的，不得向保险人请求赔偿保险金。

三、保险合同的变更和转让

（一）保险合同的变更

1. 概念

在合同法上，合同的变更，有广义和狭义之分。

（1）广义的合同变更是指合同主体的变更，实际上就是合同的转让。

（2）狭义的合同变更，仅指合同内容的改变，是指尚处于履行过程中的合同，其双方当事人对于合同进行修改或者补充相应条款的情况。我们这里指的是协议的合同变更。

保险合同的变更是指保险合同签订后，在其有效期内，如果保险合同载明的条件由于情况发生变化影响保险效力而变更合同内容的行为。

我国《保险法》第 20 条规定：投保人和保险人可以协商变更合同内容。

保险合同属于继续性合同，其法律效力必然存续一定时间，尤其是人寿保险合同的有效期可以长达几十年。虽然合同一般情况下不允许擅自变更，但是因为情势变迁，客观情况发生变化，当事人依法律规定的条件和程序，可以对保险合同的某些条款进行修改或补充，变更后的合同与变更前的合同具有一样的效力。

2. 对财产保险合同当事人和关系人变更的法律规定

（1）保险合同变更原则上是经双方当事人协商一致的结果。

保险合同双方当事人经过协商，在原保险合同基础上达成新的协议，或者依法经法院或仲裁机关作出裁决。

（2）合同变更的法定除外情况。

《保险法》第 50 条规定：货物运输保险合同和运输工具航程保险合同，保险责任开始后，合同当事人不得解除合同。

《海商法》第 230 条规定：因船舶转让而转让船舶保险合同的，应当取得保险人同意。未经保险人同意，船舶保险合同从船舶转让时起解除；船舶转让发生在航次之中的，船舶保险合同至航次终了时解除。

（3）依《民法典》规定变更。

《民法典》第 147 条规定：基于重大误解实施的民事法律行为，行为人有权请求人民法院或者仲裁机构予以撤销。

3. 对人身保险合同当事人、关系人变更的法律规定

《保险法》第 41 条规定：被保险人或者投保人可以变更受益人并书面通知保险人。保险人收到变更受益人的书面通知后，应当在保险单上批注。投保人变更受益人时须经被保险人同意。

4. 保险合同变更的程序和形式

关于变更保险合同的法定程序，《保险法》第 20 条规定：投保人和保险人可以协商变更合同内容。变更保险合同的，应当由保险人在保险单或者其他保险凭证上批注或者附贴批单，或者由投保人和保险人订立变更的书面协议。

其中批单是变更保险合同最常见的书面形式，须载明变更的条款内容，由保险人签章后附贴于原始保险单证上。

（二）保险合同的转让

1. 概念

保险合同的转让，是指保险合同的一方当事人将其在保险合同关系中的权利义务的全部或者部分转让给第三人的情况。换一个角度讲，保险合同的转让实质就是保险合同主体的变更。

在商品经济极大发展的今天，财产的转让或出售，会相应地引起财产所有权归属的变化，这种改变势必会导致财产主体的变更。

2. 财产保险合同转让的法律规定

《保险法》第 49 条规定：保险标的转让的，保险标的受让人承继被保险人的权利；保险标的转让的，被保险人或者受让人应当及时通知保险人，但货物运输保险合同和另有约定的合同除外。

因保险标的转让导致危险程度显著增加的，保险人自收到前款规定的通知之日起三十内，可以按照合同约定增加保险费或者解除合同。保险人解除合同的，应当将已收取的保险费，按照合同约定扣除自保险责任开始之日起至合同解除之日止应收的部分后，退还投保人。

被保险人、受让人未履行本条第 2 款规定的通知义务的，因转让导致保险标的危险程度显著增加而发生的保险事故，保险人不承担赔偿保险金的责任。

3. 人身保险合同的转让

人身保险合同的转让涉及的主体变更范围更为广泛。在保险实务中，基于人身保险合同当事人的真实意思表示或《保险法》的有关规定，经常会发生投保人、被保险人和受益人的变更，甚至出现保险人变更的情况，而合同主体的改变，就意味着合同的转让。

《保险法》第 41 条规定：被保险人或者投保人可以变更受益人并书面通知保险人。保险人收到变更受益人的书面通知后，应当在保险单或者其他保险凭证上批注或者附贴批单。投保人变更受益人时须经被保险人同意。

《保险法》第 92 条规定：经营有人寿保险业务的保险公司被依法撤销或者被依法宣告破产的，其持有的人寿保险合同及责任准备金，必须转让给其他经营有人寿保险业务的保险公司；不能同其他保险公司达成转让协议的，由国务院保险监督管理机构指定经营有人寿保险业务的保险公司接受转让。

转让或者由国务院保险监督管理机构指定接受转让前款规定的人寿保险合同及责任准备金的，应当维护被保险人、受益人的合法权益。

（三）保险合同变更与转让的区别

（1）保险合同的转让是合同当事人的改变，而并不改变保险合同的内容；而合同变更是改变合同内容，当事人并不发生变化。

（2）保险合同的转让，可产生两个法律关系，涉及三方当事人。两个法律关系为原保险合同当事人之间的关系和转让人与受让人之间的关系。

这两个法律关系既相互独立，又有联系。涉及三方当事人系指转让虽主要是在转让人和受让人之间发生，但当保险合同的转让发生时，转让人与原保险合同的权利义务关系即宣告结束，退出原来的合同关系，由受让人取代转让人的地位，而成为原保险合同的一方当事人。

四、保险合同的解除

按照我国《民法典》的规定，合同的解除是导致保险合同效力终止的原因之一。

（一）保险合同的解除

1. 保险合同的约定解除

约定的合同解除是指双方当事人协商一致解除合同，或者行使约定的解除权而导致合同解除。《民法典》第 564 条是对约定解除的规定,《保险法》未作出直接规定。

2. 保险合同的法定解除

保险合同的法定解除包括投保人的法定解除权和保险人的法定解除权。

(1) 投保人的法定解除权。

我国《保险法》第 15 条规定:除法律另有规定或者合同另有约定外,保险合同成立后,投保人可以解除保险合同,保险人不得解除合同。在某些特殊的险种中,投保人的解除权是受到一定限制的。

我国《保险法》第 50 条规定:货物运输合同和运输工具航程保险合同,保险责任开始后,合同当事人均不得解除合同。

(2) 保险人的法定解除权。

《保险法》赋予保险人的法定解除权有以下几种情形:

①投保人未履行如实告知义务。

我国《保险法》第 16 条第 2 款规定:投保人故意或者因重大过失未履行前款规定的如实告知义务,足以影响保险人决定是否同意承保或者提高保险费率的,保险人有权解除合同。

②保险欺诈。

《保险法》第 27 条第 1 款规定:未发生保险事故,被保险人或者受益人谎称发生了保险事故,向保险人提出赔偿或者给付保险金请求的,保险人有权解除合同,并不退还保险费。

《保险法》第 27 条第 2 款规定:投保人、被保险人故意制造保险事故的,保险人有权解除合同,不承担赔偿或者给付保险金的责任。

③被保险人未履行安全维护义务。

为了防止投保后被保险人产生麻痹思想或是采取放任态度,我国《保险法》第 51 条第 3 款规定:投保人、被保险人未按照约定履行其对保险标的安全应尽的责任的,保险人有权要求增加保险费或者解除合同。

④保险标的的风险发生变化。

当保险标的的风险状况发生变化,并且这种变化可能导致保险人在承保时作出不同决定时,就应当赋予保险人以法定解除权。

我国《保险法》第 52 条第 1 款规定:在合同有效期内,保险标的的危险程度显著增加的,被保险人应当按照合同约定及时通知保险人,保险人可以按照合同约定增加保险费或者解除合同。

法律还规定了因特定行为引起保险标的风险发生变化的情况下的保险人的解除权。

我国《保险法》第 49 条第 3 款规定:因保险标的的转让导致危险程度显著增加的,保险人自收到前款规定的通知之日起三十日内,可以按照合同约定增加保险费或者解除合同。

(3) 具体合同的解除效力。

不同类型的保险合同有不同的解除效力,具体如下:

①人身保险合同解除的效力。

《保险法》第 47 条规定:投保人解除合同的,保险人应当自收到解除合同通知之日起

三十日内，按照合同约定退还保险单的现金价值。

②财产保险合同解除的效力。

《保险法》第54条规定：保险责任开始前，投保人要求解除合同的，应当按照合同约定向保险人支付手续费，保险人应当退还保险费。保险责任开始后，投保人要求解除合同的，保险人应当将已收取的保险费，按照合同约定扣除自保险责任开始之日起至合同解除之日止应收的部分后，退还投保人。

《保险法》第50条规定：货物运输保险合同和运输工具航程保险合同，保险责任开始后，合同当事人不得解除合同。这是《保险法》中对合同解除权的限制。

（二）保险合同的中止与恢复

1. 保险合同的中止

保险合同成立并生效后，由于某种原因使保险合同的效力暂时停止的状况称为合同的中止。在合同效力中止期内，保险人不承担保险责任。

2. 保险合同的恢复

保险合同的恢复是指中止后的保险合同依一定程序和条件恢复其效力的情形。

《保险法》第37条规定：合同效力依照本法第36条规定中止的，经保险人与投保人协商并达成协议，在投保人补交保险费后，合同效力恢复。但是，自合同效力中止之日起满两年双方未达成协议的，保险人有权解除合同。

保险人依照前款规定解除合同的，应当按照合同约定退还保险单的现金价值。

五、保险合同的终止与恢复

1. 保险合同的终止

保险合同的终止是指保险关系的绝对消灭。

保险合同的终止，除因合同被解除外，还包括下述原因：

（1）保险合同因期限届满而终止。这是保险合同终止的最常见、最普遍的原因，当合同载明的保险期届满时，合同即告终止。

（2）保险合同因履行而终止。所谓保险合同因履行而终止，即保险合同有效期间，发生保险事故后，合同因保险人按约定履行了全部保险金赔偿或给付义务而消灭。在合同有效期内，保险人已经履行了赔偿义务或者给付全部保险金额，保险合同即告终止。保险合同中保险人的赔偿责任不仅有期限的约定，也有约定数额的限制。

根据赔偿和给付金额是否累计，可以分为两种情况：

①无论是一次还是多次赔偿或者给付保险金，只要保险人历次赔偿或者给付的保险金额总数达到合同约定的保险数额时，即使保险期限未届满，保险合同也终止。

②在机动车保险合同和船舶保险合同中，无论一次还是多次赔偿保险金，只要保险人每次赔偿的保险金数目少于保险合同约定的保险金额，并且保险期限未届满，保险合同继续有效且保险金额不变。

（3）财产保险合同因保险标的灭失而终止。这里所说的保险标的灭失是指保险事故以外的原因造成的保险标的的灭失或丧失。如果保险标的非因保险事故而灭失，投保人就不再具有保险利益，保险合同也就因客体的消灭而终止。

（4）人身保险合同因被保险人的死亡而终止。人身保险合同以被保险人的寿命或身体为保险标的，其保险利益是投保人对被保险人的寿命或身体所具有的法律上承认的利益。被保险人如果非因保险事故或事件而死亡，投保人于该保险合同就不再有保险利益，保险合同也就随之而灭失。

（5）协议终止。在保险合同有效期内，双方当事人根据协议或法规，可以随时终止保险合同。保险人提议终止合同，须按日计算未到期保险费给予被保险人；被保险人提议提前终止保险合同，保险人要从保险合同生效日起至终止日止，按短期费率计算保险费，从已收保险费中扣除，余额退还被保险人。

（6）违约终止。由于投保人或被保险人违反保险合同，不履行合同规定的义务，保险人有权从违约之日起终止保险合同或者不负赔偿或者给付保险金责任。

2. 保险合同的恢复

保险合同的复效主要是就人身保险而言，投保人与保险人对恢复保险合同进行协商并且达成一致协议，保险合同的效力以投保人补交保险费后恢复，但保险合同恢复的时间不是无限期的，只能是在保险合同中止之日起两年内恢复，如果投保人与保险人没有达成恢复协议的，保险人享有解除保险合同的权利。

保险人解除保险合同并不表明它不承担任何义务，投保人已经交足两年以上保险费的，保险人有义务按照合同的约定退还保险单的现金价值；投保人没有交足两年保险费的，保险人应当在扣除手续费后，将保险费退还给投保人。

复效保单需要观察期。复效保单在观察期这一方面和正常投保是一样的，会根据保险合同约定有一定期限的观察期，原保单是多少天，复效保单后就还需要经过多少天的观察期，观察期发生保险事故，保险公司不予理赔，只有过了观察期后，保单才能正式开始承担其保障责任。另外，意外事故没有观察期。

📢任务评价

评价内容	学生自评	教师评价	学习记录
理解保险合同生效的规定	□优 □良 □中 □差	□优 □良 □中 □差	
掌握保险合同无效的原因	□优 □良 □中 □差	□优 □良 □中 □差	
区别保险合同变更与转让	□优 □良 □中 □差	□优 □良 □中 □差	

续表

评价内容	学生自评	教师评价	学习记录
知晓保险合同的解除	□优 □良 □中 □差	□优 □良 □中 □差	
明晰保险合同的 终止与恢复	□优 □良 □中 □差	□优 □良 □中 □差	

任务总结

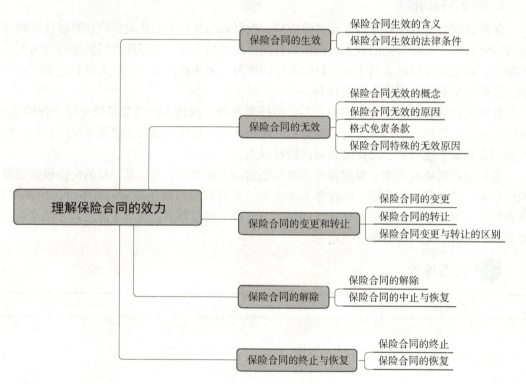

理解保险合同的效力

- 保险合同的生效
  - 保险合同生效的含义
  - 保险合同生效的法律条件
- 保险合同的无效
  - 保险合同无效的概念
  - 保险合同无效的原因
  - 格式免责条款
  - 保险合同特殊的无效原因
- 保险合同的变更和转让
  - 保险合同的变更
  - 保险合同的转让
  - 保险合同变更与转让的区别
- 保险合同的解除
  - 保险合同的解除
  - 保险合同的中止与恢复
- 保险合同的终止与恢复
  - 保险合同的终止
  - 保险合同的恢复

强化训练

请扫描二维码观看案例，并回答以下问题。

案情：2020 年 10 月 5 日，甲乙夫妻二人向保险公司投保"太平盛世长安定期寿险 A 款"10 份，保险额为 10 万元，乙是投保人和保险受益人，甲为被保险人。当天保险公司工作人员根据保单上的问题逐一询问了甲，甲对每一个问题进行了回答。之后，甲并没有亲自在保单中被保险人处签字，而是由在场人代签了自己的名字。该险种的合同约定："被保险人遭受意外伤害事故，且自意外伤害事故发生之日起 180 日内，因该意外事故导致身故，本公司按合同约定的保险金额给付意外身故保险金，同时本合同对该被保险人的保险责任终止。"合同签订后，乙交纳了保险费 2340 元。2020 年 10 月 17 日早上，甲发生交通事故，经抢救无效死亡。之后，乙向保险公司申请理赔，却遭到保险公司拒绝，乙诉至法院。

问题：甲由人代签名的保险合同是否为无效合同？保险公司是否应当给付理赔金？（查看案例解析，请扫二维码）

任务六　履行保险合同

任务背景

被保险人林某在某保险公司投保车损险，保额 42.4 万元。2019 年 2 月 27 日凌晨 5 时许，林某驾驶标的车辽 B 发生单方事故，但并未立即向交警部门报案，也未向保险公司报案，而是自行离开现场。林某于 2 月 27 日上午 9 时许报警，交警部门无法查实事故原因，故未出具交通事故认定书。 2019 年 3 月 13 日，林某向某保险公司报案。保险公司应林某要求对标的车进行定损，定损金额 207000 元。后保险公司经审核认为鉴于无法确定事故原因及性质，故于 4 月 16 日下发拒赔通知书。林某遂向法院提起诉讼，要求保险公司赔偿车辆损失。

请问，在本案中保险公司是否承担赔偿责任？

任务分析

根据《保险法》第 21 条，投保人、被保险人或受益人知道保险事故发生后，应当及时通知保险人。故意或因重大过失未及时通知，致使保险事故的性质、原因、损失程度等难以确定的，保险人对无法确定的部分，不承担赔偿或者给付保险金的责任，但保险人通过其他途径已经及时知道或者应当及时知道保险事故发生的除外。

《保险法》第 22 条，保险事故发生后，按照保险合同请求保险人赔偿或者给付保险金时，投保人、被保险人或者受益人应当向保险人提供其所能提供的与确认保险事故的性质、原因、损失程度等有关的证明和资料。

被保险人林某未按照保险合同的约定，在保险事故发生后的 48 小时内通知保险人对事故的性质、原因、损失程度进行勘察认定，而是在 15 天后才通知保险人，由于被保险人的上述行为致使保险事故的原因、性质无法得到认定。因此，保险人不承担赔偿责任。

任务实施

保险合同的双方当事人应按照合同的约定履行自己的义务，否则应承担因不履行义务造成的后果。

一、投保人、被保险人的义务

1. 如实告知

如实告知是指投保人在订立保险合同时将保险标的重要事实，以口头或书面形式向保险人作真实陈述。所谓保险标的重要事实，是指对保险人决定是否承保及影响保险费率的事

实。如实告知是投保人必须履行的基本义务，也是保险人实现其权利的必要条件。《保险法》实行"询问告知"的原则，即投保人只要如实回答了保险人的询问，就履行了如实告知义务。

2. 交付保险费

交付保险费是投保人的最基本的义务，也是保险合同生效的必要条件。《保险法》要求：保险合同成立后，投保人按照约定交付保险费。并应根据合同约定，一次交付或分期交付。

3. 维护保险标的安全

保险合同订立后，财产保险合同的投保人、被保险人应当遵守国家有关消防、安全、生产操作、劳动保护等方面的规定，维护保险标的安全。保险人有权对保险标的安全工作进行检查，经被保险人同意，可以对保险标的采取安全防范措施。投保人、被保险人未按约定维护保险标的安全的，保险人有权要求增加保险费或解除保险合同。

4. 危险增加通知

按照权利义务对等和公平原则，被保险人在保险标的危险程度增加时，应及时通知保险人，保险人则可以根据保险标的危险增加的程度决定是否提高保险费和是否继续承保。被保险人未履行危险增加通知义务的，保险标的因危险程度增加而发生的保险事故，保险人不负赔偿责任。

5. 保险事故发生通知

《保险法》第 21 条规定：投保人、被保险人或者受益人知道保险事故发生后，应当及时通知保险人。目的在于：

（1）使保险人得以迅速调查事实真相，不致因拖延时日而使证据灭失，影响责任的确定；

（2）便于保险人及时采取措施，协助被保险人抢救被保险财产，处理保险事故，使损失不致扩大；

（3）使保险人有准备赔偿或给付保险金的必要时间。同时，履行保险事故发生通知义务，是被保险人或受益人获得保险赔偿或给付的必要程序。保险事故发生后的通知可以采取书面或口头形式，法律要求采取书面形式的应当采取书面形式。

6. 出险施救

《保险法》第 57 条规定：保险事故发生时，被保险人有责任尽力采取必要的措施，防止或者减少损失。目的为鼓励投保人、被保险人积极履行施救义务。《保险法》第 57 条还规定：被保险人为防止或者减少保险标的的损失所支付的必要的、合理的费用，由保险人承担。

7. 提供单证

《保险法》第 22 条规定：保险事故发生后，按照保险合同请求保险人赔偿或者给付保险金时，投保人、被保险人或者受益人应当向保险人提供其所能提供的与确认保险事故的性质、原因、损失程度等有关的证明和资料。保险人按照合同的约定，认为有关的证明和资料不完整的，应当及时一次性通知投保人、被保险人或者受益人补充提供。

由此可知，保险事故发生后，向保险人提供单证是投保人、被保险人或受益人的一项法定义务。向保险人索赔应当提供的单证包括保险单、批单、检验报告、证明材料等。财产保险合同、人身保险合同的保险金请求均应履行该项义务。

8. 协助追偿

在财产保险中由第三人行为造成保险事故的，保险人在向被保险人履行赔偿保险金后，享有代位求偿权，即保险人有权以被保险人名义向第三人索赔。《保险法》第 63 条规定："在保险人向第三者行使代位请求赔偿权力时，被保险人应当向保险人提供必要的文件和其所知道的有关情况。"《保险法》第 61 条规定："被保险人故意或者因重大过失致使保险人不能行使代位请求赔偿的权利的，保险人可以扣减或者要求返还相应的保险金"。

二、保险人的义务

1. 承担保险责任

承担保险责任是保险人依照法律规定和合同约定所应承担的最重要、最基本的义务。

（1）保险人承担保险责任的范围。

①保险金。财产保险合同中，根据保险标的的实际损失确定，但最高不得超过合同约定的保险标的的保险价值。人身保险合同中，即为合同约定的保险金额。

②施救费用。《保险法》第 57 条规定："保险事故发生后，被保险人为防止或者减少保险标的的损失所支付的必要的合理的费用，由保险人承担；保险人所承担的数额在保险标的损失赔偿金额以外另行计算，最高不超过保险金额的数额。"

③争议处理费用。争议处理费用是指责任保险的被保险人因给第三人造成损害的保险事故而被提起仲裁或诉讼的应由被保险人支付的费用，即责任保险中应由被保险人支付的仲裁费、鉴定费等。依照《保险法》第 66 条规定，除合同另有约定外，由被保险人支付的上述费用，由保险人承担。

④鉴定、检验费用。依照《保险法》第 64 条规定，保险人、被保险人为查明和确定保险事故的性质、原因和标的的损失程度所支付的必要的、合理的费用，由被保险人承担。

（2）承担保险责任的时限。

①保险人在收到被保险人或者受益人的赔偿或者给付保险金的请求后，应当及时作出核定，对于属于保险责任的，在与被保险人或者受益人达成有关赔偿或者给付保险金额的协议后 10 日内，履行赔偿或者给付保险金义务。

②保险合同对保险金额及赔付期限有约定的，保险人应依照合同的约定，履行赔偿或者给付保险金义务。

③保险人对其赔偿或者付赔偿金的数额不能确定的，保险人自收到赔偿或者给付保险金的请求和有关证明、资料之日起 60 日内，确定最低数额先予支付；待赔偿或者给付保险金的最终数额确定后，支付相应差额。

2. 条款说明

《保险法》第 17 条规定：订立保险合同，采用保险人提供的格式条款的，保险人向投保人提供的投保单应当附格式条款，保险人应当向投保人说明合同的内容。对保险合同中免除保险人责任的条款，保险人在订立合同时应当在投保单、保险单或者其他保险凭证上作出足以引起投保人注意的提示，并对该条款的内容以书面或者口头形式向投保人作出明确说明；未作提示或者明确说明的，该条款不产生效力。

由于免责条款是当事人双方约定的免除保险人责任的条款，直接影响投保人、被保险人或者受益人的利益，被保险人、受益人可能因免责条款而在保险事故或事件发生后得不到预期的保险保障。因此，保险人在订立保险合同时，必须向投保人明确说明。否则，免责条款不发生法律效力。

3. 及时签发保险单证

《保险法》第 13 条第 1 款规定：投保人提出保险要求，经保险人同意承保，保险合同成立。保险人应当及时向投保人签发保险单或者其他保险凭证。

保险合同成立后，及时签发保险单证是保险人的法定义务。保险单证即保险单或者其他保险凭证，是保险合同成立的证明，也是履行保险合同的依据。

三、索赔和理赔

（一）索赔

1. 索赔的概念

索赔是指在保险标的因保险事故而遭受损失或约定的保险事件出现后，被保险人或受益人按照保险合同的约定，请求保险人给予经济补偿或给付保险金的行为。简言之，就是享有保险金请求权的被保险人或受益人向保险人行使该权利的行为。

2. 索赔的法律性质

保险理赔和索赔都是保险领域的具体法律活动，是依据《保险法》和保险合同形成的一种债权，具有特定的法律性质。

保险索赔权与民事损害赔偿中赔偿请求权的区别：

（1）产生根据不同。索赔权产生于保险合同，是合同债权，是依照合同的约定行使的索赔权；民事损害赔偿中的赔偿请求权，是基于加害人实施的侵权行为而产生的。

（2）适用对象和内容不同。保险索赔权适用对象是合同中的保险人，要求保险人依据保险合同的约定赔偿因保险事故造成的保险标的的损失或者给付保险金；民事赔偿请求权则是向加害人行使的，受害人依据法律规定要求加害人赔偿因其侵权行为给受害人造成的财产损失和精神损害。

（3）行使条件和程序不同。保险索赔权是以合同约定的保险事故发生造成保险标的损害或保险合同期限届满作为索赔权行使的条件，经保险人赔偿后权利就得以实现，通常不需要经过诉讼程序；民事赔偿请求权形成的条件则是加害人实施了加害行为，依法构成侵权，多数情况下，受害人的赔偿请求权是通过诉讼程序得以实现的。

3. 索赔的条件

保险实务中，索赔达成的条件有：
①据以进行索赔的合同合法有效；
②存在着保险标的事故造成保险标的的损害或保险合同届满的事实；
③投保人或被保险人以合同约定履行了各项义务；
④被保险人或受益人应按照规定提供索赔单证；
⑤被保险人或者受益人应当在法定的索赔时效内提出索赔要求。

4. 索赔时效

所谓索赔时效是指被保险人、受益人行使其索赔权的有效时间。

《保险法》第 26 条对索赔时效作了明确规定：

①人寿保险的索赔时效。被保险人或受益人对保险人请求给付保险金的权利，自其知道保险事故发生之日起 5 年不行使而自动消灭。

②人寿保险以外的其他保险的索赔时效。被保险人或者受益人对保险人请求保险金赔偿或给付的权利，自其知道保险事故发生之日起 2 年不行使而消灭。

5. 索赔的一般程序

索赔的一般程序如下：

①出险通知和索赔请求的提出（《保险法》第 21 条）；

②合理施救，保护事故现场；

③接受保险人的检验；

④提供索赔单证（《保险法》第 22 条）；

⑤领取保险赔款或人身保险金；

⑥开具权益转让书并协助保险人向第三人追偿。

（二）理赔

1. 概念

理赔是指保险人应索赔请求人的请求，根据保险合同的规定，审核保险责任并处理保险赔偿的行为。

2. 理赔的法律性质

保险理赔与民事赔偿责任的区别：

（1）性质不同。保险理赔责任是一种合同义务，为保险法所确认和约束；民事赔偿责任是一种民事违法行为，是由民事责任制度调整的，包括违约行为和侵权行为。

（2）使用目的不同。保险理赔具有突出的保障性，实现保险的社会功能；民事赔偿具有法律制裁性，填补受害人的经济损失，保护受害人的合法权益。

（3）赔付范围和程序不同。保险理赔的赔付范围取决于保险合同的约定和保险事故造成的保险标的的损失情况；民事赔偿的范围完全根据民事违法行为造成的实际损失确定。

（4）赔付后果的最终承担者不同。财产保险的理赔依约赔付后，有权向负有责任的第三者追偿；民事赔偿则是由民事违法行为人本人承担赔偿后果，以达到制裁民事违法行为的目的。

3. 理赔的程序

财产保险的理赔程序是：

①立案检查；

②责任核定；

③核算保险金并给付（《保险法》第 23、25 条）或拒赔（《保险法》第 24 条）；

④权益转让和代位追偿；

⑤余损处理。

《保险法》第 23 条规定：保险人收到被保险人或者受益人的赔偿或者给付保险金的请求后，应当及时作出核定；情形复杂的，应当在三十日内作出核定，但合同另有约定的除外。保险人应当将核定结果通知被保险人或者受益人；对属于保险责任的，在与被保险人或者受益人达成赔偿或者给付保险金的协议后十日内，履行赔偿或者给付保险金义务。保险合同对赔偿或者给付保险金的期限有约定的，保险人应当按照约定履行赔偿或者给付保险金义务。

保险人未及时履行前款规定义务的，除支付保险金外，应当赔偿被保险人或者受益人因此受到的损失。任何单位和个人不得非法干预保险人履行赔偿或者给付保险金的义务，也不得限制被保险人或者受益人取得保险金的权利。

任务评价

评价内容	学生自评	教师评价	学习记录
明晰投保人、被保险人的义务	□优 □良 □中 □差	□优 □良 □中 □差	
知晓保险人的义务	□优 □良 □中 □差	□优 □良 □中 □差	
掌握理赔与索赔	□优 □良 □中 □差	□优 □良 □中 □差	

任务总结

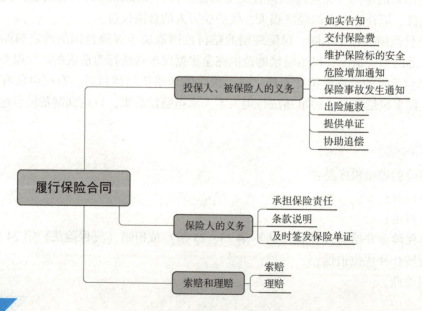

强化训练

请扫描二维码观看案例，并回答以下问题。

案情： 2019 年 9 月 13 日，投保人刘某在某市医院进行彩色超声波检查，结论为"双乳小叶增生伴双乳低回声结节，建议复查"。

2020 年 10 月 17 日，刘某向甲人寿保险公司为自己投保了分红型两全保险附加长期重大疾病保险，填写投保单时，在健康情况告知过程中隐瞒了病史。并在投保单上书写"本人已阅读保险条款、产品说明书和投保提示书，了解产品的特点和保单利益的不确定性"；同日，刘某在《人身保险投保提示书》上声明对人身保险投保提示内容完全了解。

甲人寿保险公司正常承保，合同生效日为 2020 年 10 月 17 日，保险期间 38 年，缴费期 20 年，每期保险费为 10530 元。条款载明：如果故意不履行如实告知义务，对于本合同解除前发生的保险事故，保险人不承担给付保险金的责任，并不退还保险费；因重大过失未履行如实告知义务，对于本合同解除前发生的保险事故，保险人不承担给付保险金的责任，但应当退还保险费。

2021 年 4 月 10 日，刘某因左乳癌进入市医院治疗，进行了左乳癌局部切除手术，同年 5 月 24 日，刘某向保险公司申请理赔。保险公司于同年 6 月 26 日，做出理赔通知书，言明：对于刘某因乳腺癌提出的理赔申请，经公司审核，投保时刘某对于已有的乳腺疾病未向公司如实告知，根据《保险法》和保险条款等相关规定，解除保险合同，不承担重大疾病保险金给付责任，但退还保险费。同年 7 月 9 日，保险公司退还刘某保险费 10530 元。

投保人刘某认为其没有违反保险合同义务，向法院提出起诉，请求法院判令保险公司支付保险金。

问题 1： 甲保险公司是否应当承担赔偿责任，并分析理由。

问题 2： 请简述如何理解"投保人履行如实告知义务是保险合同订立的重要基础"。（查看案例解析，请扫二维码）

项目思政

2018 年"感动国寿十大人物"——引领全省发展的"奋进勇者"李芸竹。

自 1999 年加盟中国人寿保险公司以来，李芸竹从销售人员、优秀主管到讲师，在每一个岗位上，她都用心沉淀，兢兢业业。2008 年，公司筹建理财部门，招聘、面试、培训、工资核算，李芸竹事必躬亲，用四个月时间组建了一支 69 人的优秀团队。建成后，在团队管理及业务推动、督导追踪、成本计算等方面，她又亲力亲为，三年时间，她将销售队伍由 33 人发展为 522 人，实现团队期交保费规模年均增长率超 300%。

李芸竹一直告诫自己，无论在什么岗位，无论自己年龄多大，都要做到心态不能老、态度不能劣、能力不能差，干就干好，干就干强。她这么想，也是这么做的，每年都提前一个季度完成年度关键保费指标任务，成为全省乃至整个东三省发展的一面旗帜。2018 年李芸竹被评选为"第二届感动国寿先进人物"，成为全保险行业从业人员学习的榜样。

请谈一谈保险从业人员如何建立职业荣誉感，树立正确的职业道德观念。

项目二　掌握汽车保险的主要条款

 学习目标

知识目标
➢ 了解财产保险合同的基本概念
➢ 了解财产保险与汽车保险合同的权利与义务
➢ 掌握财产保险与汽车保险合同的主要内容
➢ 理解财产保险与汽车保险合同的特有制度

能力目标
➢ 能够正确解读机动车交通事故责任强制保险合同的条款
➢ 能够正确解读机动车商业保险合同的条款

素养目标
➢ 培养学生尊重合同的契约精神

任务一　明晰财产保险合同基本概念

🔊 **任务背景**

2021 年 1 月 17 日，原告林某就其所有的汽车向某保险公司投保了车损险、第三者责任险等险种。2021 年 10 月 15 日，原告丈夫胡某驾车行驶在某地路段，与前车（三者）尾部发生追尾，导致原告车前脸和三者车尾部受损。交警大队做出交通事故认定书，认定原告方承担全责。事故发生后，事故双方各自修理各自车辆。原告林某因此次事故花费车辆维修费、拖车费总计 49198 元，林某向保险公司申请理赔。保险公司认为，林某将汽车用于营运收费，根据保险条款约定，属于保险公司无须赔偿的范畴。林某认为保险公司在签订保险合同时，未向其交付保险条款，亦未就保险条款中关于保险公司不予理赔所依据的免责条款进行必要的解释和说明。林某诉至法院，要求保险公司赔偿全部损失。

请问：本案中保险公司是否承担赔偿责任？

任务分析

本案的争议焦点为保险公司提供的保险条款中所约定的免赔事由是否属于免责条款以及该约定是否生效。本案中，保险公司提供的保险条款中关于免除保险人责任的约定应当属于《保险法》规定的"免除保险人责任的条款"，根据最高人民法院研究室关于对《保险法》第 17 条规定的"明确说明"应如何理解的问题的答复："保险合同中规定有保险责任免除条款的，保险人应当向投保人明确说明，未明确说明的，该条款不发生法律效力。"

本案中，保险人未就免责条款履行明确说明义务，据此，法院最后支持了林某的诉讼请求，保险公司承担赔偿责任。

任务实施

一、财产保险合同的概念

（一）概念及法律特征

1. 财产保险合同

财产保险合同（以下简称财险）是以财产及其有关利益作为保险标的的合同。

财产保险是保险业务的重要组成部分，它与人身保险合同并存，是保险合同的两大基本种类之一。纵观商业保险的历史进程，财险起源于海上保险，此后火灾险得以完善，而西方工业革命则为财产保险的迅速发展提供了社会条件，相应地，各种工业保险和汽车保险应运而生，并成为财产保险的重要内容。时至今日，商业保险可以为社会上各类财产提供保险保障，因此，财产保险合同在保险市场中占有举足轻重的地位。

2. 财产保险合同的法律特征

（1）保险标的是财产，又称产物保险合同。狭义的财产保险合同的保险标的限于有形财产，包括动产和不动产。

广义的财产保险合同，其保险标的不仅包括物质财产，还包括与物质财产有关的利益，是指相关经济利益或损害赔偿法律责任等无形财产，如责任保险合同、保证保险合同、信用保险合同的保险标的。我国保险法是在广义概念规定下运用财产保险合同的。

（2）财产保险合同是补偿性合同。

财产保险合同的适用严格遵守损害填补原则，保险人履行保险责任的前提，必须是财产保险合同的保险标的因事故而遭受实际的、可以用货币加以计算的经济损失。相应地，被保险人可以通过保险合同获得保险赔偿，能够弥补其因此遭受的经济损失，但不能取得额外收益，故又称为损害保险合同。

（3）财产保险合同是根据承保财产的价值确定保险金额的。

不同于人身保险合同，财产保险合同的保险金额决定于保险财产本身具有的实际经济价值（保险价值）。《保险法》禁止订立保险金额超过保险标的价值的财产保险合同，以防止在保险领域中滋生道德危险。

（4）强调保险标的因保险事故致损之时保险利益的存在。

人身保险合同严格要求投保人在投保之时应当具有保险利益，而在给付保险金时则不以保险利益为必备条件，故被保险人可以指定任何人为受益人领取保险金。

财产保险合同中，则强调被保险人在保险标的因事故遭受损失时，必须对保险标的具有保险利益。

（5）一般是短期性保险合同。

市场经济的条件下，财产保险合同承保的各类财产，都是具有使用价值和交换价值的商品，这决定了其在市场经济活动中的流动性。一般是按年度来测算其损益结果的，保险人往往是按年约定财产保险合同的保险期限，因此，有别于以长期性为主的人身保险合同。

（6）代位求偿权和委付是财产保险合同特有的理赔环节。

财产保险合同的补偿性，使其理赔中适用代位求偿和委付等制度。

委付是指在保险标的因发生保险事故造成推定全损时，被保险人明确表示将该保险标的的一切权利转移给保险人，而请求保险人全额赔偿的制度。

我国《海商法》的海上保险合同（第十二章）专节（第五节）规定了委付制度。而具有返还性和给付性的人身保险合同在保险责任的履行中，则不适用以上制度。

（二）财产保险合同的适用范围和分类

1. 财产保险合同的适用范围

财产保险合同的适用范围极其广泛，根据广义财产保险理论，它适用于人身保险以外的一切保险业务，其承保的对象不仅是物质财产，还包括民事赔偿责任、信用、保证以及特定的财产利益，随着社会经济生活的发展，财产保险合同的适用范围还会不断扩大。

2. 财产保险合同的分类

财产保险合同的分类标准及各类险种的名称多因保险制度的历史演变而形成。其中，有的按保险事故发生的区域而命名，如海上保险合同；有的按承保的保险事故而命名，如火灾合同保险；更多的是根据保险标的而命名。

在当今国际保险市场上，通常将财产保险分为三类，即火灾保险合同（简称火险）、海上保险合同（简称海险）和意外保险合同，此三类财产保险又统称为非寿险合同。我国保险立法根据保险实务，对财产保险合同做了如下划分：

（1）根据投保人的身份分类：分为财产损失保险合同（机关、企事业单位）、家庭财产保险合同、涉外财产保险合同。

（2）根据保险标的和保险责任范围分类：分为财产损失保险合同、货物运输保险合同、运输工具保险合同、工程保险合同、农业保险合同、责任保险合同、保证保险合同和信用保险合同。

（3）根据投保人是否自愿分类：分为自愿财产保险合同和强制财产保险合同。

二、财产保险合同当事人的权利与义务

（一）投保人、被保险人的权利

（1）要求保险公司或其代理人对保险条款进行说明的权利。

（2）及时取得保险金的权利。

（3）发生保险损失时有向保险人（即保险公司）索赔的权利，这也是核心权利，便于保险人及时审查理赔。

（二）投保人、被保险人的义务

（1）维护保险标的安全的义务（《保险法》第51条）。

（2）危险增加的及时通知义务（《保险法》第52条）。

（3）重复保险的投保人应当将重复保险的有关情况通知各保险人。

（4）保险事故发生时，被保险人有责任尽力采取必要措施，防止或减少损失（《保险法》第57条）。

（5）保险人行使代位请求赔偿权时，被保险人必须提供必要的文件和所知道的有关情况。

（6）法律规定的其他义务，如缴纳保险费义务。

（三）保险人的权利

财产保险合同保险人的权利主要有：

（1）对保险标的的安全状况进行检查。

（2）在合同有效期内，增加保险费或解除合同。

（3）不承担赔偿责任。

（4）终止合同的权利。

（5）代位求偿权。

（6）扣减保险赔偿金。

（四）保险人的义务

（1）降低、退还相应的保险费义务（《保险法》第53、58条）。

（2）承担一些必要、合理的费用（《保险法》第64条）。

三、财产保险合同的主要内容

虽然财产保险合同的具体内容不尽相同，但是，按照各类财产保险合同的共性，保险合同都应当具备的主要内容包括保险标的、保险金额、保险费、保险责任等。

（一）财产保险合同的标的

保险标的是投保人予以投保而寻求保险保障的对象，也是保险人同意承保并负担保险责任的目标。当事人在签订合同时，应当明确载明保险标的的名称、范围、价值、坐落地。

1. 财产保险标的的分类

保险标的包括物质财产和与财产有关的利益即无形财产。

（1）物质财产。

物质财产包括生产过程涉及的财产，如厂房、设备、原材料、产成品等；

流通过程中涉及的财产，如运输中的货物、运输工具包括机动车等；

消费过程中的财产，如各种家庭财产以及私家车等；

建造过程涉及的财产，如在建工程、在造船舶等。

（2）与财产有关的利益。

作为保险标的的无形财产，具体表现为运费损失、利润损失、经济权益、民事赔偿责任、信用等。与财产有关的利益可以进一步分成预期利益和免损利益。

①预期利益，是指待一定事实发生后，可以实现的利益，如利润的损失；

②免损利益，是指本应由被保险人支出但因保险人的赔付而免于支出的费用，如责任保险合同承保的被保险人所应承担的民事赔偿责任。但是，这种利益在财产保险合同中必须与相关的物质财产存在着直接或间接的联系，而不能独立存在。

例如，被保险人因保险的机动车辆发生的交通事故而应当向第三者承担的赔偿责任，就是依附于该机动车的无形利益。

2. 财产保险合同保险标的的范围

虽然财产保险合同的保险标的的范围广泛，但并非一切财产和利益都可以成为保险标的。按照保险人在保险合同中的承保范围，保险标的可分为：可保财产、特约财产（附加特别条件）和不保财产（如无法估价的财产）。

3. 财产保险合同保险标的的损失分类。

财产保险合同保险标的的损失包括全部损失（实际全损和推定全损）和局部损失。

（1）实际全损也称"绝对全损"，是指保险财产在物质形式或经济价值上已完全灭失的损失。或者说实际全损已不可避免，或受损货物残值如果加上施救、整理、修复、续运至目的地的费用之和超过其抵达目的地的价值时，视为已经全损。

（2）推定全损：是指保险标的的受损后并未完全丧失，是可以修复或可以收回的，但所花费用将超过获救后保险标的的价值，因此得不偿失。在此情况下，保险公司放弃努力，给予被保险人以保险金额的全部赔偿，即为推定全损。

在我国，船舶发生保险事故后，实际全损已不可避免，或受损货物残值低于施救、修复费用时，视为推定全损。（详见《海商法》第246条）

（二）财产保险合同的保险金额

1. 保险金额的含义和作用

（1）保险金额是指投保人在订立财产合同时，对保险标的的实际投保的货币金额。

（2）保险金额的作用。保险金额是保险人向被保险人履行保险赔偿责任的最高限额。

一般情况下，除另有约定以外，保险金额并非保险人认定的承保财产的价值，也不是保险人承诺在保险标的因事故致损时必然赔付的数额。

财产保险合同的保险金额是以保险财产的保险价值为基础确定的，在发生保险事故时，保险人是在财产保险合同约定的保险金额范围内，就保险标的的实际损失向被保险人进行赔偿，并以约定的保险金额作为赔付的最高限额。对于超过保险金额的损失部分，保险人不承担保险赔偿责任。

2. 保险金额的确定方法

（1）以定值方法确定保险金额（定值保险）。

以定值方法确定保险金额就是指根据保险标的的实际价值（市价）来约定保险金额，保险人依此进行赔付，无须考虑保险标的发生保险事故损失之时的实际价值。在国际保险市场上，海上货物运输合同多采用此方法。我国的财产损害保险和单位的机动车辆保险，经常是按照财产的账面价值，就是资产负债表中的固定资产原值或流动资产余额来确定保险金。但是，如果保险金额高于保险财产的重置价值的，保险人的赔偿数额则限于重置价值。

（2）以不定值方法确定保险金额（不定值保险）。

以不定值方法确定保险金额，是指投保人和保险人在订立财产保险合同时不具体确定保险标的的实际价值，只是列明保险金额作为保险赔偿责任的最高限额。而保险人在赔付时，则以保险标的在发生保险事故之时的实际价值（市价）计算赔偿数额。财产保险合同多采用不定值方法确定保险金额。

（3）以重置价值的方法确定保险金额。

它是指按照保险标的的重置价值或重建价值来确定保险金额。

重置价值是指保险财产因灾受损后重新购置的价值，一般包括重新购置的成本及所需费用。该方法产生于"二战"以后，适用于火灾保险，如当旧房屋在保险事故中受损时便可以以旧换新，按重建价值获得赔付。

（4）以第一危险方法确定保险金额。

它是指经投保人和保险人协商后，不按保险财产的全部实际价值确定保险金额，而是将第一次保险事故发生可能造成的最高损失金额约定为保险金额。在此方法中，保险财产的价值分为两个部分，其中，第一次危险造成的损失部分是足额投保，由保险人按保险金额足额赔付，其余价值视为"第二危险"，由被保险人自行负担其损失。

（5）以原值加成的方法确定保险金额。

它是指由保险人与被保险人按照保险财产投保时的账面原值，增加一定的乘数或倍数来约定财产保险合同的保险金额。在保险实务中，建筑物的造价一般是不断上涨的，故多以原值加成的方法确定保险金额。

3. 保险金额的适用

投保人在订立财产保险合同时，根据投保财产的实际情况、危险发生的概率和自身的具体条件，选择投保相应的保险金额。在保险实务中，投保人可投保的保险金额包括：

（1）足额保险。足额保险是指保险金额不得超过财产保险标的的保险价值；超过保险价值的，超过部分无效。

（2）不足额保险。不足额保险是指保险金额低于保险价值，除合同另有约定外，保险人按保险金额与保险价值的比例承担赔偿责任。

（3）超额保险。重复保险的保险金额总和超过保险价值的，各保险人的赔偿金额的总

和不得超过保险价值。

（三）财产保险合同的保险责任与责任免除

保险责任就是保险人对于保险事故造成保险标的的损失，依财产损失的约定进行赔偿的义务。保险事故的发生必须是未来的、偶然的和意外的，必然发生或故意使之发生的事故不能成为保险事故。保险责任是被保险人寻求保险保障的目的所在，也是保险人经营财产保险的基本义务。

财产保险合同一般采用列举的方式规定基本责任、责任免除以及特约责任。

1. 基本责任

基本责任即保险责任，是指财产保险合同中载明的保险人承担保险赔偿责任的危险范围。虽然各类合同具体的承保范围不尽相同，但危险范围一般包括三大类：

（1）自然灾害（洪水、暴风、地震、雪灾、雹灾等）；

（2）不可预见的意外事故（火灾、因灾爆炸或意外事故停水、气、电）；

（3）为了抢救保险财产或者防止灾害损失的扩大而采取必要措施所发生的施救、保护、整理等合理费用的支出。

2. 责任免除

责任免除是指保险人不承担保险赔偿责任的风险损失。一般包括战争、军事行为、暴力行为、核辐射污染、被保险人的故意行为造成的损失等。

另外，基本责任（保险责任）条款未列明，又未列入责任免除条款的灾害事故造成的损失，也属于责任免除。

3. 特约责任

特约责任又称附加责任，是指经投保人和保险人协商，将基本责任以外的灾害事故附加一定条件予以承保的赔偿责任。它实质是特约扩大的保险责任，目的是满足被保险人特殊的保险保障需要。例如，机动车辆保险合同中的第三者责任险、家庭财产保险合同附加的盗抢险等即为特约责任。

（四）财产保险合同的保险赔偿方法（详见财产损失险赔偿方法）

（1）按比例进行赔偿；

（2）第一危险损失赔偿方法；

（3）定值赔偿方法；

（4）限额赔偿方法。

四、财产保险合同的特有制度

（一）代位求偿制度

1. 概念

代位求偿权是指当保险标的遭受保险事故造成的损失，依法应由第三者承担赔偿责任时，保险公司自支付保险赔偿金之日起，在赔偿金额的限度内，有权依法向第三者请求赔偿的制度。

代位求偿权是财产保险合同补偿性的具体表现，是保险人履行了保险赔偿责任的必然结果。由于财产保险合同补偿性的特点，被保险人在获得了保险赔偿之后，就不能再向第三者追偿，而是应当将其享有的向第三者追偿的权利转让给保险人，可见，代位求偿是财产保险合同特有的法律制度。

2. 代位求偿的构成要件

①保险事故的发生是由第三者的行为引起的，包括侵权行为、违约行为、不当得利、共同海损。

②被保险人必须享有向第三人的赔偿请求权。

③代位求偿一般应在保险人向被保险人进行保险赔付之后开始实施。

（二）委付制度

1. 委付的概念

委付是指在发生保险事故造成保险标的推定全损时，被保险人明确表示将该保险标的的一切权利转移给保险人，而有权请求保险人赔偿全部保险金额。

2. 委付的构成要件

①委付是以保险标的推定全损为条件的；

②委付必须适用于保险标的的整体，具有不可分割性；

③被委付人应当在法定时间内向保险人提出书面的委付申请；

④被保险人必须将保险标的的一切权利转移给保险人，并且不得附加条件；

⑤委付必须经保险人承诺接受才能生效。

3. 委付的法律效力

①被保险人必须将存在于保险标的之上的一切权利转移给保险人；

②被保险人在委付成立时，有权要求保险人按照财产保险合同约定的保险金额向其予以全额赔偿。

《保险法》第59条规定：保险事故发生后，保险人已支付了全部保险金额，并且保险金额等于保险价值的，受损保险标的的全部权利归于保险人；保险金额低于保险价值的，保险人按照保险金额与保险价值的比例取得受损保险标的的部分权利。

任务评价

评价内容	学生自评	教师评价	学习记录
了解财产保险合同的概念	□优 □良 □中 □差	□优 □良 □中 □差	
明晰财产保险合同当事人的权利与义务	□优 □良 □中 □差	□优 □良 □中 □差	

续表

评价内容	学生自评	教师评价	学习记录
掌握财产保险合同的主要内容	□优 □良 □中 □差	□优 □良 □中 □差	
了解财产保险合同的特有制度	□优 □良 □中 □差	□优 □良 □中 □差	

任务总结

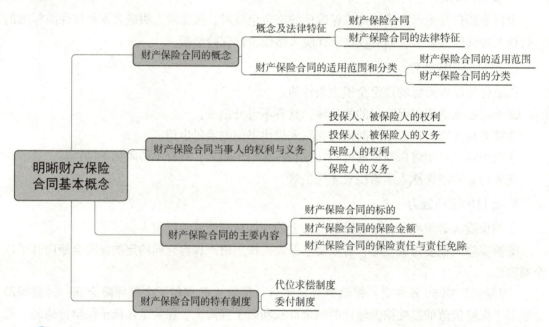

强化训练

请扫描二维码观看案例，并回答以下问题。

案情：某机械公司将其购买的轮式装载机出租给某港口公司，并应某港口公司要求，向保险公司投保了第三者责任险。某机械公司员工在与保险公司业务员沟通投保事宜时，告知设备用于出租且客户指定了保险赔偿额。后因该装载机在出租过程中造成他人死亡，某机械公司向保险公司索赔。保险公司以合同约定保险标的在出租、出借期间造成对第三者的损害赔偿责任，保险人不负责赔偿为由，拒绝赔偿。

问题1：此案件应该如何判定？

问题2：你遵循的法律依据是什么？（查看案例解析，请扫二维码）

任务二 认知机动车交通事故责任强制保险合同

任务背景

2021 年 10 月 9 日，郭先生驾车时撞到一辆别克车，造成对方后部多处损坏。经 4S 店评估维修费约 5000 元。郭先生车保了交强险，于是向保险公司报案申请理赔，保险公司按照合同约定赔付 2000 元，郭先生自己需承担 3000 元。对于本次赔付，郭先生表示不理解，他从网上看到交强险限额是 20 万元，质疑保险公司为何只赔付 2000 元。

任务分析

本案例核心焦点是，交强险限额 20 万元，但 20 万元分死亡伤残限额 18 万元、医药费限额 1.8 万元、财产损失限额 0.2 万元。因郭先生本次事故是一起无人伤亡的纯车损事故，仅造成对方车辆损失，因此只能在财产损失限额 0.2 万元以内赔付。特别注意，交强险限额是分项的，无法应对所有事故，因此车主应酌情选择合适的商业三责险作为补充。

任务实施

道路交通事故导致的人员伤亡在我国乃至全世界均是排在意外伤害的首位。21 世纪以来，我国城乡每年发生道路交通事故平均 50 多万起，每年因车祸丧生的人数高达 10 万人左右，因车祸受伤更是高达几十万人，直接经济损失年均数以百亿元乃至上千亿元计。由此可见，机动车辆的第三者责任风险是巨大的，对公众的人身与财产安全构成了严重的威胁。为了维护公众的利益，机动车辆第三者责任保险在许多国家成为法定保险业务。

一、交强险的概念和意义

《机动车交通事故责任强制保险条例》（以下简称《条例》）规定：交强险是由保险公司对被保险机动车发生道路交通事故造成受害人（不包括本车人员和被保险人）的人身伤亡、财产损失，在责任限额内予以赔偿的强制性责任保险。

交强险是社会公益性很强的险种，车主投保了它之后，一旦发生交通事故，将由保险公司向受害第三方及时地提供赔偿。这对保障公民合法权益、维护社会稳定具有重要意义。

机动车辆道路交通事故责任强制保险，是我国第一个通过国家立法的形式予以强制实施的保险险种，是一项全新的保险制度。它的保障对象涉及每一个道路通行者，与普通老百姓切身利益密切相关。实行交强险制度，首要目标就是通过国家法律强制手段，提高机动车第三方责任险的覆盖面，保证交通事故中受害人最大可能地获得及时和基本的保障。

二、交强险的突出特点

《条例》立足现实，着眼长远，既结合了中国当前经济社会发展水平和能力，又充分借鉴了国外先进经验，具有较强的针对性和鲜明的特点。

（一）突出以人为本

将保障受害人得到及时、有效的赔偿作为首要目标。《条例》规定，被保险机动车发生道路交通事故造成本车人员和被保险人以外的受害人人身伤亡、财产损失的，由保险公司依法在机动车交通事故责任强制保险责任限额范围内予以赔偿。

（二）体现奖优罚劣

通过经济手段提高驾驶员守法合规意识，促进道路交通安全。《条例》要求逐步建立机动车交通事故责任强制保险与道路交通安全违法行为和道路交通事故的信息共享机制，实现保险费率与交通违章挂钩。安全驾驶者可以享有优惠的费率，经常肇事者将负担高额保费。

（三）坚持社会效益

保险公司经营机动车交通事故责任强制保险不以营利为目的，且机动车交通事故责任强制保险业务必须与其他业务分开管理，实行单独核算。保监会将定期予以核查，以维护广大消费者的利益。

（四）实行商业化运作

机动车交通事故责任强制保险条款费率由保险公司制定，保监会按照机动车交通事故责任强制保险业务总体上"不亏不盈"原则进行审批，保险公司自主经营自负盈亏。

三、交强险的主要内容

（一）合同主体

根据《条例》第2条规定，在中华人民共和国境内道路上行驶的机动车辆所有人或管理人应当投保交强险。

交强险合同成立后，投保人也可以成为被保险人。被保险人是受交强险保险合同保障的人，即是被保险机动车辆发生交通事故导致第三者受损而依法应承担责任、依交强险合同享有保险金请求权的人。

承保人即保险人，是经营交强险保险业务时收取保险费和在保险事故发生后负责赔付保险金的人，通常是指依法成立且有经营交强险资格的保险公司。

（二）保障对象

根据《条例》，交强险的保障对象是被保险机动车致害的交通事故受害人，但不包括被保险机动车本车人员及被保险人。交强险的保障内容包括受害人的人身伤亡和财产损失。

（三）赔偿项目与责任限额

1. 死亡伤残赔偿项目与医疗费用赔偿项目（见表 3-1）

表 3-1　交强险死亡伤残和医疗费用赔偿项目

死亡伤残赔偿项目	医疗费用赔偿项目
丧葬费、死亡补偿费、受害人亲属办理丧葬事宜支出的交通费用、残疾赔偿金、残疾辅助器具费、护理费、康复费、交通费、被扶养人生活费、住宿费、误工费，被保险人依照法院判决或者调解承担的精神损害抚慰金	赔偿医药费、诊疗费、住院费、住院伙食补助费，必要的、合理的后续治疗费、整容费、营养费

2. 赔偿限额

交强险责任限额是指被保险机动车发生道路交通事故，保险公司对每次保险事故所有受害人的人身伤亡和财产损失所承担的最高赔偿金额（见表 3-2）。

表 3-2　交强险责任限额

赔偿限额种类	有责	无责
死亡伤残赔偿限额	180000 元	18000 元
医疗费用赔偿限额	18000 元	1800 元
财产损失赔偿限额	2000 元	100 元
共计	200000 元	19900 元

（四）除外责任

下列损失和费用，交强险不负责赔偿和垫付：

（1）因受害人故意造成的交通事故的损失；

（2）被保险人所有的财产及被保险机动车上的财产遭受的损失；

（3）被保险机动车发生交通事故，致使受害人停业、停驶、停电、停水、停气、停产、通信或者网络中断、数据丢失、电压变化等造成的损失以及受害人财产因市场价格变动造成的贬值、修理后因价值降低造成的损失等其他各种间接损失；

（4）因交通事故产生的仲裁或者诉讼费用以及其他相关费用。

（五）保险费率

根据《条例》规定，交强险实行统一的保险条款和基础保险费率。保监会按照交强险业务总体上不盈利不亏损的原则审批保险费率，并监管保险人对保险费率进行适时调整。目前，交强险费率按机动车种类、使用性质分为家庭自用汽车、非营业客车、营业客车、非营业货车、营业货车、特种车、摩托车和拖拉机八种类型。

（六）保险期间

《条例》规定，交强险的保险期间为 1 年，以保险单载明的起止时间为准。仅有四种情

形下，投保人可以投保 1 年以内的短期交强险：

(1) 境外机动车临时入境的；

(2) 机动车临时上道路行驶的；

(3) 机动车距规定的报废期限不足 1 年的；

(4) 保监会规定的其他情形。

（七）保险赔偿处理

(1) 保险事故发生后，保险人按照国家有关法律法规规定的赔偿范围、项目和标准以及交强险合同的约定，并根据国务院卫生主管部门组织制定的交通事故人员创伤临床诊疗指南和国家基本医疗保险标准，在交强险的责任限额内核定人身伤亡的赔偿金额。

(2) 因保险事故造成受害人人身伤亡的，未经保险人书面同意，被保险人自行承诺或支付的赔偿金额，保险人在交强险责任限额内有权重新核定；因保险事故损坏的受害人财产需要修理的，被保险人应当在修理前会同保险人检验，协商确定修理或者更换项目、方式和费用。否则，保险人在交强险责任限额内有权重新核定。

(3) 被保险机动车发生涉及受害人受伤的交通事故，因抢救受害人需要保险人支付抢救费用的，保险人在接到公安机关交通管理部门的书面通知和医疗机构出具的抢救费用清单后，按照国务院卫生主管部门组织制定的交通事故人员创伤临床诊疗指南和国家基本医疗保险标准进行核实。对于符合规定的抢救费用，保险人在医疗费用赔偿限额内支付。被保险人在交通事故中无责任的，保险人在无责任医疗费用赔偿限额内支付。

（八）垫付与追偿

被保险机动车发生交通事故，造成受害人受伤需要抢救的，保险人在接到公安机关交通管理部门的书面通知和医疗机构出具的抢救费用清单后，按照国务院卫生主管部门组织制定的交通事故人员创伤临床诊疗指南和国家基本医疗保险标准进行核实。对于符合规定的抢救费用，保险人在医疗费用赔偿限额内垫付。被保险人在交通事故中无责任的，保险人在无责任医疗费用赔偿限额内垫付。对于其他损失和费用，保险人不负责垫付和赔偿。

(1) 驾驶人未取得驾驶资格的；

(2) 驾驶人醉酒的；

(3) 被保险机动车被盗抢期间肇事的；

(4) 被保险人故意制造交通事故的。

四、机动车交通事故责任强制保险与第三者责任险的区别

（一）保险属性不同

交通事故强制责任保险属于强制保险，体现在所有车辆必须参保，有经营资格的保险公司不得拒保，否则都会面临高额的经济处罚。其从条款制定、费率厘定到投保、承保都有一定的强制性。保险公司经营交强险实际执行了社会管理职能，实行"不亏不赢"的原则，是一种准社会保险；而第三者责任险则以营利为目的，由投保人和保险人双方自愿签订保险合同。

（二）赔偿原则不同

第三者责任险采取的是过错责任原则，即根据当事人的违章行为与交通事故之间的因果关系，以及违章行为在交通事故中的作用，认定当事人的交通事故责任及赔偿责任，而交通事故强制责任保险采取的是"无过错责任"原则，即只要发生道路交通事故并造成对方损失，不论事故方有无过错都要承担赔偿责任。

（三）赔偿范围不同

交通事故强制责任保险的保险责任广泛涵盖了道路交通风险，且不设免赔率和免赔额，除外责任很少，无论被保险人在事故中有无过错，对造成的三者损失均可请求保险给付；第三者责任险则有责任免除事项和免赔率（额），仅对被保险人应依法承担的责任部分的损失进行赔偿。同时商业保险均规定了详细的除外责任，出现除外责任中列明的事故保险公司是有权拒赔的。

（四）赔偿限额不同

被保险人在使用被保险机动车过程中发生交通事故，致使受害人遭受人身伤亡或者财产损失，依法应当由被保险人承担的损害赔偿责任，保险人按照交强险合同的约定对每次事故的赔偿限额分为三项，死亡伤残赔偿限额为180000元；医疗费用赔偿限额为18000元；财产损失赔偿限额为2000元；被保险人无责任时，无责任死亡伤残赔偿限额为18000元；无责任医疗费用赔偿限额为1800元；无责任财产损失赔偿限额为100元。

商业三者险的责任限额较高，分为若干档次。商业险的保额不分项，依法应由被保险人承担的赔偿，保险公司均会依据保险合同在限额内承担，而不是分项赔付。车主如果希望有较好的保障，都应在购买交强险后，再购买商业保险作为补充。

（五）经营性质不同

交强险业务具有社会公益性特点，因此保险公司经营该项业务不以营利为目的，并实行单独核算。不亏不盈原则具体体现在保险公司在厘定交强险费率时不应加入利润因子。而商业三责险是以营利为目的，无须与其他车险险种分开管理、单独核算。

任务评价

评价内容	学生自评	教师评价	学习记录
了解交强险的概念和意义	□优 □良 □中 □差	□优 □良 □中 □差	
明晰交强险的突出特点	□优 □良 □中 □差	□优 □良 □中 □差	

续表

评价内容	学生自评	教师评价	学习记录
掌握交强险的主要内容	□优 □良 □中 □差	□优 □良 □中 □差	
了解交强险与第三者 责任险的区别	□优 □良 □中 □差	□优 □良 □中 □差	

◎ 任务总结

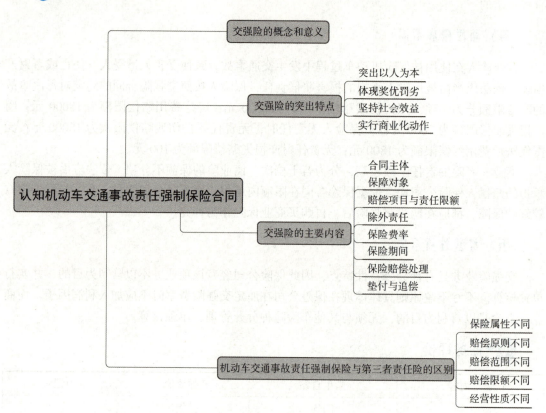

◎ 强化训练

请扫描二维码观看案例，并回答以下问题。

案情：2020年3月，唐某在驾驶一辆小型面包车过程中，与一辆小型普通客车发生碰撞，造成两车受损，所幸无人员伤亡。后经当地公安局交通警察大队认定，此次事故因唐某并未取得驾驶资格，除承担全部赔偿责任外还应承担相应处罚。唐某不服认定，将保险公司告上法庭。唐某认为：本人在保险公司投保了交强险，保险公司在限额范围内应该赔偿；保险公司认为：唐某作为驾驶人未取得驾驶资格，保险公司不应承担赔偿责任。

　　问题1：该案应如何判定？

　　问题2：法律依据是什么？（查看案例解析，请扫二维码）

任务三　认知机动车商业保险合同

🎯 任务背景

　　2020年7月31日，蒋某驾驶粤A牌照小型轿车在广东省某地行驶，与邝某驾驶的二轮摩托车（搭载贾某）发生碰撞，造成邝某、贾某受伤及两车损坏的交通事故。经交警部门认定，蒋某、邝某负事故的同等责任，乘客贾某无责任。

　　事后，经司法鉴定所鉴定，邝某左上肢的伤残程度评定为十级伤残，贾某胸部之伤评定为九级伤残。两名受害人以驾驶员蒋某、车辆所有人某租赁公司、保险公司为被告向法院提起诉讼，要求赔偿医疗费、后续治疗费、被抚养人生活费、精神损失费等共计36.87万元。

　　标的车在保险公司承保交强险及商业险（三者险限额100万元），案发时，蒋某醉酒驾驶机动车，属于商业险责任免除，保险公司商业险不承担赔偿责任。

　　被保险人某租赁公司提出其不是涉案车辆的实际使用人，对损害结果无过错，不承担责任。一审法院判决保险公司商业险不承担赔偿责任，在交强险限额内赔付两名原告12万元，履行判决赔付后再按法律规定对侵权人蒋某进行追偿，两名受害人超出交强险赔偿限额的损失由肇事驾驶员蒋某自行承担。

　　请根据机动车商业保险合同条款内容，解读分析该案件争议点。

🎯 任务分析

　　本案的争议焦点一是车辆所有人租赁公司是否要与驾驶员蒋某共同承担责任；二是保险公司商业险能否不承担赔偿责任。

　　关于争议一，根据《民法典》第1209条规定：因租赁、借用等情形机动车所有人、管理人与使用人不是同一人时，发生交通事故造成损害，属于该机动车一方责任的，由机动车使用人承担赔偿责任；机动车所有人、管理人对损害的发生有过错的，承担相应的赔偿责任。事故发生时，涉案车辆所有人某租赁公司不是实际使用人，对损害结果无过错，受害人要求机动车所有人承担连带责任于法无据，法院不予支持。

　　关于争议二，根据保险条款第24条第2款第2项的规定：饮酒、吸食或注射毒品、服用国家管制的精神药品或者麻醉药品属于保险合同的责任免除。本案中肇事司机蒋某醉酒后驾驶机动车肇事，属于商业险责任免除，保险公司不应承担赔偿责任。

🎯 任务实施

　　机动车商业保险条款分为主险、附加险。主险包括机动车损失保险、机动车第三者责任保险、机动车车上人员责任保险共三个独立的险种，投保人可以选择投保全部险种，也可以

选择投保其中部分险种，如表 3-3 所示。保险人依照本保险合同的约定，按照承保险种分别承担保险责任。附加险不能独立投保。附加险条款与主险条款相抵触的，以附加险条款为准，附加险条款未尽之处，以主险条款为准。

表 3-3　机动车商业保险主险、附加险一览表

序号	主险	附加险
1	机动车损失险	附加绝对免赔率特约条款、附加车轮单独损失险、附加新增加设备损失险、附加车身划痕损失险、附加修理期间费用补偿险、附加发动机进水损坏除外特约条款、附加机动车增值服务特约条款
2	机动车第三者责任险	附加绝对免赔率特约条款、附加车上货物责任险、附加精神损害抚慰金责任险、附加法定节假日限额翻倍险、附加医保外医疗费用责任险、附加机动车增值服务特约条款
3	机动车车上人员责任保险	附加绝对免赔率特约条款、附加精神损害抚慰金责任险、附加医保外医疗费用责任险、附加机动车增值服务特约条款

一、机动车商业保险主险

（一）机动车损失险的保险责任与责任免除

1. 机动车损失险的保险责任

（1）保险期间内，被保险人或被保险机动车驾驶人在使用被保险机动车过程中，因自然灾害、意外事故造成被保险机动车直接损失，且不属于免除保险人责任的范围，保险人依照本保险合同的约定负责赔偿。

（2）保险期间内，被保险机动车被盗窃、抢劫、抢夺，经出险地县级以上公安刑侦部门立案证明，满 60 天未查明下落的全车损失，以及因被盗窃、抢劫、抢夺受到损坏造成的直接损失，且不属于免除保险人责任的范围，保险人依照本保险合同的约定负责赔偿。

（3）发生保险事故时，被保险人或驾驶人为防止或者减少被保险机动车的损失所支付的必要的、合理的施救费用，由保险人承担；施救费用数额在被保险机动车损失赔偿金额以外另行计算，最高不超过保险金额。

2. 机动车损失险的责任免除

保险责任范围内，下列情况下，不论任何原因造成被保险机动车的任何损失和费用，保险人均不负责赔偿：

（1）事故发生后，被保险人或驾驶人故意破坏、伪造现场，毁灭证据；

（2）驾驶人有下列情形之一者：

①交通肇事逃逸；

②饮酒、吸食或注射毒品、服用国家管制的精神药品或者麻醉药品；

③无驾驶证，驾驶证被依法扣留、暂扣、吊销、注销期间；

④驾驶与驾驶证载明的准驾车型不相符合的机动车。

（3）被保险机动车有下列情形之一者：

①发生保险事故时被保险机动车行驶证、号牌被注销；

②被扣留、收缴、没收期间；

③竞赛、测试期间，在营业性场所维修、保养、改装期间；

④被保险人或驾驶人故意或重大过失，导致被保险机动车被利用从事犯罪行为。

下列原因导致的被保险机动车的损失和费用，保险人不负责赔偿：

（1）战争、军事冲突、恐怖活动、暴乱、污染（含放射性污染）、核反应、核辐射；

（2）违反安全装载规定；

（3）被保险机动车被转让、改装、加装或改变使用性质等，导致被保险机动车危险程度显著增加，且未及时通知保险人，因危险程度显著增加而发生保险事故的；

（4）投保人、被保险人或驾驶人故意制造保险事故。

下列损失和费用，保险人不负责赔偿：

（1）因市场价格变动造成的贬值、修理后因价值降低引起的减值损失；

（2）自然磨损、朽蚀、腐蚀、故障、本身质量缺陷；

（3）投保人、被保险人或驾驶人知道保险事故发生后，故意或者因重大过失未及时通知，致使保险事故的性质、原因、损失程度等难以确定的，保险人对无法确定的部分，不承担赔偿责任，但保险人通过其他途径已经知道或者应当及时知道保险事故发生的除外；

（4）因被保险人违反本条款第 15 条约定，导致无法确定的损失；

（5）车轮单独损失、无明显碰撞痕迹的车身划痕，以及新增加设备的损失；

（6）非全车盗抢、仅车上零部件或附属设备被盗窃。

（二）机动车第三者责任险的保险责任和责任免除

1. 机动车第三者责任险的保险责任

（1）保险期间内，被保险人或其允许的驾驶人在使用被保险机动车过程中发生意外事故，致使第三者遭受人身伤亡或财产直接损毁，依法应当对第三者承担的损害赔偿责任，且不属于免除保险人责任的范围，保险人依照保险合同的约定，对于超过机动车交通事故责任强制保险各分项赔偿限额的部分负责赔偿。

（2）保险人依据被保险机动车一方在事故中所负的事故责任比例，承担相应的赔偿责任。

被保险人或被保险机动车一方根据有关法律法规选择自行协商或由公安机关交通管理部门处理事故，但未确定事故责任比例的，按照下列规定确定事故责任比例：

被保险机动车一方负主要事故责任的，事故责任比例为 70%；

被保险机动车一方负同等事故责任的，事故责任比例为 50%；

被保险机动车一方负次要事故责任的，事故责任比例为 30%。

涉及司法或仲裁程序的，以法院或仲裁机构最终生效的法律文书为准。

2. 机动车第三者责任险的责任免除

保险车辆造成下列人身伤亡和财产损毁，不论在法律上是否应当由被保险人承担赔偿责任，均不属于本保险的责任范围，保险人概不负责赔偿。包括：被保险人或其允许的驾驶员所有或代管的财产；私有、个人承包车辆的被保险人或其允许的驾驶员及其家庭成员，以及他们所有或代管的财产；本车上的一切人员和财产。其中，本车上的一切人员和财产是指意外事故发生时，本保险车辆上的一切人员和财产。这里包括车辆行驶中或车辆未停稳时非正常下车的人员，以及吊车正在吊装的财产。

下列情况下，不论任何原因造成的人身伤亡、财产损失和费用，保险人均不负责赔偿：

（1）事故发生后，被保险人或驾驶人故意破坏、伪造现场，毁灭证据；

（2）驾驶人有下列情形之一者：

①交通肇事逃逸；

②饮酒、吸食或注射毒品、服用国家管制的精神药品或者麻醉药品；

③无驾驶证，驾驶证被依法扣留、暂扣、吊销、注销期间；

④驾驶与驾驶证载明的准驾车型不相符合的机动车；

⑤非被保险人允许的驾驶人。

（3）被保险机动车有下列情形之一者：

①发生保险事故时被保险机动车行驶证、号牌被注销的；

②被扣留、收缴、没收期间；

③竞赛、测试期间，在营业性场所维修、保养、改装期间；

④全车被盗窃、被抢劫、被抢夺、下落不明期间。

下列原因导致的人身伤亡、财产损失和费用，保险人不负责赔偿：

（1）战争、军事冲突、恐怖活动、暴乱、污染（含放射性污染）、核反应、核辐射；

（2）第三者、被保险人或驾驶人故意制造保险事故、犯罪行为，第三者与被保险人或其他致害人恶意串通的行为；

（3）被保险机动车被转让、改装、加装或改变使用性质等，导致被保险机动车危险程度显著增加，且未及时通知保险人，因危险程度显著增加而发生保险事故的。

下列人身伤亡、财产损失和费用，保险人不负责赔偿：

（1）被保险机动车发生意外事故，致使任何单位或个人停业、停驶、停电、停水、停气、停产、通信或网络中断、电压变化、数据丢失造成的损失以及其他各种间接损失。

（2）第三者财产因市场价格变动造成的贬值，修理后因价值降低引起的减值损失。

（3）被保险人及其家庭成员、驾驶人及其家庭成员所有、承租、使用、管理、运输或代管的财产的损失，以及本车上财产的损失。

（4）被保险人、驾驶人、本车上人员的人身伤亡。

（5）停车费、保管费、扣车费、罚款、罚金或惩罚性赔款。

（6）超出《道路交通事故受伤人员临床诊疗指南》和国家基本医疗保险同类医疗费用标准的费用部分。

（7）律师费、未经保险人事先书面同意的诉讼费、仲裁费。

（8）投保人、被保险人或驾驶人知道保险事故发生后，故意或者因重大过失未及时通知，致使保险事故的性质、原因、损失程度等难以确定的，保险人对无法确定的部分，不承担赔偿责任，但保险人通过其他途径已经知道或者应当及时知道保险事故发生的除外。

（9）因保险事故损坏的第三者财产，修理前被保险人应当会同保险人检验，协商确定维修机构、修理项目、方式和费用。无法协商确定的，双方委托共同认可的有资质的第三方进行评估。因被保险人违反此约定，导致无法确定的损失。

（10）精神损害抚慰金。

（11）应当由机动车交通事故责任强制保险赔偿的损失和费用。

保险事故发生时，被保险机动车未投保机动车交通事故责任强制保险或机动车交通事故责任强制保险合同已经失效的，对于机动车交通事故责任强制保险责任限额以内的损失和费用，保险人不负责赔偿。

（三）机动车车上人员责任险的保险责任和责任免除

1. 机动车车上人员责任险的保险责任

（1）保险期间内，被保险人或其允许的驾驶人在使用被保险机动车过程中发生意外事故，致使车上人员遭受人身伤亡，且不属于免除保险人责任的范围，依法应当对车上人员承担的损害赔偿责任，保险人依照本保险合同的约定负责赔偿。

（2）保险人依据被保险机动车一方在事故中所负的事故责任比例，承担相应的赔偿责任。

被保险人或被保险机动车一方根据有关法律法规选择自行协商或由公安机关交通管理部门处理事故，但未确定事故责任比例的，按照下列规定确定事故责任比例：

被保险机动车一方负主要事故责任的，事故责任比例为70%；

被保险机动车一方负同等事故责任的，事故责任比例为50%；

被保险机动车一方负次要事故责任的，事故责任比例为30%。

涉及司法或仲裁程序的，以法院或仲裁机构最终生效的法律文书为准。

2. 机动车车上人员责任险的责任免除

下列原因导致的人身伤亡、财产损失和费用，保险人不负责赔偿：

（1）战争、军事冲突、恐怖活动、暴乱、污染（含放射性污染）、核反应、核辐射；

（2）第三者、被保险人或驾驶人故意制造保险事故、犯罪行为，第三者与被保险人或其他致害人恶意串通的行为；

（3）被保险机动车被转让、改装、加装或改变使用性质等，导致被保险机动车危险程度显著增加，且未及时通知保险人，因危险程度显著增加而发生保险事故的。

下列原因导致的人身伤亡，保险人不负责赔偿：

（1）战争、军事冲突、恐怖活动、暴乱、污染（含放射性污染）、核反应、核辐射；

（2）被保险机动车被转让、改装、加装或改变使用性质等，导致被保险机动车危险程度显著增加，且未及时通知保险人，因危险程度显著增加而发生保险事故的；

（3）投保人、被保险人或驾驶人故意制造保险事故。

下列人身伤亡、损失和费用，保险人不负责赔偿：

（1）被保险人及驾驶人以外的其他车上人员的故意行为造成的自身伤亡；

（2）车上人员因疾病、分娩、自残、斗殴、自杀、犯罪行为造成的自身伤亡；

（3）罚款、罚金或惩罚性赔款；

（4）超出《道路交通事故受伤人员临床诊疗指南》和国家基本医疗保险同类医疗费用标准的费用部分；

（5）律师费，未经保险人事先书面同意的诉讼费、仲裁费；

（6）投保人、被保险人或驾驶人知道保险事故发生后，故意或者因重大过失未及时通知，致使保险事故的性质、原因、损失程度等难以确定的，保险人对无法确定的部分，不承担赔偿责任，但保险人通过其他途径已经知道或者应当及时知道保险事故发生的除外；

（7）精神损害抚慰金；

（8）应当由机动车交通事故责任强制保险赔付的损失和费用。

二、机动车辆商业保险附加险

机动车辆商业保险附加险的险种有：附加绝对免赔率特约条款、附加车轮单独损失险、附加新增加设备损失险、附加车身划痕损失险、附加修理期间费用补偿险、附加发动机进水损坏除外特约条款、附加车上货物责任险、附加精神损害抚慰金责任险、附加法定节假日限额翻倍险、附加医保外用药责任险、附加机动车增值服务特约条款。

未投保基本险的，则不得投保相应的附加险。附加险条款解释与基本险条款解释相抵触之处，以附加险条款解释为准，未尽之处，则以基本险条款解释为准。

（一）附加绝对免赔率特约条款

绝对免赔率为5%、10%、15%、20%，由投保人和保险人在投保时协商确定，具体以保险单载明为准。

被保险机动车发生主险约定的保险事故，保险人按照主险的约定计算赔款后，扣减本特约条款约定的免赔。即

$$主险实际赔款=按主险约定计算的赔款×（1-绝对免赔率）$$

（二）附加车轮单独损失险

投保了机动车损失保险的机动车，可投保此附加险。

1. 保险责任

保险期间内，被保险人或被保险机动车驾驶人在使用被保险机动车过程中，因自然灾害、意外事故或被盗窃、抢劫、抢夺，导致被保险机动车未发生其他部位的损失，仅有车轮（含轮胎、轮毂、轮毂罩）单独的直接损失，且不属于免除保险人责任的范围，保险人依照本附加险合同的约定负责赔偿。

2. 责任免除

（1）车轮（含轮胎、轮毂、轮毂罩）的自然磨损、锈蚀、腐蚀、故障、本身质量缺陷；
（2）未发生全车盗抢，仅车轮单独丢失。

3. 保险金额

保险金额由投保人和保险人在投保时协商确定。

4. 赔偿处理

（1）发生保险事故后，保险人依据本条款约定在保险责任范围内承担赔偿责任。赔偿方式由保险人与被保险人协商确定，可采取现金赔付或实物赔付。
（2）赔款=实际修复费用-被保险人已从第三方获得的赔偿金额。
（3）在保险期间内，累计赔款金额达到保险金额，本附加险保险责任终止。

（三）附加新增加设备损失险

投保了机动车损失保险的机动车，可投保本附加险。

1. 保险责任

保险期间内，投保了本附加险的被保险机动车因发生机动车损失保险责任范围内的事

故，造成车上新增加设备的直接损毁，保险人在保险单载明的本附加险的保险金额内，按照实际损失计算赔偿。

2. 保险金额

保险金额根据新增加设备投保时的实际价值确定。新增加设备的实际价值是指新增加设备的购置价减去折旧金额后的金额。

3. 赔偿处理

发生保险事故后，保险人依据本条款约定在保险责任范围内承担赔偿责任。赔偿方式由保险人与被保险人协商确定，可采取现金赔付或实物赔付。

$$赔款=实际修复费用-被保险人已从第三方获得的赔偿金额$$

（四）附加车身划痕损失险

投保了机动车损失保险的机动车，可投保本附加险。

1. 保险责任

保险期间内，被保险机动车在被保险人或被保险机动车驾驶人使用过程中，发生无明显碰撞痕迹的车身划痕损失，保险人按照保险合同约定负责赔偿。

2. 责任免除

（1）被保险人及其家庭成员、驾驶人及其家庭成员的故意行为造成的损失；

（2）因投保人、被保险人与他人的民事、经济纠纷导致的任何损失；

（3）车身表面自然老化、损坏，腐蚀造成的任何损失。

3. 保险金额

保险金额为 2000 元、5000 元、10000 元或 20000 元，由投保人和保险人在投保时协商确定。

4. 赔偿处理

（1）发生保险事故后，保险人依据本条款约定在保险责任范围内承担赔偿责任，赔偿方式由保险人与被保险人协商确定，可采取现金赔付或实物赔付。

$$赔款=实际修复费用-被保险人已从第三方获得的赔偿金额$$

（2）在保险期间内，累计赔款金额达到保险金额，本附加险保险责任终止。

（五）附加修理期间费用补偿险

投保了机动车损失保险的机动车，可投保本附加险。

1. 保险责任

保险期间内，投保了本条款的机动车在使用过程中，发生机动车损失保险责任范围内的事故，造成车身损毁，致使被保险机动车停驶，保险人按保险合同约定，在保险金额内向被保险人补偿修理期间费用，作为代步车费用或弥补停驶损失。

2. 责任免除

下列情况下，保险人不承担修理期间费用补偿：

（1）因机动车损失保险责任范围以外的事故而致被保险机动车的损毁或修理；

（2）非在保险人认可的修理厂修理时，因车辆修理质量不合要求造成返修；

（3）被保险人或驾驶人拖延车辆送修期间。

3. 保险金额

本附加险保险金额＝补偿天数×日补偿金额。补偿天数及日补偿金额由投保人与保险人协商确定并在保险合同中载明，保险期间内约定的补偿天数最高不超过90天。

4. 赔偿处理

全车损失，按保险单载明的保险金额计算赔偿；部分损失，在保险金额内按约定的日补偿金额乘以从送修之日起至修复之日止的实际天数计算赔偿，实际天数超过双方约定修理天数的，以双方约定的修理天数为准。

保险期间内，累计赔款金额达到保险单载明的保险金额，本附加险保险责任终止。

（六）附加发动机进水损坏除外特约条款

投保了机动车损失保险的机动车，可投保本附加险。

保险期间内，投保了本附加险的被保险机动车在使用过程中，因发动机进水后导致的发动机的直接损毁，保险人不负责赔偿。

（七）附加车上货物责任险

投保了机动车第三者责任保险的营业货车（含挂车），可投保本附加险。

1. 保险责任

保险期间内，发生意外事故致使被保险机动车所载货物遭受直接损毁，依法应由被保险人承担的损害赔偿责任，保险人负责赔偿。

2. 责任免除

（1）偷盗、哄抢、自然损耗、本身缺陷、短少、死亡、腐烂、变质、串味、生锈，动物走失、飞失，货物自身起火燃烧或爆炸造成的货物损失；

（2）违法、违章载运造成的损失；

（3）因包装、紧固不善，装载、遮盖不当导致的任何损失；

（4）车上人员携带的私人物品的损失；

（5）保险事故导致的货物减值、运输延迟、营业损失及其他各种间接损失；

（6）法律、行政法规禁止运输的货物的损失。

3. 责任限额

责任限额由投保人和保险人在投保时协商确定。

4. 赔偿处理

（1）被保险人索赔时，应提供运单、起运地货物价格证明等相关单据。保险人在责任限额内按起运地价格计算赔偿。

（2）发生保险事故后，保险人依据本条款约定在保险责任范围内承担赔偿责任，赔偿方式由保险人与被保险人协商确定，可采取现金赔付或实物赔付。

（八）附加精神损害抚慰金责任险

投保了机动车第三者责任保险或机动车车上人员责任保险的机动车，可投保本附加险。

在投保人仅投保机动车第三者责任保险的基础上附加本附加险时，保险人只负责赔偿第三者的精神损害抚慰金；在投保人仅投保机动车车上人员责任保险的基础上附加本附加险时，保险人只负责赔偿车上人员的精神损害抚慰金。

1. 保险责任

保险期间内，被保险人或其允许的驾驶人在使用被保险机动车的过程中，发生投保的主险约定的保险责任内的事故，造成第三者或车上人员的人身伤亡，受害人据此提出精神损害赔偿请求，保险人依据法院判决及保险合同约定，对应由被保险人或被保险机动车驾驶人支付的精神损害抚慰金，在扣除机动车交通事故责任强制保险应当支付的赔款后，在本保险赔偿限额内负责赔偿。

2. 责任免除

（1）根据被保险人与他人的合同协议，应由他人承担的精神损害抚慰金；

（2）未发生交通事故，仅因第三者或本车人员的惊恐而引起的损害；

（3）怀孕妇女的流产发生在交通事故发生之日起 30 天以外的。

3. 赔偿限额

本保险每次事故赔偿限额由保险人和投保人在投保时协商确定。

4. 赔偿处理

本附加险赔偿金额依据生效法律文书或当事人达成且经保险人认可的赔付协议，在保险单所载明的赔偿限额内计算赔偿。

（九）附加法定节假日限额翻倍险

投保了机动车第三者责任保险的家庭自用汽车，可投保本附加险。

保险期间内，被保险人或其允许的驾驶人在法定节假日期间使用被保险机动车发生机动车第三者责任保险范围内的事故，并经公安部门或保险人查勘确认的，被保险机动车第三者责任保险所适用的责任限额在保险单载明的基础上增加一倍。

（十）附加医保外用药责任险

投保了机动车第三者责任保险或机动车车上人员责任保险的机动车，可投保本附加险。

1. 保险责任

保险期间内，被保险人或其允许的驾驶人在使用被保险机动车的过程中，发生主险保险事故，对于被保险人依照中华人民共和国法律（不含港澳台地区法律）应对第三者或车上人员承担的医疗费用，保险人对超出《道路交通事故受伤人员临床诊疗指南》和国家基本医疗保险同类医疗费用标准的部分负责赔偿。

2. 责任免除

下列损失、费用，保险人不负责赔偿：

（1）被保险人的损失在相同保障的其他保险项下可获得赔偿的部分；

（2）所诊治伤情与主险保险事故无关联的医疗、医药费用；

（3）特需医疗类费用。

3. 赔偿限额

赔偿限额由投保人和保险人在投保时协商确定，并在保险单中载明。

4. 赔偿处理

被保险人索赔时，应提供由具备医疗机构执业许可的医院或药品经营许可的药店出具的、足以证明各项费用赔偿金额的相关单据。保险人根据被保险人实际承担的责任，在保险单载明的责任限额内计算赔偿。

（十一）附加机动车增值服务特约条款

投保了机动车保险后，可投保本特约条款。

本特约条款包括道路救援服务特约条款、车辆安全检测特约条款、代为驾驶服务特约条款、代为送检服务特约条款共四个独立的特约条款，投保人可以选择投保全部特约条款，也可以选择投保其中部分特约条款。保险人依照保险合同的约定，按照承保特约条款分别提供增值服务。

🄲 任务评价

评价内容	学生自评	教师评价	学习记录
掌握机动车商业险主险	□优 □良 □中 □差	□优 □良 □中 □差	
掌握机动车商业险的附加险	□优 □良 □中 □差	□优 □良 □中 □差	

🄲 任务总结

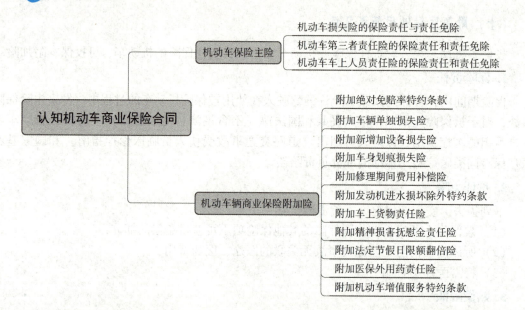

强化训练

请扫描二维码观看案例，并回答以下问题。

案情： 2016 年某月某日，张某将自有的一辆私家车出借给朋友李某使用，该车辆在保险公司投保交强险及第三者商业保险 100 万元并不计免赔。

李某在回家的路上发生交通事故，造成第三人直接财产损失 132000 元。该事故李某负全部责任，事故发生后，保险公司在交强险范围内支付了 2000元，李某垫付 5 万元。后第三人起诉至法院。

现实生活中，车主将车辆出借给家人、朋友驾驶的情况非常普遍，但在出借过程中，有时也可能会由于各种原因发生交通事故等。

问题 1：此种情况发生事故时，承保商业第三者责任险的保险公司是否承担赔偿责任？

问题 2：你的法律依据是什么？（查看案例解析，请扫二维码）

项目思政

案情一 近日，广西壮族自治区荔浦县人民法院成功审结一起肇事者交通肇事逃逸后又立即自首并积极主动赔付了受害者积极损失 430150 元，交强险保险公司已赔付，就商业险部分，因肇事者系交通肇事逃逸，保险公司拒绝赔付的责任保险合同纠纷案，法院判决保险公司按合同约定给付保险款。

案情二 被保险人陈某的车辆发动机故障，送去某修理厂维修时李某称可免费维修，但需陈某协助制造事故骗取保险金。陈某一时贪图小便宜答应了李某。2020 年 9 月，修理厂李某驾驶陈某的丰田车与另一台还没修好的宝马车相撞，故意制造了一起交通事故，并向保险公司报案。保险公司现场勘查发现疑点众多，经调查，陈某承认本案为修理厂故意制造事故，并主动放弃索赔。

案情三 张某酒后驾车，发生事故致使车辆严重损坏。为能获得保险理赔，他便打电话找彭某过来顶包，彭某也喝了酒，便又叫来谢某来顶包。谢某到现场后，谎称自己是驾驶员，保险公司赔付张某保险金人民币 21 万余元。2012 年 9 月，张某、彭某、谢某均被法院以保险诈骗罪判刑，其中张某被判有期徒刑五年。

请谈一谈新时代大学生应如何理解保险合同的严肃性。

模块四
汽车保险理赔法律规定

项目一　熟知道路交通安全法内容

 学习目标

知识目标
➢《道路交通安全法》的主要内容、交通安全原则、道路通行规定
➢ 交通事故的处理程序及侵权责任

能力目标
➢ 学会依法处理道路交通事故
➢ 学习交通事故理赔及诉讼案件

素养目标
➢ 充分理解道路交通安全法
➢ 培养安全意识和法律意识

　　对于汽车保险和理赔从业人员，《道路交通安全法》是需要重点学习的内容。当道路交通事故发生之后，汽车保险合同的履行就进入了一个新的阶段——理赔与索赔。因此，需要详细了解《道路交通安全法》（以下简称《道交法》）的主要法律规定，以便在处理交通事故理赔过程中做到有法可依，有理有据，依法办事。本章主要介绍《道交法》的基本内容及基本规定，着重学习道路交通事故处理及其侵权责任。

任务一　认知《道路交通安全法》

🎯 **任务背景**

　　2019 年 1 月 5 日，王某驾驶天津牌照大型客车，沿新华路由南向北行驶，行至承德道交口时，遇张某骑自行车沿承德道由西向东行驶，王某因车

上载人过多，造成制动失效，所驾驶大型客车前部与张某骑的自行车左侧接触，造成张某受伤经抢救无效死亡的交通事故。

请问，本次事故中，谁应承担责任？法律依据是什么？

任务分析

《中华人民共和国道路交通安全法》第 49 条规定：机动车载人不得超过核定的人数，客运机动车不得违反规定载货。第 92 条规定：公路客运车辆载客超过额定乘员的，处二百元以上五百元以下罚款；超过额定乘员百分之二十或者违反规定载货的，处五百元以上二千元以下罚款。公安机关交通管理部门扣留机动车至违法状态消除。运输单位的车辆有本条情形，经处罚不改的，对直接负责的主管人员处二千元以上五千元以下罚款。大客车超员行驶多是出于经济利益的驱使，载客超员会造成车辆过重，制动性能降低，制动距离延长。同时超过车辆限定的载客人数后，乘车人员不能在车辆设定的座位就座，乘客的危险系数增高，且此部分增设的座位不能纳入乘客保险中，出事故后，乘客伤亡极易得不到应有的赔偿。乘车空间狭小使车厢内人员拥挤，发生交通事故时造成的损害也将加大。

任务实施

一、道路交通事故的现状

1. 道路交通立法情况

为了维护道路交通秩序，预防和减少交通事故，保护人身安全，保护公民、法人和其他组织的财产安全及其他合法权益，提高道路通行效率，我国于 2004 年 5 月 1 日施行了《道路交通安全法》，这是中华人民共和国成立以来第一次以法律形式对道路交通安全加以立法规范。2006 年 3 月 21 日，国务院颁布了《机动车交通事故责任强制保险条例》，将机动车第三者责任险列为强制保险内容，该条例规定自 2006 年 7 月 1 日起实施。

2021 年 4 月 29 日发布第八十一号主席令：《全国人民代表大会常务委员会关于修改〈中华人民共和国道路交通安全法〉等八部法律的决定》已由中华人民共和国第十三届全国人民代表大会常务委员会第二十八次会议于 2021 年 4 月 29 日通过，现予公布，自公布之日起施行。本法分总则、车辆和驾驶人、道路通行条件、道路通行规定、交通事故处理、执法监督、法律责任、附则 8 章 124 条。

2. 道路交通事故状况

从 1886 年汽车诞生至今，汽车在给人们带来极大便利的同时，也带来了诸多问题。美国著名学者乔治·威伦在其著作《交通法院》中说："人们应该承认，交通事故已经成为今天各个国家最大的问题之一。它比消防问题更加严重，因为每年交通事故死亡的人数日渐增多，遭受的财产损失越来越大；它比犯罪问题更加严重，因为交通事故与整个人类生活密不可分，不管男女老幼，每一个人，只要他在街道上，每一分钟都有可能遭遇交通事故。"

据统计，如今全世界每年死于道路交通事故的人数约 60 万之众，这相当于每年有一个中等城市被摧毁；因车祸受伤的人数多达 1200 万人；在许多国家，交通事故引起的人员伤亡和经济损失，远远超过火灾、水灾、意外伤害等灾难造成的人员伤亡和经济损失。因此，人们称交通事故为"柏油路上的战争""文明世界的第一大公害"。

　　我国汽车工业发展很快，2004 年中国汽车产销量首次达到 500 万辆，2009 年中国汽车产销量达到 1300 万辆，到 2013 年中国汽车产销量已突破 2 000 万辆。2021 年中国机动车保有量 4 亿辆，同比增长 6.2%；中国汽车保有量为 3 亿辆，同比增长 7.5%。与此同时，每年因交通事故死亡的人数也在迅速增加，1991 年至 2002 年的 10 年间翻了一番，由 1991 年的 5.3 万人，增至 2002 年的 10.9 万人，交通事故致死人数居世界第一位。据道路交通安全协会统计，近三年，中国交通事故发生数量在 200000 起以上，其中 2020 年中国交通事故发生数量 244674 起，同比下降 1.2%；交通事故直接财产损失金额为 131360.6 万元，同比下降 2.4%。2020 年中国机动车交通事故死亡人数为 55950 人，同比下降 1.7%，机动车交通事故受伤人数为 214442 人，同比下降 3.1%；非机动车交通事故死亡人数为 4373 人，同比增长 0.4%，非机动车交通事故受伤人数为 33636 人，同比增长 4%。

3. 我国道路交通事故频发的原因

　　(1) 人的因素：从道路交通事故类型、交通事故发生的原因分析可以看出，有 80% ~ 85% 的交通事故是由于人的违章行为造成的；从肇事机动车驾驶人情况看，首先是短驾龄的驾驶人肇事严重，其次是驾驶人无证驾驶机动车肇事突出；从事故直接原因看，超速行驶、违章操作、违章占道行驶、不按规定让行、违章超车、酒后驾车、违章会车、疲劳驾车和纵向间距过短等违章行为导致的死亡事故尤其严重。

　　近些年，经常会有"不让路""强行超车""故意别人"的不文明甚至违法驾驶行为，经调查发现，驾驶员驾驶车辆过程中有不能管理好自己的情绪，情绪激动而出现"路怒症"的情况，造成交通事故，害人害己。在惨案面前，一定不能违法、违章驾驶车辆，对自己和他人的生命财产负责。

　　(2) 车的因素：车辆是现代道路交通的主要运行工具。车辆技术性能的好坏，是影响道路交通安全的重要因素。由于车辆技术性能不良引起的交通事故比例并不大，但这类事故一旦发生，其后果一般都是比较严重的，这类事故的起因通常是由于制动失灵、机件失灵和车辆装载超高、超宽、超载及货物绑扎不牢固所致。

　　(3) 道路因素：道路交通的安全取决于交通过程中人、车、路、环境之间是否保持协调，因此，除了前两个因素以外，道路本身的技术等级、设施条件及交通环境作为构成道路交通的基本要素，它们对交通安全的影响是不容忽视的，在某些情况下，它们可能成为导致交通事故发生的主要原因。

　　(4) 交通环境因素：随着交通量的增加，机动车、行人、电动车、非机动车等因素错综复杂，车辆的相互干扰、超车不当等造成一些交通事故，事故造成的交通拥挤导致变道频发等，容易造成再次的交通事故出现。这些都是导致交通事故的直接或间接因素。

二、道路交通安全法立法概况

　　《中华人民共和国道路交通安全法》（以下简称《道交法》）第 1 条明确了立法目的："为了维护道路交通秩序，预防和减少交通事故，保护人身安全，保护公民、法人和其他组织的财产安全及其他合法权益，提高通行效率，制定本法。"

（一）道路交通安全法概念及调整对象

1. 道路交通安全法的概念

　　从狭义上讲，《道交法》是指国家颁布的关于道路交通的专门法典，于 2003 年 10 月 28

日颁布，2004 年 5 月 1 日起施行；2007 年 12 月 29 日第一次修改，2011 年第二次修改。2021 年 4 月 29 日，《关于修改〈中华人民共和国道路交通安全法〉等八部法律的决定》第三次修正。

从广义上讲，道路交通安全法是指国家为对道路交通进行管理而制定的所有法律、法规的总称。

2. 道路交通安全法的调整对象

《道交法》第 2 条规定："中华人民共和国境内的车辆驾驶人、行人、乘车人以及与道路交通活动有关的单位和个人，都应当遵守本法。"道路交通安全法的调整对象是道路交通关系、道路交通管理关系和道路交通活动关系。《道交法》主要包括以下内容：

（1）规定了政府在道路交通管理中的职责；

（2）公安机关内部及其与其他有关机关的关系；

（3）管理者与参与者之间的关系；

（4）一般主体在交通活动中产生的相互关系；

（5）一般主体在进行与道路交通有关的活动中发生的关系。

3. 道路交通安全法的效力范围

（1）适于我国主权领域范围的道路交通安全管理。车辆在道路以外通行时发生事故，有关部门可以参照本法有关规定处理。

（2）时间效力：2004 年 5 月 1 日起施行；2007 年 12 月 29 日第一次修改，自 2008 年 5 月 1 日起施行；2011 年第二次修改通过，2011 年 5 月 1 日起施行。2021 年 4 月 29 日第三次修正通过，自公布之日起施行。

（3）对人的效力：在中国境内的车辆驾驶人、行人、乘车人以及与道路交通活动有关的单位和个人。

（二）道路交通主体

1. 人

道路交通主体主要是指机动车驾驶人、行人和乘车人以及道路上从事施工、管理，维护交通秩序和处理交通事故的人员。

（1）行人。

《道交法》第 61、62 条：行人应当在人行道内行走，没有人行道的靠路边行走。行人通过路口或者横过道路，应当走人行横道或者过街设施；通过有交通信号灯的人行横道，应当按照交通信号灯指示通行；通过没有交通信号灯的人行横道的路口，或者在没有过街设施的路段横过道路，应当在确认安全后通过。

（2）机动车驾驶人。

①机动车驾驶人驾驶证的取得及携带。

《道交法》第 19 条规定：驾驶机动车，应当依法取得机动车驾驶证。

持有境外机动车驾驶证的人，符合国务院公安部门规定的驾驶许可条件，经公安机关交通管理部门考核合格的，可以发给中国的机动车驾驶证。

驾驶人应当按照驾驶证载明的准驾车型驾驶机动车；驾驶机动车时，应当随身携带机动车驾驶证。

②《道交法》对机动车驾驶人的驾驶要求。

《道交法》第 22 条规定：机动车驾驶人应当遵守道路交通安全法律、法规的规定，按照操作规范安全驾驶、文明驾驶。

饮酒、服用国家管制的精神药品或者麻醉药品，或者患有妨碍安全驾驶机动车的疾病，或者过度疲劳影响安全驾驶的驾驶人，不得驾驶机动车。

任何人不得强迫、指使、纵容驾驶人违反道路交通安全法律、法规和机动车安全驾驶要求驾驶机动车。

（3）关于酒驾、醉驾。

2021 年 4 月，新《道交法》施行，对变造车牌及酒驾做出了新的规定。为有效惩处饮酒后驾驶机动车违法行为，修改后的《道交法》加大了对此类行为的行政处罚力度。对醉驾行为一律吊销驾照，并在 5 年之内不得重新取得。对酒后驾驶行为的罚款从 200~500 元提高至 1000~2000 元，暂扣驾照的期限从 1~3 个月提高至 6 个月。

醉酒驾驶机动车的，由公安机关交通管理部门约束至酒醒，吊销机动车驾驶证，依法追究刑事责任；五年内不得重新取得机动车驾驶证。

对醉酒后驾驶营运机动车的，新的《道交法》将暂扣机动车驾驶证的处罚改为吊销机动车驾驶证，且 10 年内不得重新取得机动车驾驶证；重新取得机动车驾驶证后，不得驾驶营运机动车。公安机关交通管理部门将对其约束至酒醒，并依法追究刑事责任。

值得注意的是，修改后的《道交法》增加了对饮酒后或者醉酒驾驶机动车发生重大交通事故构成犯罪的处罚规定，由公安机关交通管理部门吊销机动车驾驶证，且终生不得重新取得机动车驾驶证。

2. 车辆

（1）车辆的概念。

车辆包括机动车和非机动车。机动车是指以动力装置驱动或者牵引，在道路上行驶的供人员乘用或者用于运送物品以及进行工程专项作业的轮式车辆。非机动车是指以人力或者畜力驱动，在道路上行驶的交通工具，以及虽有动力装置驱动但设计最高时速、空车质量、外形尺寸符合有关国家标准的残疾人机动轮椅车、电动自行车等交通工具。

（2）机动车登记制度。

《道交法》第 8 条规定：国家对机动车实行登记制度。机动车经公安机关交通管理部门登记后，方可上道路行驶。尚未登记的机动车，需要临时上道路行驶的，应当取得临时通行牌证。

《道交法》第 11 条规定：驾驶机动车上道路行驶，应当悬挂机动车号牌，放置检验合格标志、保险标志，并随车携带机动车行驶证。

机动车号牌应当按照规定悬挂并保持清晰、完整，不得故意遮挡、污损。任何单位和个人不得收缴、扣留机动车号牌。

（3）对于伪造、变造车牌的规定和处罚。

①《道交法》第 11 条规定：任何单位或者个人不得有下列行为：

a. 拼装机动车或者擅自改变机动车已登记的结构、构造或者特征；

b. 改变机动车型号、发动机号、车架号或者车辆识别代号；

c. 伪造、变造或者使用伪造、变造的机动车登记证书、号牌、行驶证、检验合格标志、保险标志；

d. 使用其他机动车的登记证书、号牌、行驶证、检验合格标志、保险标志。

②伪造、变造车牌的处罚;

修改后的《道交法》对假牌、套牌车的处罚力度大幅提高。伪造、变造或者使用伪造、变造的机动车登记证书、号牌、行驶证、驾驶证的,扣留该机动车,处 15 日以下拘留,并处 2000 元以上 5000 元以下罚款;与修改前的法条相比,增加了拘留的处罚规定,并将 200 元以上 2000 元以下的罚款数额大幅提高。使用其他车辆的机动车登记证书、号牌、行驶证、检验合格标志、保险标志的,扣留该机动车,处 2000 元以上 5000 元以下罚款。与此前草案中规定的罚款 5000 元相比,处罚额度降低。

此外,修改后的《道交法》对伪造、变造或者使用伪造、变造的检验合格标志、保险标志的行为,增加了"处 10 日以下拘留"的条款,并将罚款额度由 200 元到 2000 元提高为"1000 元以上 3000 元以下"。同样,与"处 3000 元罚款"的草案相比,修改后的道交法在罚款额度上更加宽泛。

(4) 机动车"载质量"。

机动车载质量是指车辆除自身质量外的最大限度地载物质量,也称为车辆的货物净重。超载是指载重量超过车辆的最大载物重量。超载有两种情况,一种是机动车载物时超过行驶证上核定的载质量;另一种情况是机动车载人时超过行驶证上核定的载人数。所谓严重超载是指超载人数为核定载人数的 20% 以上,超载货物为核定载质量的 30% 以上。

机动车其他装载要求主要是指载物的长、宽、高等。不得违反装载要求,以及不得遗洒、飘散载运物,具体包括:

①大型货运汽车载物,高度从地面起不准超过 4 米,宽度不准超出车厢,长度前端不准超出车身,后端不准超出车厢 2 米,超出部分不准触地;

②大型货运汽车挂车和大型拖拉机挂车载物,高度从地面起不准超过 3 米,宽度不准超过车厢,长度不准超出车厢,后端不准超出车厢 1 米;

③载质量在 1000 千克以上的小型货运汽车载物,高度从地面起不准超过 2.5 米,宽度不准超出车厢,长度前端不准超出车身,后端不准超出车厢 1 米;

④载质量不满 1000 千克的小型货运汽车、小型拖拉机挂车、后三轮摩托车载物,高度从地面起不准超过 2 米,宽度不准超出车厢,长度前端不准超出车厢,后端不准超出车厢 50 厘米。也就是说,并不是超过 4 米才算超高,而是 4 米是要求的极限。

(三) 道路交通安全法确立的交通安全工作原则

《道交法》确立了四项基本的工作原则,这是贯穿在《道交法》中的指导精神。

1. 保障道路交通安全的原则

(1) 保障上路行驶车辆的安全。对营运机动车实行严格的准入制度,不得驾驶安全设备不全或者机件不符合安全技术标准的机动车;建立机动车强制报废制度。

(2) 防止超载运输。

(3) 饮酒、服用国家管制的精神药品或者麻醉药品,患有妨碍安全驾驶机动车疾病或者过度疲劳影响安全驾驶的,不得驾驶机动车。

为了加强对驾驶人安全管理的有效性,根据一些地方的成功经验,规定对违法的机动车驾驶人,除依法给予处罚外,实行道路交通违法行为累计积分制度,对累积达到规定分值的,扣留驾驶证,进行交通安全教育,重新考试;实际上就是加重处罚原则。

2. 提高通行效率的原则

为了缓解城市道路交通拥堵，提高通行效率，《道交法》对现行道路交通事故处理办法作了较大的改革：

（1）未造成人员伤亡的、当事人对事实无争议的道路交通事故，可以即行撤离现场，恢复交通，由当事人自行协商处理损害赔偿事宜。

（2）不再把对交通事故损害赔偿的调解作为民事诉讼的前置程序。

（3）借鉴国外成功经验，《道交法》确立了国家实行机动车第三者责任强制保险制度。

3. 方便群众原则

方便群众原则就是便民的原则。在我国，公安机关交通管理部门的工作宗旨就是为人民服务。道路交通安全工作中的便民原则，就是要求公安机关交通管理部门在依法开展道路交通工作中，尽可能为交通参与人提供便利和方便，从而保障交通参与人进行交通活动的顺利实现。"互碰自赔"就是便民原则的体现。

4. 依法管理的原则

公安机关作为道路交通的主要管理者，应当依法行政，并且按照《道交法》及《道交法实施条例》等的规定进行行政处罚；应当按照《道交法》规定的交通安全原则以及方便群众原则及时管理和疏导交通；在道路交通事故发生时，接到报案后及时赶赴现场，进行现场调查、勘验，并在法定日期内出具交通事故认定书。依法行政是对公安机关的行政执法权的一种约束，具体包括：

（1）依法行政，依法办事。本法对公安机关交通管理部门及其交通警察的行为作了具体规定，提出了严格的要求。

（2）控制执法的随意性，防止滥用执法权力。随着社会经济的发展，道路交通活动日益繁多和复杂，这就要求交通管理部门要在依法管理原则的指导和约束下执法，严格按照法律规定的范围、幅度、方式执法，防止执法的随意性和滥用自由裁量。

（3）对违法执法行为承担法律责任。作为执法机关的道路交通管理部门要带头守法，切实保障交通参与人的合法权益不受侵犯。违法越权，侵犯了交通参与人的合法权益，应当依法承担法律责任。

（四）《道交法》关于交强险的规定，也是国家依法管理交通秩序的另一种形式

1. 交强险的制定及依据

从事机动车交通事故责任强制保险业务须由银保监会审批。银保监会按照机动车交通事故责任强制保险业务总体上不盈利、不亏损的原则来审批保险费率。公安机关交通管理部门、农业（农业机械）主管部门应当依法对机动车参加机动车交通事故责任强制保险的情况实施监督检查。交强险条款制定的法律依据为《中华人民共和国道路交通安全法》《中华人民共和国保险法》《机动车交通事故责任强制保险条例》。

2. 国家设立道路交通事故社会救助基金

国家设立的道路交通事故社会救助基金，其资金来源包括以下几个方面：

（1）按照机动车交通事故责任强制保险的保险费的一定比例提取。

（2）对未按照规定投保机动车交通事故责任强制保险的机动车的所有人、管理人的罚款。

（3）救助基金管理机构依法向道路交通事故责任人追偿的资金。

（4）救助基金产生的孳息。

3. 交强险的免责情况和责任限额

（1）交强险免责情况。

交强险免责情况包括：因受害人故意造成的事故损失、被保险人所有的财产及被保险机动车上的财产遭受损失、事故处理后造成第三者财产的贬值和其他任何间接损失等。

（2）交强险责任限额。

机动车交通事故责任强制保险在全国范围内实行统一的责任限额，责任限额分为：死亡伤残赔偿限额、医疗费用赔偿限额、财产损失赔偿限额以及被保险人在道路交通事故中无责任的赔偿限额。

任务评价

评价内容	学生自评	教师评价	学习记录
了解立法情况	□优 □良 □中 □差	□优 □良 □中 □差	
了解交通事故状况及原因	□优 □良 □中 □差	□优 □良 □中 □差	
知晓道路交通安全法的概念和调整对象	□优 □良 □中 □差	□优 □良 □中 □差	
明确道路交通主体	□优 □良 □中 □差	□优 □良 □中 □差	
了解交强险的制定	□优 □良 □中 □差	□优 □良 □中 □差	
知晓交强险的免责情况	□优 □良 □中 □差	□优 □良 □中 □差	

任务总结

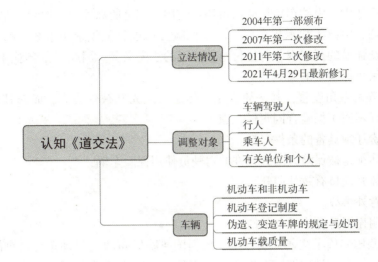

认知《道交法》

立法情况
- 2004年第一部颁布
- 2007年第一次修改
- 2011年第二次修改
- 2021年4月29日最新修订

调整对象
- 车辆驾驶人
- 行人
- 乘车人
- 有关单位和个人

车辆
- 机动车和非机动车
- 机动车登记制度
- 伪造、变造车牌的规定与处罚
- 机动车载质量

强化训练

请扫描二维码观看案例，并回答以下问题。

案情：王某家有一辆小货车，平时由其丈夫驾驶，王某本人不会驾驶。某日，同村的16岁少年陈某前来串门。王某问其会不会驾驶汽车，陈某称会。于是王某让他开车带自己到镇上赶集。市集十分拥挤，小货车在行驶中将在路边摆摊的厉某撞伤，在治疗过程中共花去医疗费5970元。公安交通机关作出交通事故认定，陈某应当承担事故的全部责任。陈某的父母赔偿了厉某的损失之后，认为陈某是在王某的指示下驾驶车辆，要求王某承担一部分损失。

王某认为交通事故完全是由于陈某造成的，与自己无关，自己不应当承担责任。陈某父母只好向法院起诉。

问题：本案中王某是否应承担责任？并说明法律依据。（查看案例解析，请扫二维码）

任务二 熟知道路通行的法律规定

任务背景

甲为自己的车投保了交强险、车损险、第三者责任险。后甲车被盗，甲当即向公安机关报了案。窃贼在使用过程中，违规行车发生一起交通事故，造成第三人（乙）损失3万元。也正是由于这场事故，乙报案才使甲的车被交警发现的，而窃贼已经逃跑。甲修车又花费1万元，乙向甲索赔。甲向保险公司索赔，保险公司审核后拒绝赔偿。甲诉诸法院。

请问：保险公司会不会进行赔偿？甲是否应该赔付乙相关费用？

任务分析

法院审理后认为：甲的车辆被盗后由盗者使用，完全脱离了甲的控制，在此过程中，该车所发生的一切，甲都无须承担责任。所以保险公司也就无须承担本案中的车损险和三者险。但被告在交强险的范围内，有垫付抢救费用的法定义务。因此，在交强险范围内，保险公司仍需履行给付保险金的义务。

（1）从保险关系角度看，其法律关系主体是保险人和被保险人，而非其他人，因他人造成的事故责任不属于保险合同责任范围。

构成保险责任须具备的条件包括：

①行为主体须是被保险人或其允许的驾驶员使用保险车辆；

②行为主体必须持有效驾照开车；

③发生了意外事故。

本案窃贼明显不符合第一个条件。

（2）由于我国实施了交通强制保险，依据国务院颁布的《机动车交通事故责任强制保险条例》的规定：车辆被盗期间发生的交通事故，保险人不能免责，但赔偿本案受害人乙之后，将来可以向盗窃分子行使追偿权。如果甲事先投保了车损险，那么他的损失就可以得到赔偿。

任务实施

一、道路通行条件

《道路交通安全法》的主要内容包括：总则、车辆和驾驶人、道路通行条件、道路通行规定、交通事故处理、执法监督、法律责任和附则。

（一）道路信号灯

全国实行统一的道路交通信号灯，具体包括交通信号灯、交通标志、交通标线和交通警察的指挥。交通信号灯由红灯、绿灯、黄灯组成。红灯表示禁止通行，绿灯表示准许通行，黄灯表示警示。《道交法》要求铁路与道路平面交叉的道口，应当设置道路交通信号灯。道路两侧及隔离带上种植的树木或者其他植物，设置的广告牌、管线，应当与交通设施保持必要的距离，不得遮挡路灯、交通信号灯、交通标志，不得妨碍安全视距，不得影响通行。

（二）其他道路设施

（1）道路、停车场和道路配套设施的规划、设计、建设，应当符合道路交通安全、畅通的要求，并根据交通需要及时调整。

（2）道路出现坍塌、坑槽、水毁、隆起等损毁或者交通信号灯、交通标志、交通标线等交通设施毁损、灭失的，道路、交通设施的养护部门或者管理部门应当设置警示标志并及时修复。

未经许可，任何单位和个人不得占用道路从事非交通活动。因工程建设需要占用、挖掘道路，或者跨越、穿越道路架设、增设管线设施，应当事先征得道路主管部门的同意；影响交通安全的，还应当征得公安机关交通管理部门的同意。

（3）关于停车场：新建、改建、扩建的公共建筑、商业街区、居住区、大（中）型建筑等应当配建、增建停车场；停车泊位不足的，应当及时改建或者扩建；投入使用的停车场不得擅自停止使用或者改作他用；在城市道路范围内，在不影响行人、车辆通行的情况下，政府有关部门可以施划停车泊位。

学校、幼儿园、医院、养老院门前的道路没有行人过街设施的，应当施画人行横道线设置提示标志；城市主要道路的人行道，应当按照规划设置盲道；盲道的设置应当符合国家标准。

二、道路通行规定

（一）一般规定

（1）机动车、非机动车实行右侧通行，道路划分为机动车道、非机动车道和人行道，机动车、非机动车、行人实行分道通行。没有划分机动车道、非机动车道和人行道的，机动车在道路中间通行，非机动车和行人在道路两侧通行。

（2）车辆、行人应当按照交通信号通行；遇有交通警察现场指挥的，应当按照交通警察的指挥通行；公安机关交通管理部门根据道路和交通流量的具体情况，可以对机动车、非机动车、行人采取疏导、限制通行、禁止通行等措施。

遇到自然灾害、恶劣气象条件或者重大交通事故等严重影响交通安全的情形，采取其他措施难以保证交通安全时，公安机关交通管理部门可以实行交通管制。

（二）机动车通行规定

（1）关于机动车的车速：机动车上道路行驶，不得超过限速标志标明的最高时速；夜间行驶或者在容易发生危险的路段行驶，以及遇有沙尘、冰雹、雨、雪、雾、结冰等气象条件时，应当降低行驶速度；同车道行驶的机动车，后车应当与前车保持足以采取紧急制动措施的安全距离。

（2）不得超车的情形：前车正在左转弯、掉头、超车时；与对面来车有会车可能的；前车为执行紧急任务的警车、消防车、救护车、工程救险车的；行经铁路道口、交叉路口、窄桥、弯道、陡坡、隧道、人行横道、市区交通流量大的路段等没有超车条件的。

（3）交叉路口的规定：机动车通过交叉路口，应当按照交通信号灯、交通标志、交通标线或者交通警察的指挥通过；通过没有交通信号灯、交通标志、交通标线或者交通警察指挥的交叉路口时，应当减速慢行，并让行人和优先通行的车辆先行。

（4）运载货物的规定：机动车载物应当符合核定的载质量，严禁超载；载物的长、宽、高不得违反装载要求，不得遗洒、飘散载运物；机动车运载超限的不可解体的物品，影响交通安全的，应当按照公安机关交通管理部门指定时间、路线、速度行驶，悬挂明显标志；机动车载运爆炸物品、易燃易爆化学药品以及剧毒、放射性等危险物品，应当经公安机关批准后，按指定的时间、路线、速度行驶，悬挂警示指标并采取必要的安全措施；机动车载人不得超过核定的人数，客运机动车不得违反规定载货；禁止货运机动车载客。

（5）有关安全带的规定：机动车行驶时，驾驶人、乘坐人员应当按规定使用安全带，摩托车驾驶人及乘坐人员应当按规定戴安全头盔；机动车在道路上发生故障，需要停车排除故障时，驾驶人应当立即开启危险报警闪光灯。

（6）特种车的规定：警车、消防车、救护车、工程救险车执行紧急任务时，可以使用警报器、标志灯具；在确保安全的前提下，不受行驶路线、行驶方向、行驶速度和信号灯的限制，其他车辆和行人应当让行；道路养护车辆、工程作业车进行作业时，在不影响过往车辆通行的前提下，其行驶路线和方向不受交通标志、标线限制，过往车辆和人员应当注意避让；洒水车、清扫车等机动车应当按照安全作业标准作业；在不影响其他车辆通行的情况下，可以不受车辆分道行驶的限制，但是不得逆向行驶；高速公路、大中城市中心城区内的道路，禁止拖拉机通行。

机动车应当在规定地点停放，禁止在人行道上停放机动车。

（三）非机动车通行规定

非机动车应当在非机动车道内行驶；在没有非机动车道的道路上，应当靠车行道的右侧行驶；残疾人机动轮椅车、电动自行车在非机动车道内行驶时，最高时速不得超过15公里/时；非机动车应当在规定地点停放。

（四）行人和乘车人通行规定

行人应当在人行道内行走，没有人行道的靠路边行走；行人通过路口或者横过道路，应当走人行横道或者过街设施；通过有交通信号灯的人行横道，应当按照交通信号灯指示通行；行人不得跨越、倚坐道路隔离设施，不得扒车、强行拦车或者实施妨碍道路交通安全的其他行为；无行为能力者应当由其监护人、监护人委托的人或者对其负有管理、保护职责的人带领；盲人在道路上通行，应当使用盲杖或者采取其他盲导手段，车辆应当避让盲人；乘车人不得携带易燃易爆等危险物品，不得向车外抛洒物品，不得有影响驾驶人安全驾驶的行为。

（五）高速公路的特别规定

行人、非机动车、拖拉机、轮式专用机械车、铰接式客车、全挂拖斗车以及其他设计最高时速低于70公里/时的机动车，不得进入高速公路；高速公路限速标志标明的最高时速不得超过120公里/时；机动车在高速公路上发生故障或者交通事故，无法正常行驶的，应当由救援车、清障车拖拽、牵引；任何单位、个人不得在高速公路上拦截检查行驶的车辆，公安机关的人民警察依法执行紧急公务除外。

🖐️ 任务评价

评价内容	学生自评	教师评价	学习记录
了解道路通行条件	□优 □良 □中 □差	□优 □良 □中 □差	
明晰道路通行的一般规定	□优 □良 □中 □差	□优 □良 □中 □差	

续表

评价内容	学生自评	教师评价	学习记录
知晓机动车通行规定	□优 □良 □中 □差	□优 □良 □中 □差	
了解非机动车通行规定	□优 □良 □中 □差	□优 □良 □中 □差	

任务总结

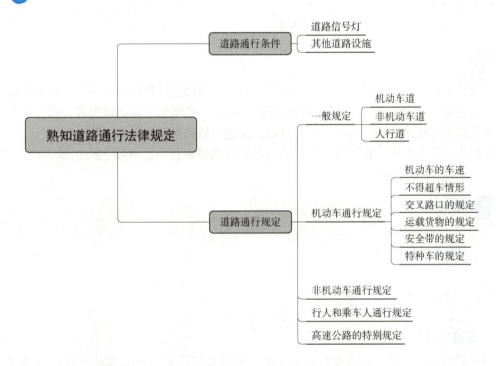

强化训练

请扫描二维码观看案例，并回答以下问题。

案情： 2013年，某化工厂以2.6万元的价格将厂里一辆东风大货车卖给宋某某。由于多种原因，车辆一直未办理过户手续。2018年11月，宋某某驾驶该大货车拉沙子，与无牌照三轮车侧面相撞，致两车受损，三轮车车主程某某右腿受伤。经诊断为右小腿毁损伤、右腿裂伤，后经鉴定，程某某为五级伤残。经公安局交警队交通事故认定书认定，宋某某负主要责任，程某某负次要责任。程某某向法院起诉，要求宋某某及化工厂两被告赔偿30万元。

问题：谁应该赔偿程某的损失？法律依据是什么？（查看案例解析，请扫二维码）

任务三　解读道路交通事故的法律规定

任务背景

2019 年 10 月的某天，张某驾驶一辆小型货车到县城销货，销完货后空车回家，途中遇同村夏某请求搭便车回家，张某经夏某强烈请求后遂答应让其搭乘。途中张某的小货车与李某所驾驶的车辆相撞致夏某受伤。交警部门认定，张某与李某负同等责任，夏某在该事故中无责任。李某对所应承担的费用履行了给付义务，但张某拒不赔偿。因双方协商无果，夏某将张某起诉到法院，要求张某赔偿其医药费等相关费用。

请问，张某是否有责任赔偿相关费用？

任务分析

法院经审理认为，张某准许夏某搭便车，双方之间已形成好意同乘关系。在运输途中张某与他人相撞致使夏某受伤，应承担侵权责任。但由于夏某属于好意同乘者，明知货车不宜载人而强烈要求搭乘车辆，本身也存在过错，应适当减轻张某的民事责任。

法院依法作出判决，在张某应承担的一般事故赔偿责任中，承担 70% 的损害赔偿责任，夏某自行承担 30% 的责任。

任务实施

一、道路交通事故

（一）道路交通事故概述

1. 道路交通事故的概念

（1）道路是指公路、城市道路和虽在单位管辖范围但允许社会机动车通行的地方，包括广场、公共停车场等用于公共通行的场所。道路的范围包括公共通行的整个路面，是指包括机动车道、非机动车道、人行道以及隔离带等。

（2）道路交通事故指车辆在道路上因驾驶员的过错或者意外造成的人身伤亡或者财产损失的事件。交通事故的等级划分有轻微、一般、重大、特大四类。交通事故责任可分为全部、主要、同等、次要、无责任。

2. 交通事故构成条件

（1）涉及车辆的事件；

（2）由于过错或意外造成的事件；

（3）有人身伤亡或财产损失的后果；

（4）过错或意外与损害后果之间存在因果关系。

3. 交通事故责任的划分原则

（1）因一方当事人的过错导致交通事故的，承担全部责任；当事人逃逸，造成现场变动、证据灭失，公安机关交通管理部门无法查证交通事故事实的，逃逸的当事人承担全部责任；当事人故意破坏、伪造现场及毁灭证据的，承担全部责任；

（2）因两方或者两方以上当事人的过错发生交通事故的，根据其行为对事故发生的作用以及过错的严重程度，分别承担主要责任、同等责任和次要责任；

（3）各方均无导致交通事故的过错，属于交通意外事故的，各方均无责任；一方当事人故意造成交通事故的，他方无责任。

在实践经验中，一般按照路权原则、优先通行原则和安全原则进行交通事故责任的划分。

（二）保险理赔与道路交通事故

道路交通事故的发生是保险定损、理赔等工作的直接原因，也是保险合同履行的起始点。

1. 保险理赔人员及时到达现场

根据《道路交通安全法》第76条的规定：发生道路交通事故侵权，第一责任主体就是提供机动车第三者责任强制保险的保险公司，除非有证据证明交通事故的损失是由非机动车驾驶人、行人故意造成的，否则保险公司就应当在承保范围内承担保险责任。

发生道路交通事故后，除了交通事故的当事人之外，保险公司是与道路交通事故关系最直接的民事主体。因此，在发生交通事故之后，保险公司一般都应及时赶到交通事故现场，了解、掌握事故的第一手资料，及时收集、调查取证，为处理保险事宜奠定基础。

法律上讲"重证据，不轻信口供"，在民事诉讼过程中，对于责任事故的认定，应注意及时合法有效地收集证据。

2. 依照民事诉讼法对诉讼证据的规定收集证据

（1）了解民事诉讼证据的特征及其规定。

民事诉讼证据的特征有客观性（证据的真实性或确定性）、关联性（必须与特定的案件有内在的必然联系）、合法性（必须符合法律要求的形式）。

民事诉讼的举证原则是"谁主张谁举证"。诉讼案件当事人双方对自己提出的主张，均有责任提供证据。

（2）处理道路交通事故的证据收集。

在道路交通事故处理的具体实践中，保险理赔人员主要通过现场勘验、检查、调查情况以及通过检验和鉴定而获得相关证据，具体如下：

①物证。物证主要是指能够证明交通事故真实情况的一切物品和痕迹。

②书证。书证是指能够证明交通事故有关情况的文字材料，是以其记载的内容起证据作用的证据形式。

③证人证言。证人证言是指证人目睹交通事故发生的情况，并就自己了解的情况向公安机关所作的陈述。

④当事人陈述。当事人陈述是指事故中的驾驶人、乘车人、受伤人员以及其他有关人员，对事故发生经过的描述以及自己有无交通违章和过失等责任的辩解。

⑤鉴定结论。鉴定结论是指公安机关、司法机关指派或者委托专门机构或者具有专业知

识的人员，对交通事故中某些专门技术问题进行科学鉴定后所得出的书面结论意见。

⑥勘验检查笔录。交通事故处理人员对交通事故现场、车辆、人员等进行检查后所制作的各种记录，是调查、检查过程、方法和检查结果的文字记录，这些记录是事故处理的重要依据。

⑦视听材料。是指可用来证明交通事故事实的录音、录像、磁盘等视听资料。

（3）法定第三者责任险不予赔偿的举证包括下列情况：

①受害人与投保人、投保车辆的驾驶人或者其他致害人恶意串通的；

②受害人的故意行为造成的损害；

③受害人的犯罪行为造成的损害。

在保险公司主张免责的情况下，保险公司也负有举证责任。

（三）道路交通事故当事人的事故现场义务与责任

1. 当事人的事故现场义务

道路交通事故当事人的事故现场义务主要有以下几个方面：

（1）停车义务，发生事故后，有关车辆驾驶人应当立即停车，这是第一义务；

（2）现场保护义务，保护现场；

（3）伤员抢救义务；

（4）报警义务；

（5）乘车人、过往车辆驾驶人、过往行人的协助义务。

《道交法》第70条规定：在道路上发生交通事故，车辆驾驶人应当立即停车，保护现场；造成人员伤亡的，车辆驾驶人应当立即抢救受伤人员，并迅速报告执勤的交通警察或者公安机关交通管理部门。因抢救受伤人员变动现场的，应当标明位置。乘车人、过往车辆驾驶人、过往行人应当予以协助。

2. 交通事故逃逸及责任

（1）交通事故逃逸是指在交通事故发生后，当事人明知自己发生了交通事故，不履行法律规定的事故现场义务，为了逃避责任，故意逃离现场，不向公安机关报告的违法行为。

（2）逃逸行为在实践中分为两种，第一种是人和车在事故发生后均逃离事故现场；第二种是弃车逃逸，是指当事人将车留在现场，而人逃离。

第一种情况多发生在肇事机动车没有损伤，或者虽有损伤但不影响正常行驶的场合；第二种情况多发生在肇事机动车严重损毁场合。

（3）交通事故逃逸责任。肇事逃逸可以引起刑事责任、行政处罚和民事责任三种法律责任后果。因逃逸行为致使事故责任无法认定的，推定逃逸一方负事故全部责任。

二、交通事故处理程序

（一）一般处理程序

一般来说，交通事故处理程序包括交通事故报警、受理、出警及现场调查。

1. 交通事故的检验、鉴定

交通事故的检验、鉴定应当在勘查现场之日起五日内进行检验、鉴定。检验、鉴定应当在二十日内完成；需要延期的，经管辖区的市公安机关交通管理部门批准可以延长十日。检验、鉴定周期超过时限的，须报经省级人民政府公安机关交通管理部门批准。

2. 制作交通事故认定书

交通事故认定书应当载明交通事故的基本事实、成因和当事人的责任，并送达当事人。同时，作为处理交通事故的证据予以保存。除了未查获交通肇事逃逸人、车辆或无法查证交通事故事实的以外，交通事故认定书应载明以下内容：

（1）交通事故当事人、车辆、道路和交通环境的基本情况；

（2）交通事故的基本事实；

（3）交通事故证据及形成原因；

（4）当事人导致交通事故的过错及责任者意外原因。

《道交法》第73条规定：公安机关交通管理部门应当根据交通事故现场勘验、检查、调查情况和有关的检验、鉴定结论，及时制作交通事故认定书，作为处理交通事故的证据。交通事故认定书应当载明交通事故的基本事实、成因和当事人的责任，并送达当事人。一般期限为10日。

3. 交通事故责任认定书与事故认定书的区别

修改后的《道交法》把原来的交通事故责任认定书改为交通事故认定书，体现了道路交通安全法在道路交通事故处理机制和理念上的变化。

道路交通事故的性质是一种特殊类型的民事侵权行为，对这种特殊侵权行为的处理重点是通过调解或者诉讼来赔偿受害人、合理分配事故损失。因此，对于当事人的过错大小以及损害赔偿责任的认定，是法院的职责。

公安机关道路交通管理部门处理交通事故的职责重点在于通过现场技术勘验以及检查、调查、鉴定等活动，弄清楚道路交通事故的事实和原因以及当事人有无违章或者其他主观过错等，公安机关的事故认定书，主要起一个事实认定、事故成因分析的作用，对法院而言，这个认定书具有证据的效力，而不是进行损害赔偿的当然依据。

交通事故认定书不能够被作为公安机关的具体行政行为而提起行政复议或者行政诉讼，但是，当事人在道路交通事故损害赔偿调解或者诉讼中，可以就交通事故认定书作为证据的真实性、可靠性和科学性质疑，如果有其他证据证明交通事故认定书存在错误，调解机关或者法院可以不采用这种证据。

4. 交通事故调解

《道交法》第74条规定：对交通事故损害赔偿的争议，当事人可以请求公安机关交通管理部门调解，也可以直接向人民法院提起民事诉讼。

交通事故损害赔偿权利人、义务人一致请求公安机关交通管理部门调解损害赔偿的，可以在收到交通事故认定书之日起十日内向公安机关交通管理部门提出书面调解申请，公安机关交通管理部门应予调解。当事人在申请中对检验、鉴定或者交通事故认定有异议的，公安机关交通管理部门应当书面通知当事人不予调解。

公安机关交通管理部门调解交通事故损害赔偿的期限为十日。造成人员死亡的，从规定的办理丧葬事宜时间结束之日起开始计算期限；造成人员受伤的，从治疗终结之日起开始；因伤致残的，从定残之日起开始；造成财产损失的，从确定损失之日起开始。

交通事故的损失是由非机动车驾驶人、行人故意造成的，机动车一方不承担赔偿责任。非机动车驾驶人、行人与处于静止状态的机动车发生交通事故，机动车一方无交通事故责任

的，不承担赔偿责任。

（二）简易程序

1. 简易程序是指"私了"或互碰自赔

（1）互碰自赔的概念。

互碰自赔是指当机动车之间发生轻微交通事故时，在各方均投保了交强险且各方损失金额均在 2000 元以内、无人员伤亡和车外财产损失、事故各方均有责任的情况下，各方车主可以在 24 小时内到自己的保险公司办理索赔手续，这是简化交强险理赔手续、快速处理道路交通事故、提高被保险人满意度、方便人民群众的一项重要举措。

（2）对一般交通事故的处理。

①《道交法》规定，交通事故未造成人员伤亡，基本事实及成因无争议的处置是：即行撤离现场，自主协商解决；

②对于仅造成轻微财产损失，基本事实清楚的处置是：必须首先撤离现场，离开道路或者将车辆移至不妨碍交通的地方，再协商处理损害赔偿；

③车辆在道路以外通行发生事故的处理：当事人协商解决，协商不成的，可以向人民法院依法提起民事诉讼。如果当事人要求公安机关交通管理部门进行调解，公安机关原则上也应当受理。

2. 采取简易程序应具备的条件

允许事故当事人自行处理事故，赋予了事故当事人对没有人身伤亡事故进行"私了"的权利。应具备的条件有：

（1）交通事故没有造成人员伤亡，如果造成了人员伤亡，当事人应当按照本条第 1 款的规定保护现场、抢救伤员并及时报警，不得撤离、破坏现场；

（2）当事人对事故的事实和事故的形成原因没有争议；

（3）当事人自愿自主协商处理交通事故引起的损害赔偿事宜。在仅造成轻微财产损失并且基本事实清楚的道路交通事故中，当事人有义务撤离现场后，再就有关损害赔偿事宜进行协商处理。

由于交强险与交通事故密切相关，所以，银保监会在 2009 年出台了《交强险财产损失"互碰自赔"处理办法》。从 2010 年 2 月起，根据银保监会要求，吉林省开始执行"互碰自赔"车辆理赔业务。

三、交通事故侵权责任

（一）侵权责任

1. 侵权责任的概念

（1）侵权责任。侵权责任是指行为人不法侵害社会公共财产或者他人人身、财产权利而应承担的民事责任，它是民事责任的一种形式。

侵权责任的构成要件包括：行为的违法性、损害事实、因果关系、主观过错。

（2）道路交通事故侵权。道路交通事故一般表现为一种侵权行为，有些交通事故既侵害了当事人的人身权，又侵害财产权。因此，道路交通事故侵权的构成及责任表现形式均适用民法关于侵权的法律规定。

(3) 与一般民事侵权行为的区别。根据《民法典》侵权责任编相关规定，侵害他人造成人身损害的，应当赔偿医疗费、护理费、交通费、营养费、住院伙食补助费等为治疗和康复支出的合理费用，以及因误工减少的收入。但是，机动车所有人订立了机动车第三者责任保险后，投保人发生交通事故后需要承担的赔偿责任便因保险合同而发生转移，在保险合同约定的责任范围内，保险公司承担起了对事故受害人的赔偿责任。保险公司虽是履行保险合同规定的义务，但不影响受害人直接向保险公司请求赔偿，尽管受害人不是保险合同的当事人。

2. 责任主体

(1) 在机动车辆所有人自主驾驶和受雇人实施雇佣行为驾驶情形下，应由车辆所有人承担损害赔偿责任；

(2) 存在雇佣关系的受人实施非佣行为，擅自驾驶而发生交通事故的，原则上仍然由车辆所有人承担赔偿责任；

(3) 不存在雇佣关系的其他人擅自驾驶他人车辆发生交通事故的，应由驾驶人承担损害赔偿责任；

(4) 出租、出借情形下，承租人、借用人应承担损害赔偿责任，出租人和出借人承担连带责任。

3. 归责原则

(1) 机动车与行人、非机动车发生交通事故：非机动车驾驶人、行人没有过错的，由机动车一方承担赔偿责任；有证据证明非机动车驾驶人、行人有过错的，根据过错程度适当减轻机动车一方的赔偿责任；机动车一方没有过错的，承担不超过百分之十的赔偿责任。

(2) 机动车相互碰撞造成损害：机动车之间发生交通事故的，由有过错的一方承担责任；双方都有过错的，按照各自过错的比例分担责任。

《保险法》第76条规定：机动车发生交通事故造成人身伤亡、财产损失的，由保险公司在机动车第三者责任强制保险责任限额范围内予以赔偿；不足的部分，按照下列规定承担赔偿责任：

①机动车之间发生交通事故的，由有过错的一方承担赔偿责任；双方都有过错的，按照各自过错的比例分担责任。

②机动车与非机动车驾驶人、行人之间发生交通事故，非机动车驾驶人、行人没有过错的，由机动车一方承担赔偿责任；有证据证明非机动车驾驶人、行人有过错的，根据过错程度适当减轻机动车一方的赔偿责任；机动车一方没有过错的，承担不超过10%的赔偿责任。

交通事故的损失是由非机动车驾驶人、行人故意碰撞机动车造成的，机动车一方不承担赔偿责任。

（二）交通事故的损害赔偿项目

根据《最高人民法院关于审理人身损害赔偿案件适用法律若干问题的解释》的第17条规定：交通事故的损害赔偿项目包括医疗费、误工费、护理费、交通费、住宿费、住院伙食补助费、必要的营养费。

受害人因伤致残的，还应包括残疾赔偿金、残疾辅助器具费、被扶养人生活费，以及因康复护理、继续治疗实际发生的必要的康复费、护理费、后续治疗费。

　　受害人死亡的，还应当赔偿丧葬费、被扶养人生活费、死亡补偿费以及受害人亲属办理丧葬事宜支出的交通费、住宿费和误工损失等其他合理费用。

　　受害人或者死者近亲属遭受精神损害，赔偿权利人向人民法院请求赔偿精神损害抚慰金的，适用《最高人民法院关于确定民事侵权精神损害赔偿责任若干问题的解释》予以确定。

　　精神损害抚慰金的请求权，不得赠予或者继承。但赔偿义务人已经以书面方式承诺给予金钱赔偿，或者赔偿权利人已经向人民法院起诉的除外。

　　（1）医疗费：根据医疗机构出具的医药费、住院费等收款凭证，结合病历和诊断证明等相关证据确定。

　　（2）误工费：根据受害人的误工时间和收入状况确定。受害人有固定收入的，误工费按照实际减少的收入计算。受害人无固定收入的，按照其最近三年的平均收入计算；受害人不能举证证明其最近三年的平均收入状况的，可以参照受诉法院所在地相同或者相近行业上一年度职工的平均工资计算。

　　（3）护理费：根据护理人员的收入状况和护理人数、护理期限确定。护理人员有收入的，参照误工费的规定计算；护理人员没有收入或者雇佣护工的，参照当地护工从事同等级别护理的劳务报酬标准计算。护理人员原则上为一人，但医疗机构或者鉴定机构有明确意见的，可以参照确定护理人员人数。护理期限应计算至受害人恢复生活自理能力时止。受害人因残疾不能恢复生活自理能力的，可以根据其年龄、健康状况等因素确定合理的护理期限，但最长不超过二十年。

　　（4）交通费：根据受害人及其必要的陪护人员因就医或者转院治疗实际发生的费用计算。交通费应当以正式票据为凭；有关凭据应当与就医地点、时间、人数、次数相符合。

　　（5）住院伙食补助费：参照当地国家机关一般工作人员的出差伙食补助标准予以确定。

　　（6）根据受害情况参照机构的意见确定。

　　（7）残疾赔偿金：根据受害人丧失劳动能力程度或者伤残等级，按照受诉法院所在地上一年度城镇居民人均可支配收入或者农村居民人均纯收入标准，自定残之日起按二十年计算。但六十周岁以上的，年龄每增加一岁减少一年；七十五周岁以上的，按五年计算。

　　（8）残疾辅助器具费：按照普通使用器具的合理费用标准计算。

　　（9）丧葬费：按照受诉法院所在地上一年度职工月平均工资标准，以六个月总额计算。

　　（10）被扶养人生活费：根据扶养人丧失劳动能力程度，按照受诉法院所在地上一年度城镇居民人均消费性支出和农村居民人均年生活消费支出标准计算。被扶养人为未成年人的，计算至十八周岁；被扶养人无劳动能力又无其他生活来源的，计算二十年。但六十周岁以上的，年龄每增加一岁减少一年；七十五周岁以上的，按五年计算。

　　被抚养人是指受害人依法应当承担抚养义务的未成年人或者丧失劳动能力又无其他生活来源的成年近亲属。被扶养人还有其他扶养人的，赔偿义务人只赔偿受害人依法应当负担的部分。被扶养人有数人的，年赔偿总额累计不超过上一年度城镇居民人均消费性支出额或者农村居民人均年生活消费支出额。

　　（11）死亡赔偿金：按照受诉法院所在地上一年度城镇居民人均可支配收入或者农村居民人均纯收入标准，按二十年计算。但六十周岁以上的，年龄每增加一岁减少一年；七十五周岁以上的，按五年计算。

　　赔偿权利人举证证明其住所地或者经常居住地城镇居民人均可支配收入或者农村居民人均纯收入高于受诉法院所在地标准的，残疾赔偿金或者死亡赔偿金可以按照其住所地或者经常居住地的相关标准计算。

（三）交通事故处理的法律规定（《道交法》第五章）

第70条 在道路上发生交通事故，车辆驾驶人应当立即停车，保护现场；造成人身伤亡的，车辆驾驶人应当立即抢救受伤人员，并迅速报告执勤的交通警察或者公安机关交通管理部门。

因抢救受伤人员变动现场的，应当标明位置。乘车人、过往车辆驾驶人、过往行人应当予以协助。

在道路上发生交通事故，未造成人身伤亡，当事人对事实及成因无争议的，可以即行撤离现场，恢复交通，自行协商处理损害赔偿事宜；不即行撤离现场的，应当迅速报告执勤的交通警察或者公安机关交通管理部门。

在道路上发生交通事故，仅造成轻微财产损失，并且基本事实清楚的，当事人应当先撤离现场再进行协商处理。

第71条 车辆发生交通事故后逃逸的，事故现场目击人员和其他知情人员应当向公安机关交通管理部门或者交通警察举报。举报属实的，公安机关交通管理部门应当给予奖励。

第72条 公安机关交通管理部门接到交通事故报警后，应当立即派交通警察赶赴现场，先组织抢救受伤人员，并采取措施，尽快恢复交通。

交通警察应当对交通事故现场进行勘验、检查，收集证据；因收集证据的需要，可以扣留事故车辆，但是应当妥善保管，以备核查。

对当事人的生理、精神状况等专业性较强的检验，公安机关交通管理部门应当委托专门机构进行鉴定。鉴定结论应当由鉴定人签名。

第73条 公安机关交通管理部门应当根据交通事故现场勘验、检查、调查情况和有关的检验、鉴定结论，及时制作交通事故认定书，作为处理交通事故的证据。

交通事故认定书应当载明交通事故的基本事实、成因和当事人的责任，并送达当事人。

第74条 对交通事故损害赔偿的争议，当事人可以请求公安机关交通管理部门调解，也可以直接向人民法院提起民事诉讼。

经公安机关交通管理部门调解，当事人未达成协议或者调解书生效后不履行的，当事人可以向人民法院提起民事诉讼。

第75条 医疗机构对受伤人员当即施救，不得因抢救费用未及时支付而拖延救治。

肇事车辆参加机动车第三者责任强制保险的，由保险公司在责任限额范围内支付抢救费用。

抢救费用超过责任限额的，未参加机动车第三者责任强制保险或者肇事后逃逸的，由道路交通事故社会救助基金先行垫付部分或者全部抢救费用，道路交通事故社会救助基金管理机构有权向交通事故责任人追偿。

第76条 机动车发生交通事故造成人身伤亡、财产损失的，由保险公司在机动车第三者责任强制保险责任限额范围内予以赔偿。超过责任限额的部分，按照下列方式承担赔偿责任：

（1）机动车之间发生交通事故的，由有过错的一方承担责任；双方都有过错的，按照各自过错的比例分担责任。

（2）机动车与非机动车驾驶人、行人之间发生交通事故的，由机动车一方承担责任；但是，有证据证明非机动车驾驶人、行人违反道路交通安全法律、法规，机动车驾驶人已经采取必要处置措施的，减轻机动车一方的责任。

交通事故的损失是由非机动车驾驶人、行人故意造成的，机动车一方不承担责任。

第77条 车辆在道路以外通行时发生的事故，参照本法有关规定办理。

任务评价

评价内容	学生自评	教师评价	学习记录
了解道路交通事故概况	□优 □良 □中 □差	□优 □良 □中 □差	
明晰交通事故逃逸及责任	□优 □良 □中 □差	□优 □良 □中 □差	
了解交通事故一般处理程序	□优 □良 □中 □差	□优 □良 □中 □差	
知晓交通事故侵权责任	□优 □良 □中 □差	□优 □良 □中 □差	
明晰交通事故处理的法律规定	□优 □良 □中 □差	□优 □良 □中 □差	

任务总结

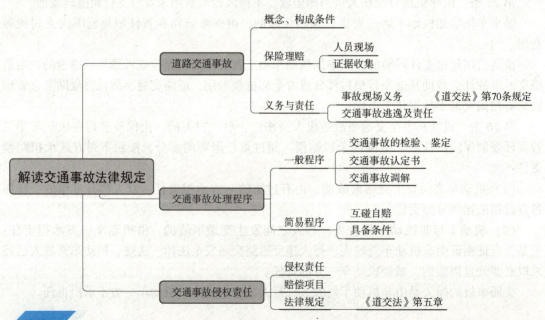

强化训练

请扫描二维码观看案例，并回答以下问题。

案情：李某驾驶出租车在街上空车行驶，突然左前车轮爆胎，致使方向失控，与相对方向正常行驶的无牌电瓶三轮车相撞，造成两车损坏、致使三轮车驾驶员高某受伤的交通事故。交警对本起事故的认定是属于交通意外事故，各方均无责任。高某为获得人身和财产损害赔偿，以出租车司机李某为被告向人民法院提起民事诉讼。

问题：本次事故李某是否有责任承担高某的损失？（查看案例解析，请扫二维码）

项目思政

案情一　2018 年 12 月 5 日 6 时许，陈某驾驶无号牌的三轮摩托车搭载王某、谢某在江滨堤路由东往西行驶，行至出事地点越过道路中心线超越前方车辆时，与由西往东李某驾驶的无号牌两轮摩托车发生碰撞，造成两车损坏及李某受伤的交通事故。经过公安局交警支队的现场勘查及调查材料综合分析证实：陈某未依法取得驾驶证驾驶未经公安机关交通管理部门登记的机动车，在道路上没有按照交通信号越过对方车道行驶。李某未依法取得驾驶证驾驶未经公安机关交通管理部门登记的机动车在道路上行驶。判定陈某负主要责任，李某负次要责任。此案中，陈某、李某均未依法取得驾驶证，驾驶无号牌车辆，将根据《道交法》予以处罚。

案情二　2017 年 3 月，陈某参加了驾校的学习理论、路考等都顺利过关，但是驾驶证还没有正式下发。2017 年 4 月，由于购买的货车已经送到，并办理了过户手续和保险单批改手续。陈某迫不及待地驾驶大货车跑起了运输，途径某地时，由于不熟悉地形，将过马路的李某撞伤。经交警部门责任认定和调解，由陈某负全部责任，赔偿伤者各项费用共计 4 万余元。出险后，陈某立即向保险公司报案，而保险公司却以陈某无驾驶证为由不予赔偿。陈某不服，遂向法院起诉，请求法院判决保险公司按合同规定赔付全部损失。最终判决：被告拒赔的理由充分，陈某无证驾驶的结论成立，陈某违反《道交法》引起交通事故，应对事故后果负全部责任。

请谈一谈作为保险行业从业人员应该具备哪些《道交法》的知识。

项目二　解决汽车保险理赔纠纷的途径

 学习目标

知识目标
➢ 调解、协商、仲裁、诉讼的概念
➢ 仲裁的特征、汽车保险仲裁的优势
➢ 民事诉讼的基本原则、保险公司在民事诉讼中的地位

能力目标
➢ 了解仲裁的优势及其在保险行业中运用的前景
➢ 明确保险公司的举证责任并注意在工作中对证据的采集
➢ 明确汽车保险合同争议处理的方式及特点

素养目标
➢ 充分理解保险职业精神
➢ 培养法律意识和规范意识

我国《民法典》中合同编533条规定：合同成立后，合同的基础条件发生了当事人在订立合同时无法预见的、不属于商业风险的重大变化，继续履行合同对于当事人一方明显不公平的，受不利影响的当事人可以与对方重新协商；在合理期限内协商不成的，当事人可以请求人民法院或者仲裁机构变更或者解除合同。涉合同的当事人可以根据仲裁协议向中国仲裁机构或者其他仲裁机构申请仲裁。当事人没有订立仲裁协议或者仲裁协议无效的，可以向人民法院起诉。当事人应当履行发生法律效力的判决、仲裁裁决、调解书；拒不履行的，对方可以请求人民法院执行。

汽车保险合同争议及纠纷的处理方式包括以下四种方法：被保险人与保险人（保险公司）协商和解；请求消费者协会或有关行政部门调解，即向银保监会以及保险行业协会或者消费者协会投诉；根据与经营者达成的仲裁协议提请仲裁机构仲裁；向人民法院提起诉讼。

任务一 了解协商和调解

任务背景

2020 年 9 月 22 日上午,青岛某法律服务工作者拨通了黄岛区人民调解中心的办公电话。其咨询内容是:一位当事人王某在 6 月 22 日发生了一起道路交通事故,被驾驶机动车的李某撞伤,在医院住院治疗 48 天,出院后在家休息治疗,因伤情严重,至今不能工作,造成了身体上和精神上的巨大痛苦,关于赔偿事宜与驾驶员李某未达成一致,现申请进行调解。

请问,人民调解中心应如何调解该案例?

任务分析

针对此类案件,人民调解中心首先了解三方当事人的陈述和请求,了解案件经过和各方需求,然后在调解中心的协调组织下,三方当事人再次相聚到人民调解中心。基本消除了三方当事人之间的隔阂,建立起了三方当事人之间的感情基础,调解员便依法进行调解,详细制作《人民调解记录》,并引导当事人自愿达成调解协议。最终,经调解,本案受害方王某的赔偿款由保险公司在法定期限内通过银行转账方式足额支付给受害当事人;且定明本次交通事故一次性处理完毕,今后双方不得再以本次交通事故追究对方的责任。

交通事故的纠纷可以通过调解的方式化解,其法律效果和社会效果更易为当事人所认可、所认同。

任务实施

一、协商解决

协商是最常用到的处理保险争议的方法,以车险为例,发生道路交通事故以后,对于具体损失金额,需要保险人与被保险人协商确定。

1. 协商的概念

广义的保险合同争议协商是指保险合同争议发生后,争议的双方进行商谈,并达成协议解决纠纷的一种活动。

狭义的保险合同争议协商是指保险合同争议发生后,保险合同争议双方依照法律的规定进行对话、商谈并达成协议,以解决纠纷的一种具有法律意义的制度。

保险争议协商是保险合同争议双方当事人本着平等、合作的原则,自主协商,平等交流,在互谅互让的基础上达成的协议。

2. 协商解决争议的原则

(1) 主体合法原则。该原则要求保险合同争议协商的主体必须是符合保险法规定的,与该争议有直接利害关系的双方。对于保险合同争议来说,协商的双方一方一定是保险人,

另一方应是被保险人（或者投保人）。只有合法的主体所进行的协商才是有效的。

（2）主体平等原则。在协商解决保险合同争议时，保险人和被保险人之间的关系应当是平等的。保险人绝对不能恃其强势地位，在协商中置被保险人于不公平的境地。

（3）合法谈判原则。由于没有第三人参与，因此，争议双方必须平心静气地坐下来谈判、协商，不能把自己的意见强加给对方，不能给对方施压或者变相施压。此外，这种谈判也不是随意的，必须有法律根据，特别要注意遵守保险法和道路交通法以及其他相关法律法规的相关规定。

3. 协商解决争议的特征

（1）协商遵循双方自愿原则。保险合同争议协商的基础和前提必须是双方当事人自愿，这是由协商的性质所决定的。双方可以自愿协商，也可以不协商，协商内容完全出于双方自愿，任何一方或者第三人都不能强迫。

（2）协商不是解决争议的必经程序。协商解决保险合同争议的成本很低，但协商不是解决保险争议的必经程序。当事人可以自愿进行协商解决，不愿协商或者协商不成的，当事人有权申请调解或者仲裁。

（3）方便灵活，无强制力。保险争议的协商最能体现双方当事人的自由意志，与调解、仲裁和诉讼相比具有自主、方便、灵活、快捷的特点。协商过程比较自由，不受程序约束。

协商也没有时间、次数的限制，可以随时进行协商，也可以多次进行协商。还有一点非常重要，那就是协商后达成处理纠纷的协议没有强制力，靠双方自觉履行，当事人仍然享有申请仲裁的权利。

4. 协商解决保险争议的优势

（1）解决问题的成本小。通过协商解决保险争议，是当事人双方解决争议最好的方式。双方当事人可以选择彼此都方便的时间、地点和方式进行协商，也不需要法定第三方的介入，既不会过多地影响工作，更不需要交纳费用。因此，当事人协商自主解决争议，可以最大限度降低解决争议的成本，减少因处理争议带来的人力、物力和时间的浪费。

（2）解决问题的速度快。

（3）造成负面影响小。以和解方式处理保险争议，极容易解决问题，又不致伤和气，对于保险公司的声誉和被保险人的隐私都有好处。

二、调解解决

1. 调解解决的概念

调解是指由第三方对争议双方当事人进行说服劝导、沟通调和，以促成争议双方达成解决纠纷协议的活动。

2. 调解解决争议的原则

（1）自愿原则。调解应建立在双方自愿的基础之上。调解不同于审判，当任何一方不同意调解时，应终止调解，而不得以任何理由加以强迫。

（2）合法原则。调解活动应在合法的原则上进行，既要有必要的灵活性，也要有高度的原则性，不能违反法律的规定来"和稀泥"。

3. 调解解决保险争议的程序

（1）申请（投诉）。保险合同争议发生后，一般由被保险人提出，当事双方愿意调解的，可以口头或者书面形式向相关的机构（如银保监会、消费者协会等）申请调解。

（2）受理。当事人向相关机构提出申请调解后，相关机构须对申请进行审查，看是否属于机构的受案范围内，是否超过规定的申请时效。相关机构应当在收到申请书4日内作出受理或者不受理申请的决定。如果不受理应当通知申请人并告知不受理的理由。

（3）调查相关机构受理争议案件后，应及时指派调解员对争议事项进行全面调查核实以查明事实、分清是非。调查内容不限于当事人陈述部分，要对争议全面调查，查清争议的原因，双方争论的焦点问题、争议的发展经过等。调查应当制作笔录，调查笔录应由被调查人签名或盖章。

（4）调解和执行。调查结束后，应由受理机构主持召开有争议双方当事人参加的调解会议。简单的争议，可由受理机构指定的一至两名调解员进行调解，调解委员会调解保险纠纷应当遵循当事人双方自愿的原则，依照国家有关保险法律进行。受理机构调解保险合同争议，应当自当事人申请调解之日起30日内结束。到期未结束的，视为调解不成。经调解达成协议的，制作协议书，双方当事人应当自觉履行；调解不成的，也应当做好记录，并在调解建议书上说明情况。

4. 调解解决保险争议的特征

（1）调解不是保险合同争议的必经程序。一旦发生争议，当事人双方选择或不选择调解，完全取决于当事人的意愿。当事人不愿意调解或者调解不成的，可直接向保险争议仲裁委员会申请仲裁。

（2）调解有第三方的介入。调解与协商根本的区别就在于协商是在保险合同争议双方当事人之间进行，而调解有第三方，即消费者协会或者银保监会、保险行业协会的介入。

如果汽车保险合同争议不能协商和调解解决，因而形成的保险纠纷就可能要进入仲裁或诉讼程序。仲裁与诉讼相比较而言，仲裁解决纠纷与矛盾是更好的方式，双方当事人既不伤和气又能够省时省力更有效地解决问题。

🎯 任务评价

评价内容	学生自评	教师评价	学习记录
了解协商的概念	□优 □良 □中 □差	□优 □良 □中 □差	
明晰协商解决保险争议的优势	□优 □良 □中 □差	□优 □良 □中 □差	
了解调解的概念和原则	□优 □良 □中 □差	□优 □良 □中 □差	

续表

评价内容	学生自评	教师评价	学习记录
明晰调解解决的程序	□优 □良 □中 □差	□优 □良 □中 □差	
了解调解解决保险争议的特征	□优 □良 □中 □差	□优 □良 □中 □差	

任务总结

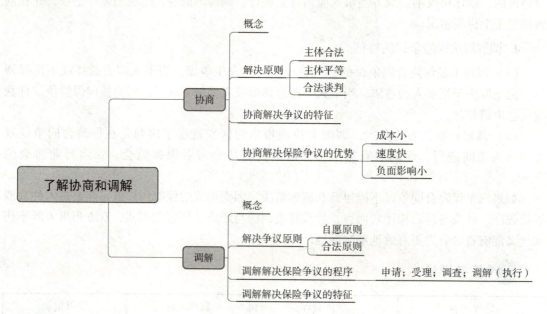

强化训练

请扫描二维码观看案例，并回答以下问题。

案情：2019 年 4 月某日，王某驾驶出租车由东向西行驶，右转弯与李某骑自行车在非机动车道发生刮碰，造成李某受伤，被送往医院救治，经诊断为右膝关节损伤及左踝、背部软组织损伤，共住院 36 天，花费医疗费一万余元。经交警大队出具事故认定书认定被告王某负事故全部责任，李某无责任。因赔偿事宜无法达成一致，李某向人民法院提起诉讼。

问题：该案件是否可以进行调解？法院将如何进行调解？（查看案例解析，请扫二维码）

任务二 了解仲裁

任务背景

王某于 2021 年 2 月应聘某互联网公司，在个人简历学历一栏中填写为某名牌大学全日制计算机管理专业本科毕业。因王某学历、专业符合条件，于是王某被顺利录用并订立了为期 3 年的劳动合同。在该劳动合同中，双方约定王某的岗位为计算机工程师，试用期为 3 个月。入职后 1 个月内，互联网公司发现王某在工作中常常出现一些低级差错，于是对王某学历的真实性产生了怀疑。后互联网公司向某名牌大学进行调查核实，发现该大学并未向王某颁发过全日制计算机管理专业本科文凭。互联网公司遂以王某提供虚假学历、不符合试用期录用条件为由将王某辞退。王某向仲裁委提出仲裁申请，要求互联网公司支付违法解除劳动合同赔偿金。

请问，仲裁机构应如何进行裁决？

任务分析

庭审中，王某入职时提交简历中所注明的本科学历的性质及就读时间均与互联网公司所提交的全日制本科学历（复印件）相符，而与王某所提交的在职本科学历证书不符。仲裁委认为，互联网公司在招聘时告知了王某须具备全日制大学本科学历，王某违反诚实信用原则，提供虚假学历，影响了互联网公司对其专业技能的判断，互联网公司以其不符合录用条件为由解除劳动合同符合规定，故裁决驳回了王某的仲裁请求。

任务实施

仲裁法是程序法，属于民事程序法范畴。但不同的是，仲裁不具有国家法制的强制力的特点，是当事人双方自愿选择的结果，并自愿遵守仲裁组织的裁决。仲裁组织相当于民间自治机构，国际贸易纠纷的双方大多愿意采取仲裁的方式解决纠纷。

《中华人民共和国仲裁法》（以下简称《仲裁法》）1994 年通过，1995 年 9 月 1 日施行。根据 2017 年 9 月 1 日第十二届全国人民代表大会常务委员会第二十九次会议《关于修改〈中华人民共和国法官法〉等八部法律的决定》进行第二次修正。《仲裁法》的基本内容包括仲裁协议、仲裁组织、仲裁程序、仲裁裁决及其执行。

一、仲裁概述

1. 仲裁裁决

仲裁亦称"公断"，是指经济纠纷的双方在纠纷发生前或发生后达成协议，自愿将争议提交仲裁机构作出裁决，双方有义务执行裁决的一种解决争议的方法。

仲裁是相当古老的一种解决纠纷的法律机制，发生纠纷后人们往往不愿诉诸法庭，而是求助于民间的机构。中世纪时，商人们更青睐于这种方式，商人之间的纠纷请商界元老出面仲裁，既迅速便利，又免伤和气。

仲裁作为当今世界处理民商事纠纷的一种通行制度，因具有公正快捷、一裁终局、方式灵活、专家办案、保守商业秘密等许多特点，越来越受到社会各界的普遍重视。据报道，世界发达国家利用仲裁方式解决的纠纷占保险纠纷的 70%。

2. 保险纠纷仲裁现状

要应用仲裁方式解决保险合同纠纷，按《仲裁法》的规定，必须在签订保险合同时达成具有明确仲裁事项和仲裁机构的仲裁协议。

作为有格式合同性质的投保单、保险单应选择将仲裁条款列入其中，而目前保险公司所用的大部分保险条款没有明确仲裁事项和仲裁机构。投保单、保险单亦没有这项内容，保险合同签订后，一旦发生纠纷，要选择仲裁方式解决，却没有法律依据。

目前《机动车交通事故责任强制保险条款》第 25 条规定：因履行交强险合同发生争议的，由合同当事人协商解决。协商不成的，提交保险单载明的仲裁委员会仲裁。保险单未载明仲裁机构或者争议发生后未达成仲裁协议的，可以向人民法院起诉。

而在我国，因保险公司在签发保险单时，保险合同双方当事人没有签订仲裁协议，一旦发生保险合同纠纷，合同的当事人一方虽然有用仲裁方式解决的愿望和要求，但终因事先没有签订仲裁协议，造成仲裁机构无法受理。据调查，从 1980 年我国恢复办理国内保险业务至 2000 年，在全国范围内还没有一件利用仲裁方式解决保险合同纠纷的案例，所有需要通过法律解决的保险合同纠纷，全部都是通过诉讼方式解决的。

为了在全国保险业推行仲裁法律制度，中国保险监督管理委员会于 1999 年 12 月 30 日下发了《关于在保险条款中设立仲裁条款的通知》（保监发〔1999〕147 号）。该通知就落实国务院办公厅（国办发〔1996〕122 号）文件，要求各保险公司在拟定和修订保险合同时设立保险合同争议条款，供保险合同双方当事人在签订保险合同时进行选择。2000 年，国内首家保险仲裁机构落户西安。

3. 仲裁的特点

《仲裁法》是规定仲裁法律制度、调整仲裁法律关系、确认仲裁法律责任的全国统一适用的法律规范，它规定对平等主体的公民、法人和其他组织之间，发生的合同纠纷和其他财产权益纠纷可以通过仲裁解决，保险合同纠纷正是《仲裁法》规定的比较适用仲裁的一种经济纠纷。

（1）仲裁以双方当事人自愿为前提。自愿的表现形式就是协议仲裁，充分尊重了当事人的志愿选择，或裁或审。选择仲裁的方式解决争议，应在合同中有仲裁条款或事后达成仲裁协议。仲裁协议一旦选择，就应受其约束。

（2）仲裁委员会依法独立办案。仲裁委员会由当事人协议选定，仲裁不实行级别和地域管辖。仲裁依法独立进行，不受行政机关、社会团体和个人干涉。

（3）一裁终局，具有强制性。裁决作出后，当事人就同一纠纷再申请仲裁或向人民法院起诉的，仲裁委员会或人民法院不予受理。仲裁裁决有法院的支持和监督。

（4）仲裁遵循一定的程序，有较大透明度和自主性。当事人从申请立案，组成仲裁庭到开庭审理每个程序都能提出决定性的建议。仲裁员有较高的信誉和声望，使裁决易于达成，且具有较高公信力。

（5）仲裁适用一定范围内的争议。仲裁适用的范围包括经济纠纷、劳动纠纷、对外经济贸易纠纷、海事纠纷、保险纠纷。

我国《仲裁法》的适用范围是"平等主体的公民、法人和其他组织之间发生的合同纠纷和其他财产权益纠纷"。

二、仲裁程序和审理期限

1. 仲裁申请与受理

（1）仲裁申请：是指一方当事人根据合同仲裁条款或事后达成的仲裁协议，依法向仲裁委员会请求对所发生的纠纷进行仲裁的行为。

（2）仲裁受理：是指仲裁委员会审查仲裁申请后，认为符合受理条件的，应当受理并通知当事人，认为不符合受理条件的，书面通知当事人不予受理，并说明理由。

2. 仲裁庭的组成

我国按《仲裁法》的规定，仲裁庭的组成形式有两种：

（1）由一名仲裁员组成的仲裁庭，习惯称独任仲裁庭；

（2）由三名仲裁员组成的仲裁庭，又称合议庭。其组成特点是组织方式由当事人约定，仲裁员由当事人选定或委托仲裁委员会主任指定。

3. 开庭和裁决

开庭是指在双方当事人的法定代表人或委托代理人、律师等参加下，对仲裁请求进行实体审理和裁决的活动。裁决是指仲裁庭依法满足或者驳回申请人的仲裁请求及被申请人的反请求，解决纠纷的实体事项，作出的裁决就是仲裁裁决。仲裁的特点是"一裁终局"，仲裁裁决由双方当事人自觉执行，若一方当事人拒绝执行的，另一方当事人可以向人民法院申请执行，人民法院应当执行。

4. 审理期限

自仲裁庭成立之日起适用简易程序的，45 日内结案；适用普通程序的，4 个月内结案（依法可延期仲裁的除外）。无故逾期结案的扣减仲裁员报酬，限期结案，并通报批评。仲裁裁决书或调解书与法院的判决具有同等的效力，当事人可直接向法院申请强制执行。

三、汽车保险仲裁的优势

（1）仲裁最具公平、公开、公正原则。由于仲裁的重要原则是当事人意思自治的原则，即当事人通过签订合同时的仲裁条款或事后达成的书面仲裁协议，自行约定仲裁事项、仲裁机构、仲裁程序、仲裁地点、适用法律及仲裁语言等，一旦发生纠纷，经协商达不成一致，就可以向已选定的仲裁机构申请仲裁，而且有权选定自己满意的仲裁员。所以，仲裁成为人们在商事交易中最愿意采用的解决争议的方法。

（2）仲裁不公开进行，保护了商业机密，适合解决保险纠纷。因为仲裁采取非公开审理，保护了当事人之间的商业秘密，所以，仲裁便成为人们解决商事争议的最主要的办法。仲裁的这一特性使保险争议的负面影响尽可能地减少，尤其是我国处于保险发展的初级阶段，社会大众的保险意识还比较脆弱，仲裁过程的保密性，保护了保险产业的持续发展。

（3）仲裁方式灵活快捷，程序透明自主。仲裁以法律形式确认"和为贵"的文化理念，明确规定"仲裁与调解相结合"。仲裁庭在仲裁程序进行的过程中，可应申请人的请求，对案件进行调解。当事人自行和解也可以请求仲裁庭作出裁决书，一些仲裁程序也可以简化。而诉讼必须按规定的程序进行，而且不得简化，需要的时间比较长。

（4）或裁或调、一裁终局，效率较高。当事人一旦达成了将争议提交仲裁的仲裁协议便排除了法院的管辖权。若一方当事人向法院起诉，法院不予受理，除非仲裁协议无效。裁决一经作出即为终局，对当事人具有约束力，就所裁争议具有终局效力。防止了案件久拖不决，当事人疲于应付的现象，也可使当事人尽快从保险争议中脱身。而诉讼案件实行二审终审制，从接案到执行通常需要数月甚至几年时间。对保险双方来说容易造成扩大损失、双方皆输的局面。

（5）保险专家资望较高，权威可信。仲裁员都是保险业内公认的专家，一般不存在曲解条款的现象。

（6）仲裁收费项目少，费用低。仲裁只收案件管理费和案件处理费两项，并且收费比例较低。比诉讼收费要低很多。比较适用保险标的较小的情况。

任务评价

评价内容	学生自评	教师评价	学习记录
了解仲裁及其现状	□优 □良 □中 □差	□优 □良 □中 □差	
明晰仲裁的特点	□优 □良 □中 □差	□优 □良 □中 □差	
知晓仲裁的申请与受理	□优 □良 □中 □差	□优 □良 □中 □差	
明晰汽车保险仲裁优势	□优 □良 □中 □差	□优 □良 □中 □差	

任务总结

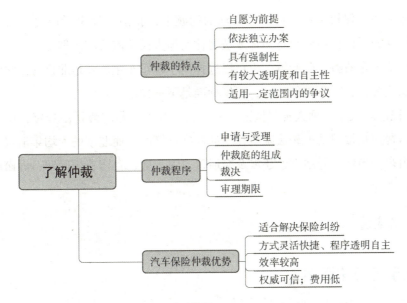

强化训练

请扫描二维码观看案例，并回答以下问题。

案情：李某驾驶的车辆在外环与张某驾驶的汽车发生追尾，造成两车损坏，经交警认定，李某负事故的全部责任，张某无责任。交警协商后双方达成协议，李某车损自己负责，李某赔偿张某车损和施救费用。张某的车损经相关机构鉴定，需要李某赔偿 57259 元，李某支付后向保险公司理赔却遭到拒绝。在屡次交涉后，李某的损失一直未得到补偿。

问题：本案中李某可以通过哪些途径解决纠纷？（查看案例解析，请扫二维码）

任务三　认知诉讼

任务背景

齐某为山东威海某厂职工，在骑摩托车上班的途中被一辆北京牌照小客车追尾。公安交通管理部门认定齐某无牌无证驾驶，负事故次要责任，小客车司机负本次事故的主要责任。

齐某治疗后向公安交通管理部门申请并经其委托进行伤残鉴定，齐某又以上有老下有小等为由，要求小客车司机赔偿其医药费、精神损失费等近十万元。小客车司机不认同，事故双方经交管部门调解不成，齐某决定起诉解决。由于事故发生在山东，涉事车辆又是北京牌照车辆。

请问，本案中的齐某应该到威海本地法院还是北京法院提起诉讼？

任务分析

这是一起典型的侵权案件，在诉讼管辖的问题上，我国《民事诉讼法》第 29 条规定，因侵权行为提起的诉讼，由侵权行为地或被告住所地人民法院管辖。据此，本案齐某可以选择到事故发生地山东威海法院起诉，也可以选择向小客车车主所在地北京地区法院起诉。作为人身损害赔偿案件，在不同的地区，赔偿标准是不一样的。

《最高人民法院关于审理人身赔偿案件适用法律若干问题的解释》规定，伤残赔偿金和被抚养人生活费用是按照受诉讼法院所在地的标准计算的。而北京的人均年消费支出的标准要明显高于山东。当然，异地诉讼还涉及交通费、误工费、食宿费用问题，诉讼成本也会加大，需要全面考虑。

任务实施

一、民事诉讼法概述

1. 民事诉讼法的立法状况

（1）民事诉讼法的概念。

诉讼是指国家司法机关在案件当事人和其他诉讼参与人的参与下，以事实为根据，以法律为准绳，办理刑事、民事、行政案件所进行的一种活动。

民事诉讼法是指国家制定或认可的，规范法院和当事人、其他诉讼参与人进行诉讼活动的法律规范的总和。

狭义的民事诉讼法是指国家颁布的关于民事诉讼的专门性法律或法典，在我国是指《中华人民共和国民事诉讼法》（以下简称《民事诉讼法》）。

广义的民事诉讼法又称实质意义的民事诉讼法，指除了民事诉讼法典外，还包括宪法和其他实体法、程序法中有关民事诉讼的规定，以及最高人民法院发布的指导民事诉讼的规定。

（2）民事诉讼立法状况。

《民事诉讼法》是有关部门处理民事诉讼案件的依据之一，于 1991 年 4 月 9 日第七届全国人民代表大会第四次会议通过。根据 2007 年 10 月 29 日第十届全国人民代表大会常务委员会第三十次会议《关于修改〈中华人民共和国民事诉讼法〉的决定》进行了第一次修正，自 2008 年 4 月 1 日起施行；根据 2012 年 8 月 31 日第十一届全国人民代表大会常务委员会第二十八次会议《关于修改〈中华人民共和国民事诉讼法〉的决定》第二次修正；根据 2017 年 6 月 27 日第十二届全国人民代表大会常务委员会第二十八次会议《关于修改〈中华人民共和国民事诉讼法〉和〈中华人民共和国行政诉讼法〉的决定》第三次修正；根据 2021 年 12 月 24 日第十三届全国人民代表大会常务委员会第三十二次会议《关于修改〈中华人民共和国民事诉讼法〉的决定》第四次修正，自 2022 年 1 月 1 日起施行。

2. 民事诉讼法的基本原则

民事诉讼法的基本原则，是指在民事诉讼的整个过程中，或者在重要的诉讼阶段，起指导作用的准则。它体现的精神实质是为人民法院的审判活动和诉讼参与人的诉讼活动指明了方向，概括地提出了要求，因此具有普遍的指导意义。我国民事诉讼法的基本原则是以我国宪法为根据，从我国社会主义初级阶段的实际情况出发，按照社会主义民主与法治的要求，结合其特点而确定的。民事诉讼法基本原则的分类包括以下两种：

（1）诉讼法的共有原则，具体包括：民事审判权由人民法院行使的原则；人民法院依法独立审判民事案件的原则；以事实为根据，以法律为准绳的原则；对诉讼当事人在适用法律上一律平等的原则；用本民族语言、文字进行诉讼的原则；检察监督原则等。

（2）民事诉讼特有的原则，具体包括，当事人诉讼权利平等原则；诉讼权利义务同等原则和对等原则；法院调解自愿与合法原则；辩论原则；处分原则；支持起诉原则；人民调解原则等。

3. 民事诉讼的相关概念

（1）民事诉讼的管辖。管辖要解决的问题包括：一是在上下级法院之间确定由哪一级法院管辖；二是在不同地区的同级法院之间确定由哪个法院具体管辖。我国民事诉讼管辖分为级别管辖、地域管辖、移送管辖、指定管辖四类。

我国《民事诉讼法》第 25 条规定："因保险合同纠纷提起的诉讼，由被告住所地或者保险标的物所在地人民法院管辖。"如果保险标的物是运输工具或者运输中的货物，则依最高人民法院《关于适用〈中华人民共和国民事诉讼法〉若干问题的意见》第 25 条的规定，可由被告住所地或者运输工具登记注册地、运输目的地、保险事故发生地的人民法院管辖。

（2）当事人是指因民事权利义务关系发生争议或受到侵害，以自己的名义要求人民法院保护民事权利或者法律关系，并受人民法院的裁判约束的人。当事人必须是以自己的名义起诉或者应诉，实施诉讼行为的人。

民事诉讼参加人概念要更广泛于民事诉讼当事人，既包括民事诉讼当事人，还包括当事人的诉讼代理人。

民事诉讼参与人概念则在民事诉讼参加人的基础上更为宽泛，除了包括民事诉讼参加人外，还包括证人、鉴定人、勘验人和翻译人员。

关于民事诉讼当事人的资格，《民事诉讼法》规定，当事人既可以是公民，也可以是法人和其他组织。如果是法人，则必须由该单位的法定代表人或者主要负责人作为法定诉讼代表人参加诉讼。

（3）民事诉讼的证据。民事诉讼证据是指能够证明民事诉讼案件真实情况的一切事实。民事诉讼证据的特征有三个方面：证据的客观性、证据的关联性、证据的合法性。民事诉讼证据必须以法定的取证程序来获得，通过非法的手段如威胁、利诱等方法收集到的证据将不能作为证据使用。

民事诉讼证据的形式包括：书证、物证、证人证言、鉴定结论、视听资料、勘验笔录。

（4）民事诉讼程序。我国民事诉讼实行二审终审制，民事诉讼程序一般包括普通程序、

第二审程序、再审程序和执行程序等。

普通程序就是指人民法院在审理第一审民事争议案件时通常使用的审判程序，也是最完整和适用最广泛的审判程序。普通程序 6 个月审结，简易程序 3 个月审结；当事人若对一审判决不服，上诉期为接到一审判决书之日起 15 日内提起上诉，对一审裁定的上诉期为 10日内。

《民事诉讼法》第 246 条规定，申请执行的期间为二年。申请执行时效的中止、中断适用法律有关诉讼时效中止、中断的规定。

前款规定的期间，从法律文书规定履行期间的最后一日起计算；法律文书规定分期履行的，从最后一期履行期限届满之日起计算；法律文书未规定履行期间的，从法律文书生效之日起计算。

二、保险公司的诉讼地位及举证责任

（一）保险公司在交通事故损害赔偿中的诉讼地位

1. 保险公司以无独立请求权的第三人身份参加诉讼

关于保险公司在交通事故损害赔偿中的诉讼地位问题，我们认为在大多数情况下，在道路交通事故损害赔偿案件中，保险公司应作为无独立请求权的第三人参加诉讼。

司法实践中，人们对道路交通损害赔偿案件中保险公司的诉讼地位，认识不尽一致，诉讼中有的将保险公司列为共同被告，有的列为第三人。诉讼地位的不同直接关系到诉讼主体的诉讼权利和诉讼义务。故保险公司诉讼地位值得探讨。

《民事诉讼法》第 55 条规定："当事人一方或双方为二人以上，其诉讼标的是共同的或同一种类的，人民法院认为可以合并审理，并经当事人同意的，为共同诉讼人。"

诉讼标的是指当事人之间发生争议而要求法院作出裁决的法律关系的客体，如第三人对发生道路交通事故的被保险人要求支付的损害赔偿金。

2. 无独立请求权的第三人参加诉讼的法律规定

有独立请求权的第三人参加诉讼是以起诉的方式参加的，将本诉讼中原被告皆置于被告地位。

无独立请求权的第三人是指对本诉讼原被告争议的诉讼标的不具有独立请求权，而案件的处理结果与其又有法律上的利害关系的诉讼参与人。

在交通事故损害赔偿案件审理中，将会对涉案的包括交通事故责任认定书在内的全部证据是否具有合法性、真实性、关联性进行质证、认证，以便查明案件事实，分清责任，确定损害赔偿数额。而投保机动车有无责任及责任大小决定保险公司是否赔偿或免赔率的高低。赔偿数额则关系到保险公司支付理赔款的多少。因而案件的处理与保险公司有法律的利害关系，直接影响到其经济利益。故保险公司更符合无独立请求权第三人的法律特征。

在诉讼中，无独立请求权的第三人享有当事人的诉讼权利义务。判决承担民事责任的无独立请求权的第三人有权提起上诉，但该第三人在一审中无权对案件的管辖权提出异议，无权放弃、变更诉讼请求或申请撤诉。交通事故损害赔偿案中，保险公司作为无独立请求权人，享有上述权利义务。

（二）保险公司在保险理赔纠纷中的举证责任

1. 民事诉讼中的举证责任

举证责任是指诉讼中的一方具有证明"其诉讼主张和诉讼争议中的事实是真实的"的义务。举证责任必须遵循以下规则：

（1）"谁主张谁举证"原则。

在诉讼中提出某种主张的一方，有义务证明自己的主张有法律和事实的依据。

我国《民事诉讼法》第67条规定："当事人对自己提出的主张，有责任提供证据。当事人及其诉讼代理人因客观原因不能自行收集的证据，或者人民法院认为审理案件需要的证据，人民法院应当调查收集。人民法院应当按照法定程序，全面地、客观地审查核实证据。"

（2）举证责任的转移。

当诉讼一方提出支持己方主张的证据时，举证的责任就转移到了另一方。如果对方不能提供证据或者证据不足以证明其主张的，他就可能败诉；如果他提出了进一步的证据并占有优势，他就有胜诉的可能。

2. 保险理赔的举证责任分配

我国《保险法》第22条规定："保险事故发生后，依照保险合同请求保险人赔偿或者给付保险金时，投保人、被保险人或受益人应当向保险人提供其所能提供的与确认保险事故性质、原因、损失程度等有关的证明和资料。"这就是"谁主张谁举证"在《保险法》中应用的体现。

任务评价

评价内容	学生自评	教师评价	学习记录
了解立法情况	□优 □良 □中 □差	□优 □良 □中 □差	
明晰民事诉讼相关概念	□优 □良 □中 □差	□优 □良 □中 □差	
知晓保险公司的诉讼地位	□优 □良 □中 □差	□优 □良 □中 □差	

评价内容	学生自评	教师评价	学习记录
明晰保险公司举证责任	□优 □良 □中 □差	□优 □良 □中 □差	

任务总结

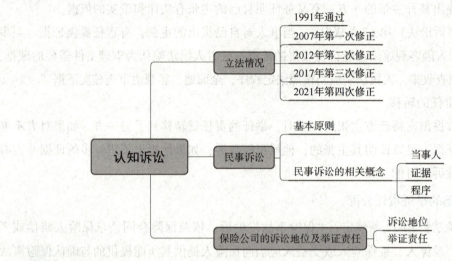

```
                              ┌─ 1991年通过
                              ├─ 2007年第一次修正
                   ┌─ 立法情况 ─┼─ 2012年第二次修正
                   │           ├─ 2017年第三次修正
                   │           └─ 2021年第四次修正
                   │
                   │           ┌─ 基本原则              ┌─ 当事人
   认知诉讼 ────────┼─ 民事诉讼 ─┤                       ├─ 证据
                   │           └─ 民事诉讼的相关概念 ─────┤
                   │                                  └─ 程序
                   │
                   └─ 保险公司的诉讼地位及举证责任 ─┬─ 诉讼地位
                                                 └─ 举证责任
```

强化训练

请扫描二维码观看案例，并回答以下问题。

案情：甲公司为庆祝公司开业，于傍晚燃放烟花鞭炮。员工王先生在观看时不幸被燃放的鞭炮炸伤。王先生被送至医院进行治疗。事故发生后，甲公司为王先生支付了医药费 2000 元。经鉴定，王先生因右眼遭鞭炮炸伤致右眼球破裂、玻璃体积血、视网膜脱离等评定八级伤残，治疗休息 150 日。为索赔损失，王先生诉至法庭，要求甲公司赔偿医药费、残疾赔偿金和精神损害抚慰金等共计 18 万余元，并要求公司法定代表人承担赔偿连带责任。

问题：甲公司是否有责任？法院将如何判决？（查看案例解析，请扫二维码）

项目思政

案情一　2018 年 7 月 21 日，被告谢某某驾驶中型货车超速行驶，相对方向由被告简某某驾驶的中型客车开过来，该车未靠右侧行驶，致两车于路右偏左发生碰刮，两车均受损，乘客及原告邱某某受伤住院治疗。该事故经交警部门认定责任为：谢某某应负本次事故的主要责任，简某某负本次事故的次要责任，邱某某无责任。另查明，被告谢某某受雇于被告庄某某，被告简某某受雇于被告肖某某。原告邱某某要求四被告连带赔偿医药费、护理费、误工补贴、伙食补助费、交通费、营养费共计 12300 元。经法院主持调解，双方当事人自愿达成协议：原告邱某某同意被告谢某某、庄某某、简某某、肖某某赔偿医药费、护理费、误工补贴、营养费等共计 11000 元。

案情二　2017 年 5 月 8 日，苏先生为他的爱车与某保险公司签订了机动车保险合同，并缴纳了相应的费用 12630 余元。该车辆在当年 12 月被盗，苏先生发现后立即向公安机关和保险公司报了案，向保险公司交验了车辆的行驶证等证件。三个月后，车辆仍无下落，苏先生于 2018 年 3 月向保险公司索赔，保险公司拒赔。其理由是虽然苏先生所述情况属实，但他的行驶证未进行年检，应适用保险条例中的车辆行驶证未进行年检的保险无效的规定。苏先生不服保险公司的拒赔理由，向法院起诉。法院经审理认为：双方在合同中并没有明确约定投保汽车必须进行年检，否则保险公司将有权解除合同或免除赔偿责任的条款，而保险公司以此理由拒绝理赔是缺乏法律依据的。因此法院判决保险公司赔偿其保险金 35 万余元。

请谈一谈如何有效解决保险公司与客户的纠纷。

模块五

职业素养

项目一　提升保险从业人员职业道德

 学习目标

知识目标
➢ 熟悉保险从业人员职业道德
➢ 了解保险从业人员职业职责
➢ 掌握职业道德规范的主要内容

能力目标
➢ 能够阐述保险从业人员道德规范的主要内容

素养目标
➢ 充分理解保险从业人员职业道德
➢ 培养道德规范意识

任务一　认知保险从业人员职业道德

🎯 任务背景

　　职业道德，是指担负不同社会责任和服务的人员应当遵循的道德准则。它通过人们的信念、习惯和社会舆论而起作用，成为人们评判是非、辨别好坏的标准和尺度，从而促使人们不断增强职业道德观念，不断提高服务水平。调节职业交往中从业人员内部以及从业人员与服务对象间的关系。一方面它可以调节从业人员内部的关系，即运用职业道德规范约束职业内部人员的行为，促进职业内部人员的团结与合作；另一方面又可以维护和提高本行业的信誉，促进本行业的发展，提高全社会的道德水平。职业道德是社会道德体系的重要组成部分，它一方面具有社会道德

的一般作用，另一方面又具有自身的特殊作用。

随着社会的快速发展，保险业在社会中的作用也越发凸显，但是保险业的发展也面临着诸多挑战，特别是保险业从业人员的职业道德问题，近年来随着我国保险业监管部门对加强职业道德建设的重视，保险业从业人员职业道德水平有了显著改善，不过由于保险业自身的特点，对保险从业人员的职业道德要求比较高，特别是针对保险业发展中遇到的各种内外环境变化，对从业人员的职业道德要求也发生了变化。

◎ 任务分析

本任务要求能够认识职业道德、掌握保险从业人员职业道德的现实意义；能够说明保险从业人员职业道德风险的表现与特征。

◎ 任务实施

一、保险从业人员职业道德的概念

保险从业人员的职业道德是保险行业从业人员在其职业活动中应当遵循的行为规范和准则。其内涵具体表现在社会对保险从业人员的社会价值的定位，从业人员在从事保险职业活动中，应当遵守的职业操守和规范的总和。保险从业人员职业道德既来自保险业职业实践，也是保险从业人员职业发展的需要，同时也指导着保险从业人员的各项职业活动。

与个人道德规范相比，保险从业人员职业道德规范更为具体，主要以保险业的基本行业特性和行业发展所需而展开，保险从业人员职业道德所指向的对象仅为保险行业内的从业人员。

二、保险从业人员职业道德建设的发展历史

改革开放四十多年来，随着我国保险业得到快速发展，我国保险从业人员的职业道德也逐渐提高，具有中国特色的保险从业人员职业道德的发展主要分为如下几个阶段：

（一）改革开放前保险从业人员职业道德的发展阶段（1978年之前）

我国早在古代就有商业保险的雏形，早期的保险职业道德也在此时期中萌芽。随后的半殖民时期时，我国建立了民族保险业和外商独资或合资保险业的并存，保险职业道德在这一时期得以全面的形成。新中国成立以后，在党的领导下，保险业进行了社会主义改造，成为具有社会主义性质的保险业。我国历史上的保险职业活动中所形成的职业道德规范，可为现代保险从业人员职业道德建设提供经验和教训的借鉴。与此同时，西方保险业具有悠久的历史，随着行业发展而形成的较为成熟的保险职业道德，同样是我国保险从业人员职业道德参考的资源。

（二）改革开放后保险从业人员职业道德的发展阶段（1978—2001年）

随着改革开放后我国保险业的恢复发展，保险职业道德也在行业的发展中不断完善。在此发展阶段，保险从业人员职业道德初步形成了规范化、理论化和体系化，保险从业人员职业道德的建设也随之受到保险行业外的社会各行各业的关注。

1. 保险从业人员职业道德规范化的建立

1987 年全国保险工作会议中根据十二届六中全会《关于社会主义精神文明建设指导方针的决议》的相关内容，在认真总结过去保险从业人员职业道德建设的经验教训的基础上，提出了以"恪守诚信"为主旨的社会主义新时期的保险从业人员职业道德规范的要求。此次会议对随后保险从业人员职业道德规范的标准化建设奠定了坚实的基础。

1991 年由张建年等保监会负责保险从业人员职业道德建设多年工作的研究学者，主编了保险行业内适用的职业道德规范的培训教材《社会主义保险职业道德》。并由保监会下发至下属各地保监局，由各地监督机构负责组织各地保险公司开展保险从业人员职业道德的教育工作。借此，我国保险从业人员职业道德规范建设走上规范化的发展。

2. 保险从业人员职业道德的行业自律

为了提高保险从业人员整体职业道德水平，银保监会负责牵头对各保险公司及其从业人员的职业活动进行监管，并在业内建立了一套行业自律体系，即通过保险行业内的相关组织实行内部监管，并对违反保险从业人员职业道德规范的行为进行相应的惩罚。主要通过采取通报批评、罚款、警告、退回保费、参加后续教育等行业自律的惩戒方式，以此促使保险从业人员恪守保险从业人员应遵守的职业道德规范。2001 年中国保险行业协会的成立意味着我国通过非政府、非企业的第三方保险行业组织的行业自律和惩戒的管理方式取得了质的进展。

保险从业人员职业道德规范的初步形成是为了进一步规范保险从业人员的职业行为，树立保险从业人员在社会中的良好的职业形象，并维护保险业良好的市场竞争秩序。中国保险行业协会于 2001 年颁布了不同保险职业种类下的职业行为和职业道德规范，这一系列职业道德规范和行为准则的制定，为保险业不同性质机构下的从业人员制定了更细致的职业道德规范，对后期保险从业人员职业道德评价提供了参考价值和客观依据，标志着我国保险职业道德标准的形成，也标志着保险从业人员职业道德建设工作走向成熟。

（三）新时代保险从业人员职业道德的发展（2004 年至今）

中国保险行业协会是我国保险业行业自律组织，通过制定保险从业人员守则，为国内保险从业人员提供统一的行为规范和准则。在我国保险行业协会成立后的十多年间，为提高我国保险从业人员职业道德水平作出非常积极的努力和贡献。保险行业协会主要以《保险法》等我国基本保险行业相关法律法规为基础，陆续发布和修订了保险行业的多项职业道德规范和行为守则。并在全国各地设立行业自律性的组织，对违反保险行业从业规则和职业道德规范的保险从业人员，依照行规进行道德谴责和惩戒，并逐步使行业自律和惩戒规范化、制度化。在保监会、保险行业协会，以及各个保险公司对保险从业人员职业道德建设的重视下，逐步形成了新时代保险从业人员的职业道德。

三、保险职业道德建设的现实意义

市场经济在具有竞争性、平等性、开放性以及法制性等优势特征的同时，也具有自发性、盲目性及滞后性等缺陷，对保险企业的职业道德建设具有双重的影响作用，需要客观看待。保险行业职业道德具有独特性和规律性，一方面，是由于保险行业经营内容的特殊性决定的，保险从业人员的销售商品多是无形商品，其保险合同也与普通合同不同，是一种格式

合同，合同极为复杂，且专业性较强，如果出现风险事故，各类损失补偿的计算与确认近因等，不仅需要相关的保险法规做支撑，也需要保险从业人员具有较高的职业道德素质。另一方面，保险业务中不同参与主体的利益是对立统一的关系，参与主体不仅包括投保人和被保人，还有代理人、保险律师以及经纪人等，在利益上存在的差异可能使保险从业人员为相关客户提供特别业务以获取更大的经济利益，对保险业的健康发展极为不利。

保险职业道德建设具有独特现实意义：

（1）加强职业道德建设是社会主义道德建设的重要任务，是社会主义精神文明建设的重要内容；

（2）加强职业道德建设是纠正行业不正之风，形成良好的社会道德风貌的重要手段；

（3）加强职业道德建设是提高保险从业者素质的重要途径；

（4）加强职业道德建设是提高工作效率和质量，促进社会生产力发展的必要条件。

任务评价

评价内容	学生自评	教师评价	学习记录
了解保险从业人员职业道德概念	□优 □良 □中 □差	□优 □良 □中 □差	
知晓保险职业道德建设的发展历史	□优 □良 □中 □差	□优 □良 □中 □差	
掌握保险职业道德建设的现实意义	□优 □良 □中 □差	□优 □良 □中 □差	

任务总结

认知保险从业人员职业道德

- 保险从业人员职业道德的概念
  - 调节从业人员内部的关系
  - 维护和提高本行业的信誉
- 保险职业道德建设的发展历史
  - 1978年之前改革开放前保险从业人员职业道德的发展阶段
  - 1978—2001年改革开放后保险从业人员职业道德的发展阶段
  - 2004年至今新时代保险从业人员职业道德的发展
- 保险职业道德建设的现实意义
  - 加强职业道德建设是社会主义道德建设的重要任务，是社会主义精神文明建设的重要内容
  - 加强职业道德建设是纠正行业不正之风，形成良好的社会道德风貌的重要手段
  - 加强职业道德建设是提高保险从业者素质的重要途径
  - 加强职业道德建设是提高工作效率和质量，促进社会生产力发展的必要条件

强化训练

请扫描二维码观看案例，并回答以下问题。

案情： 财务章由企业的财务人员管理，一般用于财务往来的结算。

在企业申请保险理赔金时，需要带着盖有财务公章的收据来保险公司领取理赔金。某企业员工王某通过交谈了解到，公司有一笔大额理赔金还没有被领取。他心生歹意，捏造保险单据，制作没有法律效力的电子假章，冒充企业负责人来保险公司领取理赔金。

问题： 王某的行为是否违反职业道德？并说明理由。（查看案例解析，请扫二维码）

任务二   规范保险从业人员道德

任务背景

2017 年 5 月，中国人寿保险梅县支公司与被告人蔡某签订了一份保险代理合同书，聘请蔡某为个人保险代理人，并为一家镇级保险营销服务部经理，负责发展该镇的个人人身保险业务。由于蔡某曾当过村委会干部，人缘好，能说会道，其业务发展很快，客户阵容越来越大，收取的保费也越来越多。此时的蔡某因个人投资失败、家庭成员生病治疗等原因，欠下了不少债务，经济较为紧张。于是，他将眼光瞄向了自己经手的保险费。

按照保险公司的规定，在投保人填写"个人保险投保单"并缴纳保费后，蔡某只能先开具保险公司统一制作的"暂收保险费收据"给投保人，然后将保险费上交公司，换取正式保险费收据给投保人。但是，蔡某就在这个环节上做手脚。从 2018 年 6 月开始至 2020 年 10 月被保险公司发现时止，蔡某利用职务之便，隐瞒部分已开出的"暂收保险费收据"不上交给保险公司换取正式收据，将郑某等 12 名新发展客户的现金保费 13.7 万元占为己有。

另外，他还截留曾某等 32 位客户的续期保费共计 3.6 万元，全部用于个人消费和家庭开支。保险公司发现后，马上派人对蔡某经手的业务进行全面清理核实，并多次责令其退赔，但蔡某未归还侵吞的款项。

蔡某在庭审中辩解说，贪污罪的主体应是国家工作人员，自己不是国家工作人员，保险公司从未发给其工作证、资格证书，其行为不构成贪污罪。此外，17.3 万元中有 13.7 万元属个人借款，都是双方说清楚订立的，讲好到期本息还清，只有 3.6 万元被其挪用。

请问，蔡某的行为是否构成贪污罪？

任务分析

梅县法院审理后认为，被告人蔡某作为保险代理人员，在办理人寿保险业务过程中，利用职务上的便利，将收取客户的保费不入账、不上交，非法占为己有，其行为已构成贪污罪。依照法律规定，受国有公司委托管理、经营国有财产的人员，利用职务上的便利，非法占有国有财物的，以贪污论处。因此，蔡某提出其不是国家工作人员，不是贪污罪主体的理

由不成立。另外，蔡某提出 13.7 万元属个人借款的证据并不充分。最后，梅县人民法院一审以贪污罪判处保险代理人蔡某有期徒刑 12 年，并继续追缴其非法所得的赃款 17.3 万元返还保险公司。

任务实施

2014 年 8 月 13 日国务院正式发布《国务院关于加快发展现代保险服务业的若干意见》，提出保险是现代经济的重要产业之一和风险管理的基本手段，是社会文明水平、经济发达程度、社会治理能力的重要标志。但从当前来看，我国保险行业仍处于发展的初级阶段，不能适应全面深化改革和经济社会发展的需要，与现代保险服务业的要求还有较大差距，并提出发展目标：到 2020 年，基本建成保障全面、功能完善、安全稳健、诚信规范，具有较强服务能力、创新能力和国际竞争力，与我国经济社会发展需求相适应的现代保险服务业，努力由保险大国向保险强国转变。

2018 年 8 月中国银保监会又发布了《中国银保监会关于切实加强和改进保险服务的通知》，提出当前我国保险行业仍然存在销售过程中行为不规范、理赔环节服务不到位、纠纷处理不及时等尖锐问题。该通知可见我国保险行业在职业道德规范建设方面还有很长的路要走。

一、保险从业人员道德规范

道德规范是保险职业道德基本理念的具体化，并体现了保险职业道德基本理念的要求。它是社会为保险从业人员确立的行为尺度，也是保险从业人员对社会或他人所应尽的道德义务。新时代以来我国保险从业人员职业道德不断发展，初步形成保险从业人员在具体的保险职业活动中应遵守的道德规范标准，应包括如下十条要求：

1. 遵纪守法

遵纪守法是指保险从业人员应遵守国家基础的法律法规、相关行政部门的规章制度、保险行业的行业公约及价值观，以及所在保险公司的公司制度及规范。遵纪守法不仅是保险从业人员作为公民应尽的基本义务，也是保险从业人员的基本职业道德规范。

2. 诚实守信

诚实守信是指保险从业人员在从事保险职业活动中，应当注重诚信，恪守承诺，基于保险业作为经营信用的特殊性质的金融服务行业，对保险从业人员的诚信的道德水平要求则更高。

3. 专业胜任

专业胜任是指保险从业人员应通过不断学习、充实，提高自身专业知识和执业水平，以及保持高质量的执业水准的职业道德要求，目的在于使自身的能力和素养能够不断适应保险市场的变化和发展。

4. 客户至上

客户至上是指保险从业人员从事的各项保险职业活动中，须以客户的需求作为服务重点和导向，向保险客户提供热情、周到和优质的专业服务；同时在保险职业活动中，保险从业人员应避免与客户产生直接或间接的利益冲突，当发生不可避免的冲突时，应积极协调，确保客户和所属企业的利益不受损害。

5. 公平竞争

公平竞争是指保险从业人员在代表所属企业开展保险执业活动时，要采取合法、正当的手段进行竞争。具体职业道德要求表现为尊重竞争对手，不恶意诋毁、低或负面评价竞争企业及竞争企业的从业人员。应通过提升自身专业水平和服务质量来吸引客户、展开竞争，也应通过加强保险行业间的交流与合作，相互学习并共同成长。

6. 勤勉尽责

勤勉尽责指的是保险从业人员秉持勤勉的工作态度，努力避免保险职业活动中的人为失误，不侵害所属企业的利益，并认真履行对所属企业的责任和义务，接受所属企业的相关管理；不挪用、侵占保费，不擅自超越合同的权限或所属机构授权；保障和平衡客户和所属企业双方利益。

7. 团结互助

团结互助是指保险从业人员在同事工作关系中，为了实现所属企业及团队的目标和利益时，应做到互相帮助和支持，力求实现共同发展。团结互助是社会主义职业道德下对保险从业人员职业道德的一项重要要求。

8. 文明礼貌

文明礼貌是指保险从业人员在从事保险职业活动中的行为和精神面貌应符合社会精神文明的要求。文明礼貌作为社会进步的产物，是每位公民应遵守的基本道德，保险从业人员的文明礼貌的职业道德则是在保险职业实践中所形成的道德规范，它展现着保险从业人员的基本素质，展现着所在保险企业的服务水准，也代表着整个保险行业的形象。

9. 爱岗敬业

爱岗指保险从业人员应热爱自己所从事的保险工作，这是对保险从业人员工作态度的基本要求。敬业是指保险从业人员在对保险工作热爱的基础上，由内心自发产生的一种使命感和责任感，并在这种使命感和责任感下所表现出的勤勉、认真和努力的行为。爱岗敬业是集体主义精神在保险行业中的体现，也是保险从业人员的职业道德规范下的重要行为表现。

10. 开拓创新

创新是指保险从业人员为了所在保险企业的发展需要，运用现有的信息和知识，不断学习打破常规思维，发现并创造出具有企业及社会价值的新事物和思想、新产品和服务的职业行为。在保险行业的竞争中，一切经营活动及其保险项目产品都需要有优质高效的服务做保障，才能获得盈利，取得高效益。

二、保险从业人员职业道德风险的特征

1. 普遍性

保险从业人员职业道德风险现象具有极大的普遍性，通常情况下，保险企业对赔偿义务的履行较为严格，只有在完全符合保险合同内的各项条款规定的条件下，才能从中获得相应的保险金赔偿。因此，在大多情况之下，保险代理人以替客户解决保险金理赔等问题，试图长久留住客户，从而获取更大的经济利益。

2. 隐蔽性

在进行保险业务过程中，保险代理人一般都会与客户进行商定，以便在出现保险事故时，保险代理人能够第一时间知道，并对事故的真相进行伪造，然后再假装以正规的途径获取理赔金。这种行为下，保险公司并不能完全知晓其中的真实状况，具有极大的隐蔽性，对客户和保险企业都会产生不利的影响。

3. 传递性

当出现保险从业人员不法行为的情况时，并能从中获得较大的利益，这种行为就会在保险行业中被效仿并不断扩散，对整个保险行业的良性运行产生极坏的影响。

三、保险从业人员职业道德风险的表现

1. "地下保单" 现象严重

"地下保单" 即在一些经济较为发达的地区，境外的保险机构进行非法的境外保单、开办保险业务的活动，正是因为有一些保险从业人员希望从中获取巨额的经济利益，这些地下保单才会流入国内保险市场。

2. 保险从业人员变相获取保险金问题

在一些需要计量的保险环节中，比如对保险的核保、估价以及定损等方面，部分保险从业人员为得到其中的保险金，采取各种不法手段从中变相获取。尤其是对于财产保险的环节，一些保险从业人员利用自己的权利和职位便利，与客户私自进行私下交易活动，对保险事故故意夸大，从而获取较大的资金回扣，这种行为对保险市场的健康运行产生极大的阻碍。还有一些保险从业人员，为了获取更大的利益，不惜将内部信息透露给客户，对保险企业造成较大的损失。

3. 保险从业人员利用客户对专业知识认识的不足，骗取客户的保险金费用

这种现象不仅会给客户带来巨大的经济损失，还对保险企业的信誉及持久发展带来不利的影响。当前许多保险从业人员抓住客户的趋利心理及对保险专业知识认识的不足，采取各种手段对客户的认识和判断造成影响，从而误导客户投保，获取一定的经济利益。还有一些保险从业人员凭着其掌握有客户的资料，不断利用这一优势更换佣金待遇更好的企业，并将这些业务纳入新的企业中，实质是一种不正当的工作形式。

任务评价

评价内容	学生自评	教师评价	学习记录
了解保险从业人员道德规范	□优 □良 □中 □差	□优 □良 □中 □差	
掌握保险从业人员职业道德风险特征	□优 □良 □中 □差	□优 □良 □中 □差	

续表

评价内容	学生自评	教师评价	学习记录
知晓保险从业人员职业道德风险表现	□优 □良 □中 □差	□优 □良 □中 □差	

任务总结

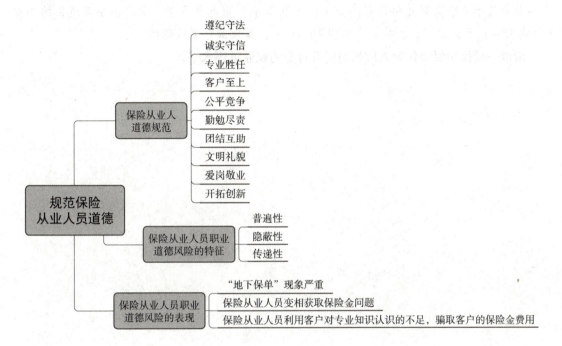

强化训练

请扫描二维码观看案例，并回答以下问题。

案情：某保险公司员工冉某负责涪陵、彭水、黔江等地的机动车保险业务，由于业务战线较长，冉某找到自己朋友张某来帮忙开拓彭水市场并给予一定报酬。张某只负责帮助冉某开展业务，冉某进行签订保险合同并收取费用。但是车主查询车辆时发现并未缴纳到账，纷纷找到了张某。

原来是冉某利用注销保单手续的职务之便，采用虚构事实的方法注销保单，并将应当按内部规定交回公司的保险费非法占有，使这部分资金脱离公司控制。

问题：冉某的行为是否违反从业人员职业道德？并说明理由。（查看案例解析，请扫二维码）

　　项目思政

　　张某于 2014 年年底通过华夏人寿电话客服买了一份理财型两全险，月交 304 元，交十年保二十年，二十年后按照 38% 收益返钱；在 2020 年年初，一位华夏业务员小李联系到张某，说疫情形势下，公司担心大家收入不稳定，可以把原保单做退款处理，然后再交一笔一万四千多的钱开通另一种险，一年后可以全额退回。张某听取了他的建议，结果到退款时间，业务员小李一直找各种理由推脱；直至 2021 年 12 月，张某向银保监会投诉，华夏方面表示业务员小李已离职并给出解决方案：因联系不到业务员小李，本应由小李退回的佣金（保单 35%）无法追回，由投保人承担 10% 损失，其余部分可以退回。

　　请谈一谈作为保险代理人应如何提升自身的职业道德水平。

项目二　遵守保险从业人员法律法规

　学习目标

知识目标

➢ 熟悉保险从业人员法律法规

➢ 了解保险从业人员行为准则

能力目标

➢ 能够阐述保险从业人员行为准则的主要内容

素养目标

➢ 充分理解保险从业人员行为准则

➢ 培养行为准则意识

任务一　了解保险从业人员法律法规

任务背景

　　刘某向沈女士推销某种理财保险。"利滚利，免利息税，并能获得 10% 利润回报优惠。"沈女士计算后感觉合适，便在刘某提供的空白投保书上签了字。4 月 24 日，沈女士在没见到保险条款和保险单的情况下将保费 10000 元存入指定账户。5 月 28 日，刘某送来保险单后离开。沈女士拿起保险单 一看就愣住了："金融理财成了寿险。"这与刘某介绍的有很大不同，根本就是两码事。沈女士感觉受骗了。

　　沈女士打电话给刘某要求退保。刘某称保单已上交，无法退保。沈女士随后联系该公司其他代理人咨询。经调查发现，刘某伪造沈女士签名，并捏造沈女士的声音来答复保险公司

的回访电话。

请问：刘某是否具备保险从业人员应有的素质？

任务分析

刘某所在保险公司有关负责人承认，保险代理人的确接了回访电话并应承了投保书的内容。公司对当事人给予了严肃处理，为客户保单办理100%退保。同时提醒投保人，如对保险合同存在疑问，请务必直接拨打保险公司的统一客服电话或是到公司亲自咨询，填写投保书务必核实全部填写内容，并亲笔签名。

任务实施

截至2021年年底，我国保险从业人员总数已达842.8万人，从业人员数量位居金融行业之首。多数保险企业，持续加强保险业从业人员的职业道德建设，在企业效益发展的同时对从业人员职业道德及职业行为进行监督和约束，让保险业从业人员的整体道德素养和社会形象得到有效的提升。

在过去，保险从业人员总以队伍数量庞大、总体素质较低、职业道德较差的形象出现在社会公众面前。经过近年来保险行业对职业从业人员职业道德建设的不断投入，保险从业人员的职业道德形象不断得到改善。过去出现的误导、欺瞒的违背职业道德的现象明显减少。当前各保险公司在对保险从业人员的职业道德建设中，均投入了大量人力、物力和财力。如中国太平洋保险公司大胆面向社会公开高薪招募海外留学归国的高学历、高技术的人才；中国人寿推出"爱心天使"的特殊理赔服务，让基层保险从业人员的销售员形象转变为"爱心天使"更贴近客户的生活的人性化服务，进而获得广大客户对保险从业人员职业道德新形象的认同。

一直以来，保险业的职业道德形象欠佳，除了保险从业人员缺乏责任感、误导消费者的情况，还在于理赔时频繁发生的利益纠纷。为了加强从业人员的职业道德建设，不少保险企业都主张"内外兼修"，比如友邦保险就主张创办"消费者文化"。也就是说，需要创办一个完全为消费者着想的方案，让保险业从业人员把保护消费者权益的意识作为一个最基本的思想意识，把它作为是一种自然行为。具体的内容就是让消费者知道产品所有的利弊关系、取舍方向以及后续的跟踪服务和事件处理方法，让消费者明白自身的权益及自身履行的义务，为其提前做出相应的消费体验。在这一系列职业道德形象重塑的努力中，保险业整体较以前获得了职业道德形象的提升。

一、保险从业人员的法律素质

法律素质是指人们通过学习法律知识和进行法律实践，在社会的教育和熏陶下，通过自觉培养后所形成的法律意识、法治精神、法律情感、法律信仰等心理因素和行为特征的总和。法律素质包括知法、守法、用法、护法的素养和能力。

保险从业人员的法律素质的培养应当包括的要素有：掌握必备的汽车法律知识，树立正确的法律观念，拥有健全的用法能力，具备自觉的护法意识，公平合理地依法办理保险及理赔业务。

1. 保险从业人员的法律意识

法律意识是社会意识的一种，是人们对于法和有关法律现象的观点、知识和心理态度的总称。法律意识同人们的世界观、伦理道德观等有密切联系。

执法人员在应用法律规范时，他们的法律意识对实施法律规范、维护国家利益和公民合法权益具有重要作用。保险法律关系主体（包括自然人和法人）的法律意识的增强，有助于他们依凭法律捍卫自己的权利，更好地履行法律义务，并对法制的健全、巩固和发展具有重要意义。

保险从业人员法律意识的培养，首先应当加强对我国相关法律知识的学习和理解；其次，要在生活中时刻牢记遵守国家法律法规及公共规范；最后，明辨是非，服务为民，能够用法律维护企业和公民的合法权益。

2. 保险从业人员的法律思维

法律思维的方式是指按照法律的规定、原理和精神来思考、分析、解决法律问题的习惯和取向。法律思维的内容包括：讲法律（以法律为准绳思考与处理法律问题）、讲证据（合法性、客观性、关联性）、讲程序（法律所规定的法律行为的方式和程序）和讲法理这四个环节。培养法律思维的途径包括：学习法律知识、掌握法律方法、参与法律实践等。

二、培养保险从业人员法律素质

保险从业人员的法律素质的培养即法律素养，就是指一个人认识和运用法律的能力。法律素养包含三层含义：

（1）法律知识：就是指知道法律相关的规定。就是指对法律尊崇、敬畏、有守法意识，遇事首先想到法律，能履行法律的规定。

（2）法律信念：就是指个人内心对于法律应当被全社会尊为至上行为规则的信念，这是对法律认识的最高级阶段。

（3）法律实践：是指将法律意识转化为实际的行动，在实践中按照法律的规定，依法办事，在实际工作中做到"以事实为依据，以法律为准绳"。

保险从业人员应当时刻牢记党纪国法以及行业规章制度的规定，不得为了开展业务损害消费者利益，在保险理赔的业务活动中也不得以权谋私损害公司的利益，在内心坚守职业道德规范以及有关法律法规的规定，形成法律意识，树立法律信仰，这样保险行业一定会得到更加健康的发展。

三、保险从业人员涉及的相关法律法规

保险法有广狭两义。广义保险法：包括专门的保险立法和其他法律中有关保险的法律规定；狭义保险法：指保险法中专门的保险立法，通常包括保险企业法、保险合同法和保险特别法等内容，另外国家将标准保险条款也视为保险法的一部分内容。我们通常说的保险法指狭义的定义，它一方面通过保险企业法调整政府与保险人、保险中介人之间的关系；另一方面通过保险合同法调整各保险主体之间的关系。

在中国，保险法还有形式意义和实质意义之分。形式意义：指以保险法命名的法律法规，即专指保险的法律和法规；实质意义：指一切调整保险关系的法律法规。

广义保险法具体可分为以下四种：

1. 保险业法

保险业法又叫保险业监督法，是调整国家和保险机构的关系的法律规范。凡规范保险

机构设立、经营、管理和解散等的有关法律均属于保险业法。中华人民共和国国务院于1985年3月3日发布的《保险企业管理暂行条例》，对保险企业的设立、中国人民保险公司等做了具体规定，即属于保险业法性质。2001年10月6日，国务院公布《关于废止2000年底以前发布的部分行政法规的决定》，对主要内容与新的法律或者已经修改的法律、党和国家新的方针政策或者已经调整的方针政策不相适应的，以及已被新的法律或者行政法规所代替的71件行政法规，予以废止。《保险企业管理条例》是其中第40项，相关说明为：已被1995年6月30日全国人大常委会通过并公布的《中华人民共和国保险法》代替。

2. 保险合同法

保险合同法又叫保险契约法，是调整保险合同双方当事人关系的法律规范。保险方与投保方的保险关系是通过保险合同确定的，凡有关保险合同的签订、变更、终止以及当事人权利义务的法律，均属保险合同法。例如，《中华人民共和国经济合同法》关于保险合同的规定，1983年9月1日国务院发布的《中华人民共和国财产保险合同条例》，2020年5月28日第十三届全国人民代表大会第三次会议通过的《中华人民共和国民法典》等。

3. 保险特别法

保险特别法，是专门规范特定的保险种类的保险关系的法律规范。对某些有特别要求或对国计民生具有特别意义的保险，国家专门为之制定法律实施。如《海商法》中的海上保险、英国的海上保险法、日本的人身保险法等。在这种保险特别法中，往往既调整该险种的保险合同关系，也调整国家对该险种的管理监督关系。

4. 社会保险法

社会保险法是国家就社会保障所颁发的法令总称。例如2010年10月28日颁布的《中华人民共和国社会保险法》。根据2018年12月29日第十三届全国人民代表大会常务委员会第七次会议《关于修改〈中华人民共和国社会保险法〉的决定》对社会保险法进行最新修正。

任务评价

评价内容	学生自评	教师评价	学习记录
了解保险从业人员的法律意识	□优 □良 □中 □差	□优 □良 □中 □差	
明晰保险从业人员法律素质	□优 □良 □中 □差	□优 □良 □中 □差	
知晓保险从业人员涉及的相关法律法规	□优 □良 □中 □差	□优 □良 □中 □差	

任务总结

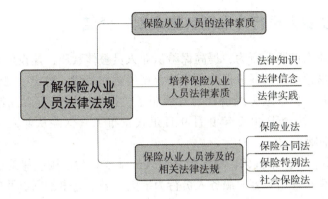

强化训练

请扫描二维码观看案例，并回答以下问题。

案情：某保险公司业务员王某伙同官某、李某，利用职务之便，伪造客户刘某的身份证，并冒充刘某名义在保险公司补办保险合同，由官某出面办理退保手续，三人一起骗取退保费。

问题：三人这种行为是否违反保险从业人员职业道德？若违反该处以何种处罚？（查看案例解析，请扫二维码）

任务二　明确保险从业人员行为准则

任务背景

2016 年 4 月，64 岁的张女士路遇一位平安人寿保险业务员李某，经不住"游说"，她买了一份平安鸿盛险。12 月 2 日，女儿发现母亲买的保险被该业务员私自分为了两份保单，张女士在保单合同上签字时，只签了其中一份，而另一份则是由李某代签的。张女士母女因此认为该业务员的做法是欺骗行为，要求退还全额保险费用。

请问，保险公司是否应当为李某的行为负责？

任务分析

律师事务所的丁律师说：保险合同必须由投保当事人签字才能生效。李某代签的一份保险单在程序上不合法，该合同也就是无效的，完全可以撤销。至于张女士自己签了字的那份保险合同，由于当事人不完全了解其中的一些情况，业务员在此过程中存在一定的欺骗行为，也是不合理的。保险公司应该对此负责，并应满足张女士的要求全额退还保费。

任务实施

一、《保险从业人员行为准则实施细则》介绍

为规范保险从业人员职业行为，提高保险从业人员整体素质，建设保险业诚信文化，树立保险业良好社会形象，从而促进保险业依法合规经营和持续、稳定、健康发展，更好地保护广大被保险人利益，更好地为经济社会发展服务，根据中国保监会《保险从业人员行为准则》，中国保险行业协会于 2009 年 9 月 9 日正式发布了《保险从业人员行为准则实施细则》（以下简称《细则》）。

《细则》分七章，共三十五条，对保险从业人员基本行为准则、保险机构高级管理人员行为准则、保险销售与理赔和客户服务人员行为准则、公平竞争准则以及奖励与处分等事项均作了具体规定。

《细则》规定，本细则适用于经中国保监会及其派出机构批准、在中国境内从事保险及其有关业务的各类保险机构和保险中介机构的员工及其代理制营销员。银行、邮政、机动车销售及修理厂等兼业代理机构从事保险招揽介绍、保险销售的人员适用本细则。《细则》指出，本细则是保险从业人员应当遵守的基本行为规范，是机构和行业自律组织对保险从业人员进行奖励和处分的依据。

《细则》要求保险从业人员应遵纪守法，服从监管，执行自律规则，遵守所在机构规章制度，不得违法违规，不得损害保险业形象；应重合同，守信用，恪守最大诚信原则，珍惜和维护保险从业人员职业声誉；应举止文明，谦逊有礼，坚持客户至上，认真履行保险监管机构、行业自律组织、所在机构制定的各项服务规范和承诺；应热爱工作，竭诚服务，维护所在机构利益和形象，不得玩忽职守，严禁参与承保欺诈、骗赔、多赔等活动；应勤于学习，精通业务，获得岗位所需要的资格认证，积极参加保险监管机构、行业自律组织、所在机构组织的专业知识和职业操守培训，提高专业胜任能力；应加强修养，严于律己，自觉执行廉洁从业各项规定，不得利用职务和工作之便谋取不正当利益；应保护所在机构商业秘密，遵守与其签订的保密和竞业禁止协议，不得擅自披露业务信息及客户资料。《细则》还要求保险机构高级管理人员不得推卸对因本机构出现的问题应承担的管理责任；不得采用明示或暗示手段，唆使或纵容从业人员从事有损投保人、被保险人和受益人合法权益的行为；不得刁难客户，不得惜赔、拖赔、欠赔，更不得应赔不赔、无理拒赔。

关于奖励办法，《细则》规定对表现优秀的从业人员，可视情形给予书面表扬、公开表彰、授予荣誉称号和其他合适形式的奖励。

对违规从业人员进行纪律处分是《细则》的一项重要内容。《细则》规定对违规从业人员可以给予警告、业内通报批评、通过媒体公开谴责、提请保险监管机构查处和从业禁止的纪律处分，同时详细规定了相应的违规行为和违规情形。《细则》明确规定，从业人员违反《细则》规定被业内通报批评、被公开谴责或严重违反所在机构管理规定，导致重大经济损失且对行业造成恶劣影响的，各机构均不得再行录用。

《细则》要求行业自律组织应建立从业人员信息管理制度，翔实记录从业人员奖励和处分情况；对从业人员受到有关处分的信息，应在其网站上予以公示，以供查询；对其中的高级管理人员，应定期通报保险监管机构。

《细则》还规定，中国保险行业协会应对保险机构执行本细则情况进行检查；保险机构应如实记录其从业人员执行本细则情况，建立报告制度，年终向其加入的行业自律组织报告情况。《细则》由中国保险行业协会负责解释并自公布之日起正式施行。

二、保险从业人员基本行为准则

（1）遵纪守法，服从监管，执行自律规则，遵守所在机构规章制度。不得违法违规，不得损害保险业形象。

（2）重合同，守信用，恪守最大诚信原则，珍惜和维护保险从业人员职业声誉。

（3）举止文明，谦逊有礼，坚持客户至上，认真履行保险监管机构、行业自律组织、所在机构制定的各项服务规范和承诺。

（4）热爱工作，竭诚服务，维护所在机构利益和形象。不得玩忽职守，严禁参与承保欺诈、骗赔、多赔等活动。

（5）勤于学习，精通业务，获得岗位所需要的资格认证，积极参加保险监管机构、行业自律组织、所在机构组织的专业知识和职业操守培训，提高专业胜任能力。

（6）加强修养，严于律己，自觉执行廉洁从业各项规定。不得利用职务和工作之便谋取不正当利益。

（7）应保护所在机构商业秘密，遵守与其签订的保密和竞业禁止协议。不得擅自披露业务信息及客户资料。

三、保险机构高级管理人员行为准则

（1）坚持科学发展，防范化解风险，维护客户利益，统筹兼顾股东利益、机构利益及员工利益。

（2）不断提高管理能力，避免决策和管理失误。不得推卸对因本机构出现的问题应承担的管理责任。

（3）倡导客户至上的经营理念，鼓励开发适合人民群众需求的保险产品。不得采用明示或暗示手段，唆使或纵容从业人员从事有损投保人、被保险人和受益人合法权益的行为。

（4）高度重视保险理赔工作，努力提高理赔服务质量。对属于保险责任的理赔案件，应在规定时限内及时赔偿或给付；对不属于保险责任的，应在规定时间内及时通知。不得刁难客户，不得惜赔、拖赔、欠赔，更不得应赔不赔、无理拒赔。

四、保险销售、理赔和客户服务人员行为准则

（1）主动出示《展业证》或《执业证书》等有效证件，使用所在机构统一印制的宣传资料。不得自行手写、印制、变更所在机构的宣传资料，不得使用或传播其他不合规的宣传资料。

（2）应根据客户的需求和经济承受能力推荐合适产品。在客户明确拒绝投保的情况下，不得强行继续向客户推销，干扰客户的正常工作和生活。

（3）客观、全面、准确地履行产品和服务的说明义务，代理机构代理保险业务应明确说明销售产品的经营主体，确保客户知晓其所购买保险产品的完整内容，对分红保险、投资连结保险、万能保险等投资产品应明确说明其费用扣除情况和投资风险及收益的不确定性。不得有虚假陈述、隐瞒真相、误导客户、违规承诺等行为。

（4）加强客户回访和跟踪服务，协助客户进行客观、公正、及时理赔。所在机构对客户提出赔偿或者给付保险金请求作出拒赔决定的，应将所在机构出具的拒绝赔偿或者拒绝给付保险金通知书及时送交客户，并说明理由。

五、公平竞争准则

（1）同业互尊，同业互助，增进交流。不得以不正当手段招徕其他保险机构在职从业人员。

（2）公平竞争，严禁从业人员有下列不正当竞争行为：

①采用不实宣传或易引起误解方式自我夸大或者损害其他同业声誉；

②贬低或诋毁其他机构、从业人员、保险产品，或利用保险监管机构的处罚决定攻击同业；

③向客户给予或承诺保险合同约定以外的保险费回扣或者其他利益；

④在未经保险监管机构核准的区域开展业务或采取其他不正当手段开展业务；

⑤以排挤竞争对手为目的，擅自降低保险费率或高于行业自律标准支付手续费。

六、奖励与处分

（1）行业自律组织对表现优秀的从业人员，可视情形给予以下奖励：

①书面表扬；

②公开表彰；

③授予荣誉称号；

④其他合适形式的奖励。

前款所列的奖励可以单独适用，也可以合并适用。

（2）高级管理人员应以身作则，率先垂范，带头遵守并指导和监督从业人员遵守本细则。对违反本细则的从业人员，由其所在机构根据内部管理规定进行处分。

（3）行业自律组织对违反本细则的从业人员，可采取书面或口头形式进行提示或质询，并可视情节轻重给予纪律处分。从业人员违规情节严重的，由行业自律组织提请保险监管机构依法采取有关监管措施。

（4）行业自律组织对违规从业人员，可以给予以下形式的纪律处分：

①警告；

②业内通报批评；

③通过媒体公开谴责；

④提请保险监管机构查处；

⑤从业禁止。

前款所列的纪律处分可以单独适用，也可以合并适用。

（5）从业人员违反本细则，情节轻微，且没有造成严重后果的，行业自律组织应予以警告，限期整改。警告由行业自律组织以信函形式向从业人员本人发出，同时抄报其所在的上级机构和保险监管机构。

（6）有下列情形之一的，行业自律组织对负有主要责任的高级管理人员予以业内通报批评：

①机构经营管理不善造成突发事件，未进行及时处理，引发行业公共关系危机的；

②机构违规经营，违反行业自律规则和服务承诺的；

③违反本细则第十四条规定，理赔服务质量差的；

④违反本细则第十九条规定，以不正当手段招徕从业人员的；

⑤违反本细则第二十条规定，进行不正当竞争的。

（7）从业人员有下列行为之一，其所在机构应将其名单上报行业自律组织，予以业内通报批评：

①代签名；

②代体检；

③伪造客户回访记录，故意滞留客户保险合同；

④伪造机构和客户的公章、印件；

⑤在资格考试中参与考试作弊、冒名代考，及伪造、变造、转让《资格证书》《展业证》或《执业证书》；

⑥挪用侵占保费、滞留保费私设账户及公款私存；

⑦与客户勾结，故意隐瞒承保条件，虚假理赔骗取保险金；

⑧擅自印制、伪造、变造、隐匿保险单证，违规制作宣传材料，私自更改客户投保和保全信息；

⑨伪造、销毁账务，指使违规操作；

⑩泄露所在机构和客户重大商业秘密；

⑪盗取或恶意毁坏机构重要数据设备；

⑫所在机构认为其他应该上报的行为。

前款所列行为涉嫌犯罪的，应依法移交司法机关追究其刑事责任。

（8）有下列情形之一，情节严重的，行业自律组织对负有主要责任的从业人员应通过媒体予以公开谴责：

①机构或个人严重损害保险业整体形象的；

②机构或个人严重损害投保人、被保险人和受益人合法权益的。

（9）高级管理人员严重违反本细则且符合行政处罚条件的，行业自律组织可提请保险监管机构依法予以查处。

（10）从业人员有下列情形之一的，各机构均不得再行录用：

①违反本细则第二十七条规定的情形，被业内通报批评的；

②违反本细则第二十八条规定的情形，被公开谴责的；

③严重违反所在机构管理规定，导致重大经济损失且对行业造成恶劣影响的。

（11）行业自律组织应建立从业人员信息管理制度，翔实记录从业人员奖励和处分情况；对受到第二十四条第（二）项至第（五）项处分的信息，应在其网站上予以公示，以供查询；对其中的高级管理人员，应定期通报保险监管机构。

（12）从业人员对所在机构执行本细则第二十二条有异议的，可向行业自律组织申请复议；对行业自律组织处分决定有异议的，可向保险监管机构申请复议。

复议期间原处分决定继续执行。

 任务评价

评价内容	学生自评	教师评价	学习记录
了解保险从业人员基本行为准则	□优 □良 □中 □差	□优 □良 □中 □差	
了解保险机构高级管理人员行为准则	□优 □良 □中 □差	□优 □良 □中 □差	
明晰保险销售、理赔和客户服务人员行为准则	□优 □良 □中 □差	□优 □良 □中 □差	
知晓公平竞争准则	□优 □良 □中 □差	□优 □良 □中 □差	
明晰奖励与处分	□优 □良 □中 □差	□优 □良 □中 □差	

 任务总结

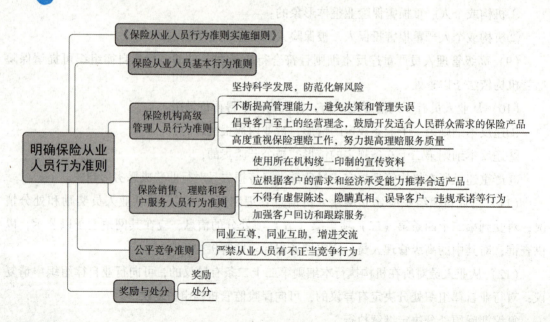

强化训练

请扫描二维码观看案例，并回答以下问题。

案情：宋某进入保险公司工作，担任保险代理人。某日，潘某夫妇委托
宋某代理了4份保单。当时，宋某按合同收取了潘某的年缴保费，并且全部
交到保险公司，保单开始生效。

后来，宋某因缺钱，就打起了潘某保费的主意。他告知潘某，这4份保
单如果5年费用一起缴就可以打8折。潘某表示同意，宋某就收取了潘某4万余元保费。但
在签合同的时候，宋某通过私刻保险公司图章、伪造"保险合同内容变更书"，捏造虚假产
品来欺骗潘某夫妇。

问题：宋某的行为是否违背《保险从业人员行为准则实施细则》？（查看案例解析，请
扫二维码）

 项目思政

案情　2019年7月，李某为其儿子投保了少儿保险，缴费期为5年。该少儿保险条款
规定，如果投保人在保险缴费期间因疾病或者意外事故死亡，则可免交余下保险期间的保险
费，保险责任继续有效。2020年12月，投保人李某因肝炎后转肝硬化身故。

李某的妻子根据保险条款的规定，向保险公司申请保费豁免。经保险公司调查，李某
2017年就已确诊为重症肝炎，系带病投保，在投保时未履行如实告知义务，拒绝豁免。

李某找到律师，律师调查发现投保书并非李某本人亲笔签名，是业务员代签的，李某投
保时根本就没有能够见到投保书和保险条款，因此无法进行告知，故起诉至法院。

法院判定投保人李某没有履行法定的告知义务，固然应承担责任。但是，保险公司也应
当承担一定的责任，该保险公司的保险代理人违反职业规定，在没有得到投保人李某书面授
权的情况下代李某签字，致使李某没有履行告知义务，保险公司应对保险代理人的失职行为
承担一定的责任，因此，保险公司应允许保费豁免。

请谈一谈保险从业人员如何培养和提升法律素养。